全角度解析：
职业教育理论与企业文化建设实践

孙曦 著

中国广播影视出版社

图书在版编目（CIP）数据

全角度解析：职业教育理论与企业文化建设实践 / 孙曦著. -- 北京：中国广播影视出版社，2025.4.
ISBN 978-7-5043-9372-2

Ⅰ. G719.2；F279.23

中国国家版本馆 CIP 数据核字第 2025U29N98 号

全角度解析：职业教育理论与企业文化建设实践

孙 曦 著

责任编辑	王　萱
封面设计	寒　露
版式设计	寒　露
责任校对	龚　晨

出版发行	中国广播影视出版社
电　话	010-86093580　010-86093583
社　址	北京市西城区真武庙二条 9 号
邮　编	100045
网　址	www.crtp.com.cn
电子信箱	crtp8@sina.com

经　销	全国各地新华书店
印　刷	定州启航印刷有限公司

开　本	710 毫米 ×1000 毫米　1/16
字　数	230（千）字
印　张	17.25
版　次	2025 年 4 月第 1 版　2025 年 4 月第 1 次印刷
书　号	ISBN 978-7-5043-9372-2
定　价	98.00 元

（版权所有　翻印必究·印装有误　负责调换）

前　言

随着经济的快速发展和产业结构的持续优化升级，应用型人才需求日益增长，职业教育已成为培养现代企业所需高级技术技能人才的关键领域。我国政府高度重视高职教育发展，发布了一系列政策和指导性文件以促进职业教育的发展，指出了产教融合、校企合作是职业教育发展的必由之路，这些政策和指导性文件为实现职业教育与企业生产的深度一体化发展指明了方向。

在这种背景下，职业教育的办学目标和模式正在经历重大转变，不再仅仅注重技术技能的培养，而是更加强调文化素养、职业精神与职业技能的有机整合。例如，《高等职业教育创新发展行动计划（2015—2018年）》明确提出将人文素养、职业精神和职业技能的融合作为育人的目标。这种政策导向促使职业教育和企业在文化层面进行更深入的合作与交流，职业院校与企业之间的文化融合不仅有助于优化教育资源的配置，还能有效促进学生的全面发展和职业技能提升，帮助学生实现从学校到职场的平稳过渡，从而提升职业教育质量。

本书正是基于这样的背景，探索如何将优秀的产业文化、企业文化融入职业教育课堂，对职业教育与企业文化建设的对接进行深入的分析。其中，第一章讨论了职业教育的概念，分析了职业教育的发展趋势和未来方向；第二章分析了职业教育中学习者应具备的职业能力，为后续的讨论奠定了理论基础；第三章和第四章分别对国外、国内职业教育的教

育模式进行了剖析,展现了职业教育的具体实践特征;第五章讨论了职业教育的文化构成,包括物质文化、精神文化、活动文化及制度文化,强调了职业教育文化对育人的重要作用;第六章分析了职业教育与企业文化在职前、职中、职后的对接策略,探索了校企文化融合育人的策略和成效;第七章和第八章探讨了企业文化的建设和评价,为职业能力导向下的企业文化构建提出了一些意见和建议。

  本书的特点如下:首先,本书在主题和内容上紧紧跟随当前职业教育与企业文化发展的时代潮流,综合最新的政策导向和理论研究,具有一定的实用性和前瞻性,书中理论丰富,全角度剖析了职业教育与企业文化的各个关键要素,确保读者能够系统地、全面地了解职业教育与企业文化对接的相关内容,明确其在实践中的应用。其次,在结构安排上,本书进行了精心设计,从职业教育的基本概念入手,逐步深入企业文化的具体实践和评价,形成了由浅入深的知识体系。全书各章节逻辑清晰,层次分明,为读者提供了一个立体的视角去观察和解析职业教育与企业文化的有效结合。

  本书适合教育工作者、企业管理者以及政策制定者等有关人员进行阅读。限于水平,书中论述在深度和广度上尚存在不足,敬请广大学者提出建议。最后,期望本书可以为推动职业教育与企业文化融合发展做出一些贡献。

孙曦

2024 年 5 月

目 录

第一章　职业教育　　1
第一节　职业教育的概念　　1
第二节　职业教育的特征　　9
第三节　职业教育的理论基础　　20
第四节　职业教育的发展和趋势　　26

第二章　职业能力培养　　39
第一节　职业能力体系的内容构成　　39
第二节　职业能力培养的原则　　48
第三节　职业能力培养的影响因素　　53

第三章　国外职业教育的教育模式　　60
第一节　德国双元制模式　　60
第二节　英国工读交替模式　　70
第三节　澳大利亚 TAFE 模式　　78
第四节　美国 CBE 模式　　84
第五节　日本"官产学合作"模式　　90

第四章　国内职业教育的教育模式　　93
第一节　我国职业教育的课堂教学模式　　93
第二节　我国职业教育的实践教学模式　　121
第三节　我国职业培训模式　　153

第五章　职业教育文化　　158

第一节　职业教育文化概述　　158

第二节　职业教育的物质文化　　164

第三节　职业教育的精神文化　　168

第四节　职业教育的活动文化　　178

第五节　职业教育的制度文化　　183

第六章　职业教育与企业文化的对接　　195

第一节　职前：校企文化结合的融合育人　　195

第二节　职中：员工职业认同与企业文化认同　　202

第三节　职后：企业文化与员工职业价值观教育　　210

第七章　职业能力导向下的企业文化建设　　216

第一节　企业文化建设的内涵及在职业能力导向下的目标　　216

第二节　职业能力导向下企业文化建设的原则　　220

第三节　职业能力导向下企业文化建设的步骤　　226

第八章　职业能力导向下企业文化建设评价　　250

第一节　职业能力导向下企业文化建设评价的意义　　250

第二节　职业能力导向下企业文化建设评价的原则　　254

第三节　职业能力导向下企业文化建设评价的体系构成　　258

参考文献　　265

第一章 职业教育

第一节 职业教育的概念

一、职业的定义、特征与功能

在西方文化中,"职业"一词的英文翻译为"profession"。随着时间的推移,"profession"这一术语逐渐用来形容需要专门知识和技能的行业。步入某些领域的新成员通过发誓和誓言,承诺投入与该行业学识要求和使命要求密切相关的工作中。

到了现代社会,"职业"在内涵上通常会强调其所需的专业技能和伴随的道德责任。这些要求反映出职业的若干关键特征,包括自我管理、法定资格认证、专业行为准则、相关的行业协会成员资格以及在某些领域内的行业规则。

关于"职业"的定义,有不少学者进行了研究。例如,美国法学家罗斯科·庞德(Roscoe Pound)提出,一个真正的"职业"至少包含三个基本要素:组织性(Organization)、专业学识(Learning)和公共服务精神（Spirit of Public Service）。① 他认为，这三个要素构成了职业的核心，而谋生仅是次要考虑的方面。同样，美国学者彼得·赖特（Peter Wright）亦持相似观点，他区分了"职业"与普通的"行业"，指出职业具备若干显著特征：第一，职业必须致力为公众提供服务；第二，从事职业的个体通常被认为具有某些特殊技能；第三，职业涉及一定的培训和教育体系；第四，职业人士享有一定的特权或得到国家的认可，并且职业群体具有自律性；第五，职业从业者在行为上应当体现出一定程度的无私或超越个人利益的考虑。② 许多社会学家也对"职业"进行了研究。社会学领域对"职业"的定义方式呈现多样化。综合来看，"职业"的定义和界定受到多方面因素的影响，包括社会期望、行业特性和市场力量等，其内涵具有多样性，这些不同的定义从不同的视角展示了职业不仅是一个经济实体，还是一个复杂的社会结构。

在中国，对"职业"的描述起源和研究也比较早。从我国社会历史发展角度看，随着奴隶社会的发展，农业、手工业和畜牧业的分化逐渐导致脑力劳动与体力劳动的分离，催生了最初的职业划分。而从字源上说，"职业"最初在汉语中是分开使用的，《说文解字》耳部记载："职，记微也。""职"的本义是指记住，负责记载琐事，引申为从事记载某些事情的人。而《说文解字》对"业"的解释是这样的："业，大版也。所以饰县钟鼓。捷业如锯齿，以白画之。象其钮铻相承也。"意思是，"业"在最初的含义中，通常指的是古代乐器架上的横板，这些横板上会刻有锯齿形的凹槽，用于挂钟和磬等乐器。随着时间的推移，"业"的用途也逐渐扩展，开始用来指代建筑中的筑墙板或书册的夹板。后来"业"进一步引申到学业上，最终泛指各种行业或事业。当"业"的这种含义演

---

① Roscoe Pound, "What is a Profession—the Rise of the Legal Profession in Antiquity," *Notre Dame Lawyer* 19, no.3（1944）: 203-228.
② Peter Wright, "What is a Profession," *Canadian Bar Review*, 29, no.7（1951）: 748-757.

化出来之后,为了区分"职"和"业",中国古代通常用"职"指代官职,"业"则指士、农、工、商等民间职业,也就是现代所说的各类行业,形成了"官有职,民有业"的说法。由此可以看出,在中国古代,"职"与"业"具有不同的含义并被区分开来使用。

"职业"一词作为合体,最早出现在《国语·鲁语下》中:"昔武王克商,通道于九夷、百蛮,使各以其方贿来贡,使无忘职业。"意思是,从前武王灭掉了商朝,使南北道路畅通,让(南北)将自己国内的珍宝献来进贡,让(南北)不敢忘记自己的本职操守。在这里,"职"指的是执掌的职责,"业"则是古代记录事项的方式,即在木棒上刻锯齿形的记号,每完成一项任务就刻下一个齿。因此,"职业"的含义指的是人们分内应完成的任务。

还有一个将"职业"作为一个整体概念使用的是《荀子·富国》中的表述:"事业所恶也,功利所好也,职业无分,如是,则人有树事之患,而有争功之祸矣。"意思是,辛苦劳作是人们不愿意和厌恶的,名誉和利益却都是人们渴望得到的。如果人们在职业上没有明确的分工,那么将难以有效开展工作,不仅会有难以成就事业的忧患,而且人们之间可能会因争夺成就而产生纷争。

到了近现代,随着社会的发展和社会分工日趋细化与复杂化,"职"与"业"逐渐被并用,在《中华人民共和国职业分类大典(2015年版)》中,"职业"被定义为"从业人员为获取主要生活来源而从事的社会工作类别"。在这种定义下,它主要描述了个人在社会中从事的并以此为主要生活来源的合法工作种类。这种定义体现了"职业"在现代社会中的角色,不仅是完成任务,还是个体社会身份和经济来源的体现。因此,基于现代社会背景,"职业"的内涵被归纳为四个方面:①稳定的经济来源收入。职业提供有报酬的劳动,其主要特征之一就是稳定的收入。稳定的收入意味着所从事的工作具有一定的持续性,且其报酬是从业者主要的生活来源。重要的是,这种收入必须是合法的。

②承担相应职业责任。每个职业都承担着相应的社会责任。例如，医生和护士的责任是救治病人，提供医疗服务；公交车司机的责任则是确保乘客安全地到达目的地。从业者在享受稳定收入的同时，也必须承担起相应的职业责任。③个人实现人生价值的途径。职业活动使个人有机会完善和发展自己，从而获得精神满足和愉悦，满足个体的内在需求，实现人生价值。④个人与社会的联结。在现代社会中，职业活动像一张大网，将不同的人联结在一起。通过职业活动，社会得以发展和进步，个人也在社会中找到自己的位置和角色，实现与社会的共存。

对个人而言，"职业"是一种参与社会分工的方式，通过利用专业知识和技能，不仅创造物质和精神财富，还能获取合理的报酬，满足个人的物质和精神需求。而对国家和社会来说，职业结构受经济体制、产业结构和科技水平的影响，职业的兴衰变迁是时代发展与进步的一种体现。

二、职业教育

在明确了"职业"的含义之后，"职业教育"的定义就比较好理解了。在原始时代，人们实行的是经济自给自足的方式，"自耕而食""自织而衣"，这个阶段并没有所谓的职业分工。孩子们从小通过观察成人的行为并模仿他们的动作，逐渐学习和掌握生存所需的技能，长大后进行独立生产。这个过程没有形式化的教育或训练，技能的传递完全依赖模仿，这可以被称为无系统的模仿制度，是人类社会发展的第一个阶段。

随着时间的推移，社会结构逐渐变得复杂，各种社会事业也日益发达。人们开始按照自己的专长和职业进行分工，如工人专心于工艺，农民专注于耕种，渔夫专门捕鱼，工匠专门造工具。这种分工不但使经济高效，而且可以使个体专注于特定的职业，通过长时间经验积累，技艺变得纯熟，效率和成果显著提高。想从事哪个技术，就去找专门的师傅进行学习。这种学徒制重视"学"与"用"的并重，"理论"与"实践"的结合，可以说是职业教育的雏形。

第一章 职业教育

由于不同时间和地点的具体情况不同,这种学徒制学习或者"教育"自身也具有一定的时空特性和发展不平衡性。例如,在欧美国家,过去并没有特别强调职业教育,更多的是注重文艺和贵族教育,这与中国传统上重农而轻商的历史相似。西方直到中世纪时期,才出现了系统化的学徒制,人们通过拜师模仿学习某种技艺来谋生,然而这种教育在当时被上层社会视为不足取的职业教育形式。直到进入 19 世纪之后,随着工商业的兴起和工厂制度的普及,原有的工艺变得更为复杂和多样,简单的模仿已不足以满足需求,职业教育才应运而生,可以说职业教育是 20 世纪工业发展进程中的一种新兴产物。

到了现代,"教育"本质上是解决国家、社会和个人问题的一种手段。就性质而言,"教育"本身是以培养个人的能力为目标的活动,并没有明确的职业与非职业之分。甚至从广义上看,所有教育形式都在某种程度上涉及职业的培养,因为职业活动是实现人生各项活动的必要条件之一。因此,即便是普通教育也包含与职业相关的元素。而所谓的普通教育和职业教育的区分,更多的是基于教育的侧重点和立场的不同,普通教育为职业教育提供基础,而职业教育则扩展和增强了普通教育的实用性和效用,二者之间并不是完全割裂的。《教育大辞典(第 3 卷)》将职业教育定义为一种旨在传授某种职业或生产劳动所必需的知识和技能的教育形式,强调其目的在于培养劳动型技能人才。1917 年,黄炎培在《中华职业教育社宣言》中提出,职业教育应利用教育手段,让每个人根据其个性,获得生活的供给与乐趣,并履行社会责任,明确提出职业教育的目的是让无业者获得职业,使有业者乐于其职。① 1985 年《中共中央关于教育体制改革的决定》中将职业教育分为职业技术教育和职业教育两种,但在实际应用中这两者的含义被视为完全相同。1996 年,《中华人民共和国职业教育法》颁布,明确将职业教育定位为国家教育事业

---

① 田正平、李笑贤:《黄炎培教育论著选》,人民教育出版社 2018 年版,第 387 页。

的重要组成部分，强调其在促进经济社会发展和劳动就业中的重要作用，这成为我国职业教育的法定定义。国际上，1998年联合国教科文组织在《国际教育标准分类法》中定义职业教育为旨在引导学生掌握特定职业、行业或某类职业、行业所需的实用技能、专门知识和认识的教育，突出其实践性和目的性。这些定义共同描绘了职业教育的多维功能和其在全球教育领域中的核心地位。顾明远提出，职业教育主要是传授与某种职业相关的知识、技术和态度，目的在于培养专业人才。他特别强调职业教育的目标是服务于就业，专注于培养具备职业技能的人员。① 孟广平则从更宏观的角度分析，认为职业教育是大工业生产发展的必然结果，它随着历史进程而演变。他认为，职业教育是社会生产力发展的必然产物，并且与工业发展密切相关，旨在为工业生产培养专门的技术人才。② 纪芝信的观点则更加注重职业教育在个体职业生涯中的作用，他认为职业教育是为了满足职业需求而设置的，涵盖就业前的准备、在职期间的技能提升以及职业转换所需的教育。他强调职业教育是一种针对个人终身学习和持续发展的专门教育，其目的是帮助个体在不断变化的职业生涯中保持竞争力。③《国家中长期教育改革和发展规划纲要（2010—2020年）》中明确提出："把职业教育纳入经济社会发展和产业发展规划，促使职业教育规模、专业设置与经济社会发展需求相适应。"《中华人民共和国职业教育法》（2022年修订）第二条规定了职业教育的宗旨是为培养高素质技术技能人才，明确了职业教育是一种帮助受教育者获得从事某种职业或实现职业发展所需的职业道德、科学文化知识、专业知识、技术技能等职业综合素质和实践能力的教育。随着社会进步和技术的快速演进，现代职业教育的含义也逐渐扩展，逐渐衍生出持续教育和职业发展教育等含义。

---

① 顾明远：《顾明远教育演讲录》，人民教育出版社2014年版，第338页。
② 孟广平：《中国职业技术教育体系的改革》，科学普及出版社1993年版，第1页。
③ 纪芝信：《职业技术教育学》，福建教育出版社1995年版，第68页。

综合以上观点来看，广义的"职业教育"可以被视为包含一切形式的教育，因为这些教育实质上都旨在为个体提供具有一定方向的活动能力和持续并有效地贡献于社会的能力，即为个人谋生或生存，或者为贡献社会而"教育"，并且不限于单纯的工作技能的培养，而涵盖了培养个体成为社会有益成员的各个方面，包括文化、人格、职业技能以及道德、公民责任的发展。在这个广泛意义上，职业教育的目的是全面的，旨在使每个人都能够在其选择的人生路径上取得成功，并对社会做出积极的贡献。

而狭义的职业教育则专门指向为特定职业领域的从业准备，这类教育专注于传授具体的职业技能和知识以及职业道德，包括学校系统的学习，在一定程度上也包括了职后的培训，使得学习者在经过教育之后，能够在特定的经济或社会领域中有效地工作。这种教育形式通常强调技能的实用性和即时应用性，目的是快速地让学习者掌握直接转化为职业活动的能力。同时，它关注于发展学习者的职业态度和责任感，注重道德培养，确保他们不仅在职场上成为技能娴熟的工作者，还成为理解职业伦理和社会责任的公民，满足个人职业发展和社会生产力发展的双重需要。

在这两种定义中，普遍为大众所认可和接受的"职业教育"是狭义层面的职业教育内涵，并且一般情况下仅指学校的职业教育，这个范围也恰是本书所讨论的"职业教育"范围。

三、我国职业教育体系

我国职业教育体系比较庞大，它从传统的学校教育模式扩展到社会各个层面，是一个涵盖了职前、职中、职后全过程的终身教育体系。前面的论述中已经提到，职业培训在广义上也被包含在职业教育中，因此，可以将我国职业教育体系分为两大类：一是学校职业教育，二是职业培训。两大类职业教育下分若干子类别，共同构成了一个全面的、层次分明的职业教育体系，如表1-1所示。

表1-1 我国职业教育体系

类别	子类别	受众	教育内容
学校职业教育	初等职业教育	农村初中学生	提供基础的职业教育，作为或附加于常规教育之上
	中等职业教育	技工学校、职业高中和中等专业学校的学生	培养具有特定技能和知识的熟练技术人员、管理人员和专业人员
	高等职业教育	高等职业学院、职业大学及成人高等学校的学生	培训高层次的熟练专业人才，具备高级的技术和专业技能
职业培训	岗前培训、在职培训和岗位培训、转岗培训、转业培训等	学生、在职员工、失业人员及农业从业者	提供全面的培训和支持，覆盖职业生涯中的各个阶段，重点增强职业技能和就业能力

学校职业教育覆盖了从基础到高级的多个层次，划分为初等职业教育、中等职业教育以及高等职业教育，每个层级都针对不同层次的职业人才培养进行设计。初等职业教育，目前主要集中在农村地区，通常是作为普通初中教育的一部分，通过附设的初等职业技术课程对学生进行基本的职业教育，或者在初中文化课程结束后增加一到两年的职业技术教育。中等职业教育则由技工学校、职业高中和中等专业学校承担，这些学校培养的是具有一定专业理论知识和应用技能的技术人员、管理人员以及其他专业人员。高等职业教育主要由高等职业学院、职业大学及成人高等学校实施，目的在于培养具备高层次技能的专业人才。这些教育机构可能是专门的职业教育机构，也可能是普通高等学校中的专门部门。

除了学校职业教育，我国职业教育还包括职业培训，这构成了职业教育的第二大类，职业培训可以看作学校职业教育的延伸，这些培训形式可以根据实际需要划分为初级、中级和高级职业培训，以满足不同层

第一章　职业教育

次的技能需求。职业培训的实施机构主要包括专门的职业培训机构和职业学校，同时，其他学校或教育机构可根据自身的教育能力，开展各种形式的社会化职业培训。学校职业教育与职业培训的对比如表1-2所示。

表1-2　学校职业教育与职业培训的对比

类别	教育性质	管理部门	特点
学校职业教育	国家统一学制	教育部	结构层次完整、系统
职业培训	短期学习	劳动部门、行业、企业、社区等	层次多样化、具有针对性

职业培训面向极广泛的受众，包括在校学生、在职员工、下岗工人以及农业从业者。职业培训采取多种教育模式，包括常见的岗前培训、在职培训、岗位培训、转岗培训、转业培训等，也包括为失业者和处于不利地位的群体提供的各类正规与非正规的技术和职业培训、公共再就业培训，以及为社会成员提供有效的职业指导和咨询服务等，培训形式多样，旨在满足从业人员在职业生涯中各个阶段的培训需求。

职业培训注重实用性、适用性和效果，其核心目标是培养符合劳动市场需求的技能劳动力。因此，培训内容的设计、培训项目的选择和课程的设置都必须与企业及行业标准、发展趋势、劳动力市场的实际需求紧密对接。这样的系统不仅能提高劳动者的技能水平，还能为他们提供更广阔的职业继续发展路径。

第二节　职业教育的特征

职业教育作为一种培养具备专业技能人才的教育形式，对促进经济发展和社会进步具有重要意义。深入分析职业教育的特征，有助于更好地理解其在当今社会中的作用和价值，不仅能够揭示其在满足劳动市场需求中的独特优势，还能展现其在支持个人职业生涯发展中的重要作用，可以为教育决策者、教育机构以及政策制定者提供有用的信息和建议，帮助他们在快速变化的经济环境中做出更加具有指导性的选择。职业教育的特征如图1-1所示。

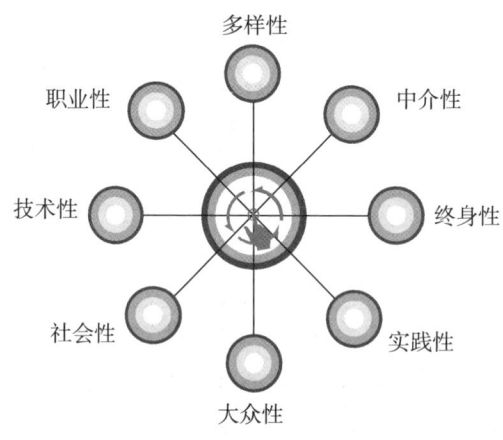

图1-1 职业教育的特征

一、职业性

职业教育是以市场需求为导向、以就业为核心目标的教育形式。通过实现职业性的全面融合和实践，职业教育不仅为社会培养了所需的专业人才，还为个人的职业发展奠定了坚实的基础。

具体而言，职业教育的目标具有职业性。职业教育强调的是职业技能的培养，其核心目标和根本目的在于培养能够适应社会生产、服务、技术和管理需求，符合市场需求的高素质劳动者以及技术型、应用型人才，所有的教育形式全部归向于一个目的，要使得人才经过教育之后，符合职业要求，达到职业能力标准，具备生产、服务、技术和管理等方面的高素质，能够直接投入各行各业的一线工作中。这些活动为受教育者的就业而服务，以确保受教育者学成后能在社会上、职业中实现顺利就业和职业生涯延续，因此教育目标具有强烈的职业性。

职业教育的教学活动也具有鲜明的职业性。教学内容、教学方法和

第一章 职业教育

环境等都是围绕具体职业技能的培养设计的。例如,学校职业教育的课程内容直接对应未来就业岗位的技能需求,教学方法也多采用模拟实际工作场景的方式,让学生能在类似真实工作环境中进行学习和实践。这种教学模式不仅提供了必要的职业技能训练,还增强了学生解决实际工作问题的能力。再如,职业教育的职业性还体现在职业教育的办学方向和专业设置上。办学方向的确定基于对劳动市场需求的深入分析和预测。职业学校在选择开设哪些专业时,会考虑当前和未来行业的发展趋势,要求每个专业的设计必须紧密对应实际工作的需求,从而确保学生毕业后的就业率和职业发展空间。在专业设置方面,如果某专业培养的人才与市场需求不相符,或者其就业率持续低下,那么这个专业可能会被调整或取消。反之,如果市场对某专业人才的需求持续增加,表现为供不应求,那么学校可能会增加该专业的招生名额,或者加强与该行业的合作,以扩大培养规模。如果市场出现了新的职业需求而现有专业无法覆盖,职业教育机构会通过研究设立新的专业或调整现有课程,以适应这种变化。例如,随着数字化转型的加速,许多职业学校开始增设大数据分析、云计算和人工智能等专业或者在现有教育科目的基础上加入了相关的专业课程,以适应新兴的职业需求。职业教育的职业性这种需求导向的教育模式确保了职业教育的高度实用性和目标明确性。

职业教育的实践教育环节是职业性的重要体现。例如,职业教育强调理论与实践的结合,学校职业教育安排生产实习和教学实习等活动,学生可以将课堂上学到的知识和技能应用于实际工作中,这不仅能帮助学生更好地理解和掌握职业技能,还提供了职业生涯发展的初步体验,使学生能够直接面对行业的现实需求和挑战,增强其就业竞争力。特别是在生产、管理和服务领域的实践教育,更加突出了应用型人才的培养。这种教育形式着眼于职业需求,教学内容或者培训内容直接对接受教育者未来的就业岗位需求,教学环境则尽可能模拟真实的工作环境,以增强受教育者的职业适应能力和实际操作能力。

全角度解析：职业教育理论与企业文化建设实践

职业教育不仅是简单的知识传授，还是一个整合各种经验、事实和信息，使受教育者能力系统化和条理化的教育过程。因此，职业教育不仅关注技能的传授，还重视职业道德规范、职业精神等人文修养方面的培养，包括了受教育者的职业道德、职业意识、职业纪律、职业习惯、忠诚和敬业精神等软实力的教育，这些品质都是职业成功的重要因素，表现出深刻的职业导向。通过这样的教育，受教育者能够形成正确的职业观念和职业行为，为职业生涯打下坚实的基础。

二、技术性

技术性是职业教育的关键特征之一，它直接影响劳动者的技能培养和职业能力的提升，是职业教育适应发展需求的重要保证。它要求职业教育机构不仅跟进最前沿的技术发展，也要在教学内容和方法上进行创新，确保教育质量与时俱进。这样的教育模式能够为社会培养出驾驭现代技术、应对未来职场挑战的高技能人才。

通过职业教育，技术被内化到劳动者身上，转化为现实的生产力，以满足社会和经济发展的需求。技术的演变对职业教育结构、层次、规模、课程和方法会产生直接的影响，是技术性这一特征的直接体现。

技术性在职业教育中的体现，可以从技术演变对教育体系的影响看出。随着技术的不断进步，职业教育需要不断调整教育结构和课程设计，以适应新的技术需求和产业变革。技术革命及其引发的生产方式的变革，不仅推动了职业教育思想的更新，也促使职业教育的技术制度发生变革，如从传统的手工技艺教学转向高科技和数字技术的应用。

技术性还体现在职业教育的分类上，包括经验型技术、实体型技术和知识型技术。这些技术类型构成了职业教育课程的核心内容，教学过程不仅要体现这些技术的具体属性，还要遵循技术传授的基本规律和要求。尽管技术学习往往需要重复性的实践，但这种重复并不妨碍在教学中引入创新的思想和方法，使学习过程既系统又富有创造性。

第一章 职业教育

技术的进步是推动职业教育的办学模式和人才培养模式进行改革的直接动力。面对快速发展的科技环境，职业教育院校必须更新教学设施和教学方法，以适应新技术的应用。通过产教结合和工学结合的方式，职业教育可以更紧密地连接理论与实践，加强教育与行业的互动。这种教育模式的优势在于能够同时重视教育和技能训练，有效地促进学生对新技术和新工艺的掌握，从而提高学生的就业能力和职业竞争力。

三、社会性

职业教育的社会性是其核心特征之一，这一特征体现在教育目标、教育内容和教育方式与社会发展和需求的紧密结合上，从多个层面反映了职业教育与社会实际的密切联系。

第一，职业教育的社会性体现在其教育目标与社会需求的直接对接上。职业教育旨在培养能够满足市场需求的技能型人才，这要求教育目标必须与国家或地区的社会经济发展、社会技术进步和社会产业变化紧密相关，所有教育内容的设置和专业的开设都要基于对社会经济需求的深刻理解和预测。随着社会需求的变化，职业教育也需要灵活调整发展规模、结构和速度，以适应不同历史时期社会的具体需求。

第二，职业教育的社会性还体现在教学内容和方式上。为了确保教育内容的实用性和实践性，职业教育强调校企合作，采取工学结合、半工半读等模式，这不仅为学生提供了实际操作的机会，还使得教育过程与实际生产和服务活动紧密相关。通过在企业进行培训和实习，学生能够直接参与到生产实践中，从而更好地理解和掌握所学技能，这种方式还能帮助企业解决技术难题或开发新产品。企业的实习和培训，不仅提供了实际操作的机会，也让受教育者直接参与到实际的生产过程中，这种实践经验是传统学术教育难以提供的。

第三，职业教育的社会性还包括将教育资源延伸到社区层面，进行社区化办学。职业教育机构不仅面向企业和行业，也逐步融入社区，提供职业培训、职业咨询和职业指导服务。例如，社区学院模式就是在地区社区提供职业教育和成人教育的成功实例，这种模式有效地使教育服务和资源下沉到社区层面，更加贴近居民的生活和需要，更好地服务于社区居民的职业发展和技能提升。

第四，职业教育的社会性还在于其对农村和边远地区的教育影响。通过推动"农科教"结合，职业教育不仅普及农业技术知识，还通过建立农村技术培训机构和现代农业示范园区，促进农村地区的科技进步和经济发展。

第五，职业教育的社会性也体现在其对社会融合的贡献上。通过为各种背景的人提供技能培训和职业教育，职业教育机构不仅帮助个人实现职业上的进步，还促进了社会的整体和谐与经济的平衡发展。例如，通过职业教育，技能工人可以提升自己的技术水平，从而改善其就业状况和生活质量，这对促进社会公平和增强社会稳定性具有重要意义。

四、大众性

职业教育的大众性，即其普及和面向全体公民的特性，是其作为教育体系中重要一环的体现。这一特征确保职业教育不仅服务于特定人群，而且覆盖各类社会成员，无论是在职人员，还是在校未就业人员，每个人都有机会通过提升技能来优化自己的职业发展前景和改善生活质量，这是职业教育在社会整体中的基本功能，体现了职业教育在提供平等教育机会方面的核心价值和责任，即开放、包容和普及。这种教育的普及性是建立公平社会的基石之一，能够帮助实现社会经济的持续发展和人民生活水平的普遍提高。

首先，职业教育的大众性确保了教育的普及性。它意味着职业教育机构需要为不同年龄段、不同背景的人群提供服务，从学生到成年工作者，从初学者到求职者，再到那些希望转行或提升技能的个体。这样的普及性是建立在课程和训练的广泛性上的，涵盖了从基础技能培训到高级专业技能培训的各个层面。

其次，职业教育的大众性体现在其课程和培训程序的设计上。为了满足广泛的社会需求，职业教育课程必须具有高度的包容性和多样性。这包括为不同职业领域提供多级别的课程，确保从入门级到高级技术都有相应的教育资源，使每个人都能得到符合其职业发展阶段的培训。

再次，职业教育的大众性还要求教育机构提供灵活的学习方式，以适应不同学习者的需求。这包括全日制学习、兼职学习、远程教育以及在职培训等多种模式，从而使得工作、家庭或其他个人责任不会成为继续教育的障碍。

最后，职业教育的大众性也强调在政策和资助上的支持。政府和教育机构应确保职业教育对所有人开放，通过提供奖学金、补贴或贷款等方式打破经济壁垒，特别是对收入较低的人群，确保他们同样能够享受到职业教育带来的机会。

五、实践性

职业教育的实践性是其教学体系的核心特征之一，强调通过实际操作和经验积累来提升学生的职业技能和专业知识水平。这种教育模式的目的是确保学生能够将学到的理论知识有效地应用于实际工作中，从而更好地适应职业需求。

职业教育在教学内容的设置上，明显倾向于实践操作和专业技能的培养。这意味着职业教育并不过分追求学科的学术性和理论的深入，而是注重知识的应用性和足够性。基础理论课程的设置遵循国家提倡的"必需且够用"的原则，重视教授那些直接与职业活动相关的知识点，而非深入分析每一项理论的学术化推导过程。这种做法有助于学生快速掌握关键技能，缩短了理论与实际操作之间的距离，强调的是"动手做"的重要性，采用"先做后学"和"以需定教"的灵活教学策略，因此，职业教育具有很强的实践性。

在职业教育的课程安排上,实践性教学体系与理论教学体系并重。通常是先进行专业课的教学,然后尽早使学生接触具体的职业技能训练。在具体的教学过程中,教育者鼓励学生先动手实践,通过实际操作遇到问题并在实践中寻求解决方案,之后再通过理论学习加深对问题的理解,这种实践导向的方法有助于学生更好地理解和吸收理论知识。

在教学模式方面,国内的职业教育普遍采取工学结合、产教结合的教学模式。在这种模式下,学校的职业教育采取教学实训与企业的实习相结合,交叉进行,强化了教学的实践性和应用性。通过这种方式,学生能够在真实的工作环境中学习和应用职业技能,同时,这使得教育过程更加符合企业对技能人才的实际需求。这种紧密的产教融合不仅为学生提供了宝贵的实践经验,还加强了学校与行业之间的联系,确保了教育内容的及时更新和实用性。职业培训也是同样,培训内容都是基于行业的要求而进行培训的,培训完毕后,这些补充的知识和技能能被快速运用到实践中,具有较强的实践性。

总体来说,职业教育的实践性特征确保了教育内容与职业市场的需求紧密相关,通过实际操作和在真实环境中的学习,提高了学生的职业技能和就业竞争力,使其能够快速适应并持续在职业环境中保持不掉队。这种以实践为导向的教育模式是职业教育区别于传统学术教育的显著特点,也是其成功培养技能型人才的关键所在。

六、终身性

职业教育的终身性体现了其不仅服务于学生或在职人员的职业发展,还贯穿个体的整个职业生涯。从职业兴趣的初步探索到职业技能的持续更新,职业教育的终身性确保个体能够适应快速变化的工作环境和生涯需求,实现个人职业目标和提升生活质量。

在儿童和青少年时期,人们就会被引导、被教育树立职业意识和培养初步的职业探索能力。这一阶段的教育不仅包括基本的劳动教育,如

第一章 职业教育

认识各种职业、理解劳动的价值,还包括培养学生的职业兴趣和初步的职业技能,如长大想从事什么职业、有什么职业理想和志向。通过实际参与简单的劳动活动或项目任务,学生开始理解工作的意义,并开始对未来可能的职业路径有初步的认识和兴趣。

进入成年后,职业教育的重点转向职业技能的深化和更新。职业教育在这一阶段应提供系统、广泛的全日制学习机会,包括高级技术培训、管理技能提升或行业特定的专业知识学习,这些教育项目通常通过职业学校、专业培训机构或在线课程提供,旨在帮助学生做好未来职业生涯的准备。随着技术的快速发展和市场需求的变化,继续教育和在职培训变得尤为重要,如晋升、行业转换或技术更新。职业教育提供了相关的进阶课程和专业技能培训,对不集中参加职业培训的人员,职业教育提供了夜校、在线课程和短期工作坊等形式,帮助在职人员不断提升自己的专业能力,以适应新的职业要求。这种教育形式可以是定期的技能升级课程、专业研讨会或者是通过远程教育平台进行的灵活学习。

对一些中年人群,尤其是经历下岗或需要职业转型的个体,职业教育具有重塑职业生涯的关键作用。这一阶段的职业教育应着重于提供再就业培训,包括新技能学习和现有技能的升级。此外,职业咨询和职业规划服务也是这一教育阶段的重要组成部分,可以帮助个体重新评估自己的技能和兴趣,制订实际可行的职业发展计划,为个人的职业再出发提供帮助。这类教育通常需要具有较高的针对性和灵活性,以适应不同背景和需求的成年学习者。

尽管传统上老年人不是职业教育的主要受众,但随着职业生涯延长和"积极老龄化"的推广,为退休人群提供持续学习的机会变得日益重要。这种教育不仅包括培养业余爱好或传授生活技能,还包括基于兴趣的专业知识培训,如数字化技能培训、发挥余热的社区服务职业指导,以及其他可供兴趣转化为兼职工作、公益工作的技能。这有助于老年人保持社会参与感,增进他们的生活幸福感。

 全角度解析：职业教育理论与企业文化建设实践

七、中介性

职业教育的中介性是其核心特征之一，这一特性体现了职业教育在个人发展和社会发展之间扮演的桥梁和纽带角色。职业教育不仅是教育与职业世界之间的连接点，也是将个人的潜能转化为社会生产力的关键桥梁。

首先，职业教育是教育资源与职业实践之间的纽带。职业教育机构通过与企业的紧密合作，了解和预测市场需求，使教育内容和职业技能培训紧密结合，从而保证教育的针对性和实用性。其次，职业教育也是理论与实践的桥梁。职业教育通过实践操作、实习和技能竞赛等方式，使学生可以将理论知识转化为实际操作能力，这种能力的转化直接服务于社会生产的需求。

职业教育的首要任务是将人力资源转化为智力资源，为二者的顺利对接进行铺垫和搭桥，即通过系统的教育和培训，提升个体的知识和技能。这一转换不仅涉及专业技能的培养，也包括创新能力和解决问题能力的提高，为个体职业生涯的成功奠定基础。更重要的是，职业教育的中介性还体现在学生个性发展与社会需求能力的对接上。职业教育不仅传授专业技能，还注重培养学生的创新能力、团队合作精神和社会责任感，这些都是现代社会所急需的个性素质。通过这种方式，职业教育帮助学生培养出与社会需求相匹配的个性素质，有助于学生社会适应性的提高和职业发展。

职业教育作为教育系统与职业世界之间的沟通渠道，确保了教育内容与职业实践的紧密结合，实现了教学内容与行业需求的对接，提高了教育的针对性和实用性。通过职业教育的桥梁，智力资源转化为实际的生产力。这一过程不仅提高了个体的就业能力，还满足了社会各行各业对技能人才的需求，推动了整个社会的经济发展和技术进步。

第一章　职业教育

八、多样性

职业教育的多样性是其核心特征之一，这种多样性体现在多个维度，包括其服务的对象、提供的内容、采用的方法、实施的环境等。多样性的特点极大地丰富了职业教育的内涵和实施方式，使职业教育能够有效应对社会和经济发展的需求，为各种背景的学习者提供适宜的学习机会，在促进个人职业发展和社会经济进步中发挥着重要作用。

第一，职业教育的教育对象极具多样性。不同于传统学历教育主要面向学龄青少年，职业教育覆盖了更广泛的年龄层和社会群体，包括初入职场的年轻人、求职者、在职工作者甚至退休人员，每个群体都有特定的学习需求和职业发展目标。这种多样性要求职业教育能够提供不同层次和类型的培训项目，以满足各种群体的需求。

第二，在教学内容上，职业教育同样展现出显著的多样性。职业教育的课程内容通常涵盖从基础技能培训到高级技术操作的广泛领域。这包括传统的工艺技能，如汽车修理、木工、焊接等，也包括服务行业所需的技能，如酒店管理、烹饪艺术、美容美发等。此外，随着技术的进步和新行业的兴起，职业教育快速地整合了如数字营销、网络安全、环境科技等现代课程，以适应新兴职业的技能需求。课程的设置不仅反映了技术和行业的发展趋势，还考虑到地区经济的特定需求。例如，在一个重工业较为发达的区域，职业教育可能会侧重机械制造和工业自动化的课程；而在旅游业发达的地区，职业教育则可能更注重旅游管理和客户服务等相关课程。这种多样化的课程设置使得职业教育能够为学生提供与实际工作紧密相关的知识和技能，使他们能够适应不同的工作环境和岗位要求。职业教育通过这种灵活且实用的课程设计，有效地缩短了个人与职场之间的需求差距，支持了个人的职业发展和社会经济的需求。

第三，在教学方法方面，职业教育的多样性同样突出。传统的教学方式如课堂讲授与现代的实践操作、模拟训练、在线学习、工作坊、实习和师徒制等多种形式并存，为学习者提供了丰富的学习体验。这种教学方法的多样性不仅增强了教学的灵活性，也更好地适应了不同学习者的学习风格和需求。

第四，职业教育的学习环境也非常多样。除了传统的校园课堂，职业教育经常在真实的工作环境中进行，如工厂、企业、工作站等。这种环境的多样化使学习更贴近实际工作，增强了学习的实用性和有效性。同时，职业教育还采用虚拟环境和在线平台，使学习可以突破时间和空间的限制，更加灵活便捷。

第三节　职业教育的理论基础

职业教育的理论基础是多元和复杂的，涵盖了从社会结构变迁到个人发展需求的广泛主题。在当今快速发展的社会经济环境中，理解这些理论框架会为探索职业教育如何适应不断变化的全球劳动市场提供重要视角和分析工具，不仅有利于构建有效的职业教育体系，还可以更好地洞察职业教育在帮助个体适应职业生涯挑战、推动社会进步和促进经济增长中的作用。职业教育的理论基础如图1-2所示。

图1-2　职业教育的理论基础

一、人力资本理论

人力资本理论是一个分析人类技能、知识和健康在经济生产中作用

第一章 职业教育

的理论框架。20世纪60年代,美国经济学家舒尔茨(Theodore Schultz)和贝克尔(Gary Becker)系统地提出了这一理论,将之定义为人身上的各种生产知识、劳动与管理技能以及健康素质的总和,认为人力资本的增长与经济现代化紧密相关,是经济系统发展的显著特征。①

人力资本理论认为,与传统的物理资本(如厂房、机器等)相比,人力资本主要体现在个体的教育、技能和健康上。个体可以通过接受教育、参加职业培训以及维持良好的健康状况来增加自己的人力资本。这种投资不仅包括直接的费用支出,如学费和培训费,还包括机会成本,即个体在接受教育或培训期间放弃的工作收入。人力资本理论认为,教育不仅是一种文化或社会活动,还是一种经济投资。个体通过接受教育,可以提升自己的知识水平和技能,这种提升转化为劳动市场中的更高生产力和更高收入。

从微观经济学角度看,人力资本理论解释了为何个体和家庭会在教育上进行投资,以及这种投资如何影响他们的职业选择和收入水平。个体教育水平的提高,通常会带来更好的就业机会和更高的工资,从而提升个体的生活水平和社会地位。

从宏观经济学角度看,人力资本的积累是推动经济增长的重要因素。政府通过投资教育和卫生保健,可以提升整个劳动力的素质,增强国家的竞争力。教育和健康投资能够带来长远的经济收益,通过提高劳动生产率和创新能力,促进经济的持续增长。因此,教育投资的回报不仅体现在个人层面,还能带动整个社会和经济的发展。

舒尔茨指出,提升人力资源素质的途径主要有两种:一是实际工作经验的积累,二是系统的教育与专业培训。因此,有效管理人力资本涉及两个层面:第一,外在要素的量化管理。这涉及对人力资源的适当培训、组织和协调,确保人力与物力的最佳配比,使之在组织中发挥最大

---

① 舒尔茨:《人力资本投资:教育和研究的作用》,蒋斌、张蘅译,商务印书馆1990年版,第22页。

效能。这包括制定适当的人员配置、激励机制和绩效评估标准。第二，内在要素的质化管理。这方面重点关注通过现代科学方法对个体和群体的思想、心理和行为进行管理。有效的内在管理不仅优化个体的工作表现，也强化团队的协作效率，通过心理和行为的调整，增强员工的主观能动性和创新能力。

在职业教育中，人力资本理论具有显著的理论指导价值。人力资本理论强调教育和培训作为投资的重要性，认为通过对教育的投资，可以有效提升劳动者的技能和生产力。这一观点为职业教育提供了经济效益的理论支持，职业教育的发展可以通过促使公共和私人部门增加投资，来提高职业教育人才培养的质量。此外，根据人力资本理论，从教育投资的长期效益看，职业教育中对失业者进行再就业培训不仅有助于社会个体快速重新融入劳动市场，减轻社会就业压力，提高个人和社会的福祉，还对国家经济的持续发展和竞争力提升也具有重要意义。

在管理人力资源的质量方面，人力资本理论强调应用科学方法来提升个体的技能和效率。在职业教育中，这意味着不仅要关注教育的数量，还要提升教育的应用性，通过现代化的教学方法和实践应用，增强学习者的实际操作能力和创新思维，提升学习者的能力。此外，根据该理论，人力资本的形成是多方面的，不仅包括知识水平和技能的提升，还包括对个体心理和行为的影响。因此，职业教育应注重培训个性化和灵活性，通过多样化的教学策略满足不同学习者的需求。

二、需求层次理论

马斯洛需求层次理论是由美国心理学家亚伯拉罕·马斯洛（Abraham H. Maslow）在1943年提出的，它是心理学领域中极为著名的理论，主要分析了人类需求从基本到高级的层次结构。① 该理论将人的需求分为5

---

① 亚伯拉罕·马斯洛：《马斯洛需求层次理论：动机与人格》，吴张彰、李昀烨译，中国青年出版社2022年版，第3页。

个等级，形成层级结构，通常被比喻为金字塔，如图1-3所示。

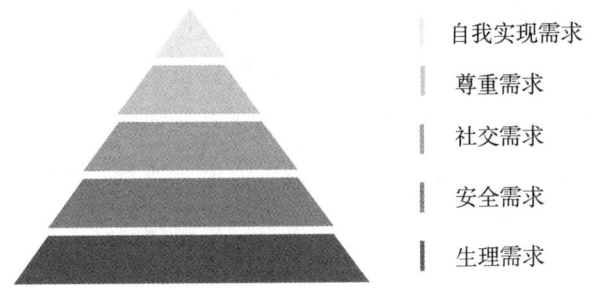

图1-3 马斯洛需求层次理论

底层是生理需求，包括食物、水、睡眠等基本生存需求，是人类最基本的驱动力。只有当这些需求得到满足后，人们才会寻求更高层次的安全需求。在安全需求得到满足后，社交需求随之浮现，这涉及情感层面的需求，如友谊、家庭以及爱情，反映了人们对归属和被接纳的需求。随后是尊重需求，它包括自我尊重和他人尊重两个方面，体现了个体追求被认可和评价的欲望，以及成就感和自我价值的实现。位于顶层的是自我实现需求，这是马斯洛需求层次中最高级的需求，指个体实现自身潜力和追求个人成长的需求，如创造力、自我表达和个人完善。

马斯洛认为，这些需求层次并非孤立存在的，而是相互关联的，较低层次的需求得到满足后，人们会逐渐追求更高层次的需求。这一理论提供了一个框架，帮助理解人类行为的动机和欲望，是分析个体行为和心理活动的重要工具。

马斯洛需求理论的基础是生理需求和安全需求。在职业教育的背景下，这提示人们必须确保教育环境的安全性和基本的物质条件，如良好的教室环境、安全的实习设施等。同时，这意味着职业教育应当关注学生的基本生活保障，如食宿和交通便利性，这些都是保障学生顺利学习的前提。社交需求位于中间层次，强调人际关系和归属感。对职业教育而言，这可以转化为加强师生关系、班级精神和学校文化的建设。增强学生的归属感不仅可以提高学习动力，还能促进专业精神和团队协作能力的培养。

全角度解析：职业教育理论与企业文化建设实践

职业教育应当重视学生的自我价值感和成就感，通过实践活动和竞赛等方式，让学生体验成功和认可，增强自信心。此外，教育体系需要尊重每位学生的个性和职业选择，为他们提供定制化的学习路径和职业发展指导。马斯洛需求层次理论的顶层是自我实现需求。职业教育应该提供平台和机会，让学生能够发挥最大潜能，实现个人职业理想。这包括提供创新和创业教育，鼓励学生探索和实践新技术，培养创新思维和解决问题的能力。

面对当前中国职业教育的发展和创新，马斯洛需求层次理论提供了一个全面考虑学生发展需求的框架，有助于指导职业教育改革和发展方向。满足学生的多层次需求，不仅能够激发学生的学习热情和创新潜能，还能够帮助构建更具包容性和实效性的职业教育体系，逐步形成具有中国特色的职业教育层次，从而更好地服务于国家和社会的发展需求。

三、人的全面发展理论

马克思的人的全面发展理论是其哲学思想的核心之一，强调在自由的社会条件下，每个人都应有机会发展自身的多种潜能和才能。

首先，人的全面发展包括了体力和智力、道德等多方面的发展，情感和理性的协调，以及各种社会实践能力的提高。在马克思看来，人不应仅被视为经济生产的工具，而应成为自身能力发展的主体。这种理念对教育尤其是职业教育具有深远的影响。职业教育不应仅着眼于技能的培训，还应鼓励教育者开发包含技术、人文、社会科学等多领域知识的综合性课程，更应关注学习者的个性发展、道德培养和创造力激发，对学生的全方位能力进行培养，促进他们的全面发展。

其次，马克思的人的全面发展理论强调个体在社会生活中的多样性和创造性。这一点对职业教育意味着，职业教育应当帮助学生发展成为能够适应不断变化的社会和工作需求的人才，要提供广泛的知识体系和技能训练，使学生在完成学业后，不仅具备专业技能，也拥有解决复杂问题的能力和终身学习的能力。

四、终身教育理论

终身教育理论的核心思想是教育应伴随个体的一生，持续不断。这一理论由法国教育学家保罗·朗格朗（Paul Lengrand）于1970年在其著作《终身教育引论》中首次系统阐述。朗格朗认为终身教育覆盖教育的所有方面和阶段，从人的生命开始直至结束，强调各教育阶段之间的连续性和内在联系，并且终身教育的目的不仅是提供持续的教育和训练，也是通过自我教育促进个人达到潜能的最高水平。①

在这一理论中，教育不限于学校教育，而是一个广泛的、终生的过程，包括正规教育、非正规教育和自我教育等多种形式。个人可以根据自身需求，在任何时间、任何地点选择合适的学习方式和内容，不断适应现代社会不断变化的职业需求，为个人应对现代知识经济的挑战提供理论支撑和发展方向。

就职业教育领域而言，在当代社会，技术的不断进步不仅改变了工作的方式，也促进了职业角色的变迁，新的工作技能和知识在不断地被提出和更新。在这样的背景下，职业技能需要根据社会进步和科技发展进行更新，以适应不断变化的工作要求。终身教育提供了一个理论框架，支持个体在职业生涯中不断学习和适应新的技能需求。例如，信息技术和人工智能的快速发展要求工作者不断更新他们的技术知识和操作技能，通过树立终身学习的观念，继续进行职业教育，能够使个体更好地适应快速变化的技术环境和劳动市场需求，帮助个体在整个职业生涯中保持竞争力和适应力，应对职业生涯中可能遇到的挑战和变化。

终身教育理论强调个体学习动机和观念的重要性，促进了自我驱动的学习文化。在职业教育中，这种文化激励学习者主动探索新知识和技

---

① 保罗·朗格朗：《终身教育引论》，周南照、陈树清译，中国对外翻译出版公司1985年版，第44页。

能，不断提高自身的职业竞争力和适应力，这对构建一个终身学习的社会具有深远意义。

这一理论也鼓励教育机构开发多样化的课程和培训项目，推动职业教育体系的灵活性和适应性发展，以满足人们在不同生命阶段中的学习需求。例如，提供再就业培训和职业转换课程，针对个体生涯全阶段的教育需求给予响应和支持，也为职业教育的社会公平性提供了支持。

第四节 职业教育的发展和趋势

一、我国职业教育的发展历程

中国职业教育的渊源可追溯至春秋战国时期，当时墨家针对"农与工肆之人"开设了结合工作与学习的私立学校，培养学生掌握生产与制造的技术与技能，为中国职业教育奠定了基础，这种模式可以视为职业教育的先河和雏形。到了清末，洋务运动的兴起标志着"经世致用""实业救国"理念的提出，职业教育思想开始发展，工业领域的扩张也日益凸显了对工业技术人才的需求。此外，军事领域的快速进步同样需要专业技能的支持。1911年中华民国成立后，出现了"国民生计之羸绌，恃职业教育"的说法，强调了职业教育对国民经济的重要性。[①] 张謇是近代中国实业救国论的重要倡导者，他在讨论教育与实业的关系时提出，"若要兴起工业，首先必须兴起学问"。他主导建立的众多近代工厂和企业包括南通农业学校、私立南通医学专门学校、南通纺织专门学校等。在开办这些学校的过程中，张謇形成了一套具有深刻见解的职业教育观点，认为职业学校的目标是培养具有道德和才能、勤劳耐劳的人才，而非培

---

① 叶道昌、吴洪成：《试析民国初期的职业教育思想》，载《邢台职业技术学院学报》，2002年，第2期。

养学术人才。①黄炎培是辛亥革命后实用主义教育的先行者,在新文化运动的初期,随着资本主义经济的发展,传统学校培养的毕业生普遍缺乏实际的职业技能,资产阶级工商业的发展亟须技术人才和接受过专业训练的熟练劳动力。黄炎培由此大力倡导进行职业教育,解决学生面临的就业和生计问题,他认为实用主义教育是职业教育的基础,强调职业教育不同于普通教育,职业教育专注于生活实践,不仅关注个人的谋生技能,还涵盖了对社会事业的贡献,影响着整个社会经济体系。②此外,还有其他教育家和学者对职业教育提出了不同的观点,职业教育思想在这一时期得到了进一步发展。1949年中华人民共和国成立,我国职业教育也进入了新的发展阶段,此时职业教育已具备了较为完善的理论、实践和物质基础。中华人民共和国成立后,职业教育经历了探索、改革、创新至突破4个发展阶段,如图1-4所示。

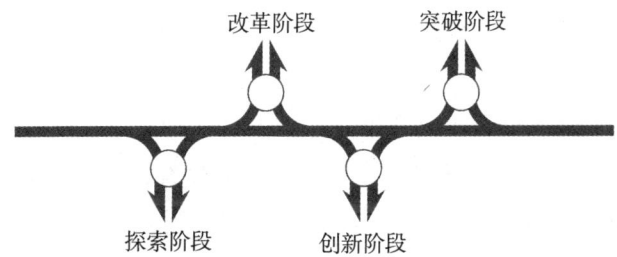

图1-4　中华人民共和国成立以来我国职业教育的发展历程

(一)探索阶段

自中华人民共和国成立至改革开放前,中国职业教育处于探索阶段。在这一时期,国家面临恢复和发展经济的任务。为了配合国家重建,职

---

① 张謇:《张季子九录·教育录》,中华书局1931年版,第19页。
② 中华职业教育社:《黄炎培教育文选》,上海教育出版社1985年版,第41页。

业教育系统经历了根本性的改革：废除了旧有的实业教育模式，转向技术教育，并将其整合进全国的教育体系中。根据国家的具体需求和实际能力，全面建设和完善职业技术学校的制度。当时，国家在中等职业教育领域尤其是中等职业技术教育领域进行了大规模发展，以满足经济和工业建设对专业人才的需求。

1954 年，《中央人民政府政务院关于改进中等专业教育的决定》和《中等专业学校章程》的发布，将技术学校和中等专业学校纳为同一类。在劳动部门的推动下，技工学校也取得了显著进展，中专和技校的发展模式开始形成。1958 年，《关于教育工作的指示》推动了农业中学的建立。1963 年发布的《中小学教育和职业教育七年（1964—1970）规划要点（初步草案）》则标志着多种类型的职业技术学校在城市中的建立，这对当时和未来中国职业技术院校的发展具有深远的影响。1964 年，中等专业教育司与职业教育司合并，现代职业教育的管理与运营模式开始初步形成。

在这一探索阶段职业教育虽然快速发展，但存在一些粗放经营和方向不明确的问题。整体而言，这一时期的实践为中国职业教育的现代化积累了宝贵的经验，并为后续的发展奠定了坚实的基础。

（二）改革阶段

改革开放至 2010 年是中国职业教育的重要改革时期。在这一阶段，职业教育经历了深刻的转型与提升。1978 年全国教育工作会议提出扩展职业教育学校的规模，预示着未来职业教育的发展方向。这一时期，中国借鉴国际教育经验，结合国内外开放的新环境，形成了一条符合中国国情的职业教育发展路线。特别是在中等职业教育领域进行了重点改革，强化了职业教育在国家开放战略中的角色，为制造业和管理行业培养了大量人才，奠定了职业教育体系发展的基础。

进入 21 世纪，随着国家经济结构的快速调整和市场化的深入，劳动市场对职业教育的需求和期望不断提高。这一时期,职业教育的人才培养模式受到了广泛关注,全国性的职业教育会议多次强调了职业教育的战略地位,要求其与国家经济建设同步推进。此外,随着改革开放的深入,西方的教育理念和办学模式开始大量流入,极大地丰富了中国的职业教育体系,提高了职业教育的质量和效率。

此外,这一时期职业教育不再单纯追求规模的扩张,更注重劳动者技能和素质的提升。技术人才的需求日益增长,职业教育机构也在不断调整教学内容,以适应市场需求的变化。我国 2010 年发布的《国家中长期教育改革和发展规划纲要(2010—2020 年)》不仅为职业教育的发展提供了战略指导,也预示着教育体系进入全面现代化的新阶段。随着劳动人事制度的改革和企业教育职能的剥离,传统职业教育面临新的挑战,而普通教育特别是本科教育逐渐成为更受欢迎的选择。

(三)创新阶段

2010—2020 年,中国职业教育迎来了创新发展阶段。《国家中长期教育改革和发展规划纲要(2010—2020 年)》的发布,标志着这一时期教育改革的全面启动,为职业教育指明了进步的方向。这一时期,职业教育着重于提升整个教学过程的质量,培养目标也更加多元化和高标准,力求打造具有中国特色的职业教育发展路径。

随着科技的飞速发展和人民生活水平的提升,职业教育的发展策略也变得更加清晰,并展现出几个主要趋势:首先,国家加大了对职业教育改革的推动力度,强调职业教育与高等教育的协调合作,并推动职业教育与终身学习体系的融合;其次,发展重心逐渐从中等职业教育转向高等职业教育,并探讨了高等职业教育和应用型本科大学的发展;最后,国家更注重完善职业教育体系,强化职业教育相关政策和法规的建设。

2019 年发布的《国家职业教育改革实施方案》进一步明确了职业教育与普通教育具有同等重要的地位,这一政策的出台不仅增强了职业教育的社会认可度，也为职业教育的长远发展和在国民教育体系中的地位奠定了坚实的基础。创新阶段的职业教育展现了其在国家发展中不可或缺的作用，为中国特色的职业教育体系的形成和完善做出了重要贡献。

（四）突破阶段

2021—2035年是中国职业教育的突破阶段。在这一时期，全国职业教育的核心任务是"加快构建现代职业教育体系"，以实现职业教育体系的现代化，并推动先进职业教育模式的形成。2019年，《中国教育现代化2035》由中共中央、国务院正式发布，为中国教育未来的发展方向提供了清晰的指引。2021年10月，中共中央办公厅和国务院办公厅也印发了《关于推动现代职业教育高质量发展的意见》（以下简称《意见》），进一步明确了目标和政策措施。

根据《意见》，到2025年，职业教育的特色将更为明显，一个初步完善的现代职业教育体系将基本形成。社会对技能型人才的需求将通过优化办学结构和显著改善办学条件得到满足，职业本科教育的招生规模将达到高等职业教育招生规模的至少10%，显著提升职业教育的吸引力和培养质量。展望2035年，职业教育的整体水平预计将跃居世界前列，届时技能型社会将基本形成。技术技能型人才的社会地位将显著提升，职业教育供给将与经济社会发展需求高度匹配，其在全面建设社会主义现代化国家中的角色和影响力将大幅增强。

职业教育的这一快速发展阶段不仅体现了其在国家教育体系中的重要位置，而且在推动社会主义现代化建设中发挥了关键作用。随着社会对职业教育的期望不断提高，中国的现代职业教育体系建设也在加速进行，展示了职业教育领域的历史性成就。

二、目前我国职业教育的发展特点

随着职业教育事业的快速发展，我国职业教育展现出几个鲜明的新特点，其中最为突出的有以下3个，如图1-5所示。

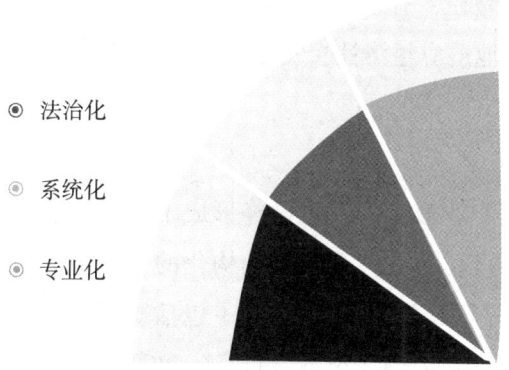

图1-5 目前我国职业教育的发展特点

（一）法治化

1996年5月15日，中华人民共和国第八届全国人民代表大会常务委员会第十九次会议审议并通过了《中华人民共和国职业教育法》（以下简称《职业教育法》）。这是我国职业教育法治化进程中的一个重大突破，也是我国职业教育法律体系的核心。《职业教育法》对职业教育的地位和作用、体系构建、领导与管理体制、经费投入、办学形式、社会力量参与及劳动就业等关键问题都做出了明确规定，确立了职业教育在国家教育体系中的重要位置，这标志着职业教育事业已经进入了一个全新的发展阶段。

法律出台后，各级地方人民代表大会也依据国家法律的精神，结合地方实际情况，陆续制定了一系列地方性的职业教育法规。这些地方配套法规进一步丰富和完善了职业教育的法律法规体系，加强了法律在实际操作中的指导性和针对性，不断推动我国职业教育体系建设的法治化发展。

这样一种以《职业教育法》为核心、地方性法规为补充的职业教育法律体系的建立，不仅为职业教育的改革和发展提供了坚实的法律保障，

也反映出我国政府将职业教育的发展上升为国家战略的决心。这种法治化、制度化的发展路径，有效推动了职业教育质量的提升和体系的完善，使职业教育能更好地适应经济社会发展的需要。

（二）系统化

系统化指中国职业教育的发展已经形成了一个相对完善、层级分明的架构和体系。系统化首先体现在其结构化的多层次教育体系上。从纵向上看，从初级到高级，职业教育建立了包括初等职业教育、中等职业教育和高等职业教育在内的完整教育链条。这种分级教育模式使得学生能根据个人发展需要和职业规划，选择合适的教育阶段进行学习和技能提升。例如，学生可以从初等职业教育开始，通过实践和基础技能培训，逐步过渡到更高级的技术或理论学习。从横向上看，系统化还体现在职业教育广泛领域的覆盖上。现阶段我国职业教育涵盖了农业、工业、商业、医疗卫生及服务业等多个行业领域，职业教育为各个行业培养专业人才，满足社会和经济发展的需求。这种全方位的领域覆盖确保了教育资源的合理分配和行业需求的精准对接。

此外，职业教育的系统化发展还反映在其完善的支持服务体系上。中国职业教育不仅建立了一套完整的人才需求供需体系，还包括师资培训体系和科研体系，这些都是保障职业教育质量和效果的关键。例如，通过人才需求预测体系，教育部门能够根据行业发展趋势及时调整教育内容和方向，而师资培训和科研体系则确保教师和教育管理者能够掌握最新的教育理念和技术，提高教学效果。这些体系合在一起，构成了职业教育完善全面的大系统。

需要注意的是，系统化不仅是职业教育结构的优化，还是一种全面提升教育效能和质量的策略，通过精细管理和资源整合，有效推动了职业教育事业的持续健康发展。

第一章　职业教育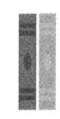

（三）专业化

中国职业教育的发展近年来已经显著向专业化方向转型，表现出较强的专业性，有效适应了行业和市场的具体需求。目前的职业教育体系通过精心设计的课程体系和职业导向性的人才培养模式，确保了人才培养的质量和实用性，展现出教育体系的成熟和高效。这种专业化体现在多个方面，包括课程设置、教学方法、师资力量和产教融合、校企合作的实践。

例如，在课程设置方面，职业教育针对具体的行业需求，设计了一系列专业课程。这些课程旨在培养学生的专业技能和加强理论知识的学习，确保他们能够在毕业后迅速适应职场环境。例如，针对制造业、信息技术、现代服务业等行业，职业院校开设了机械操作、软件开发、会计、酒店管理等专业，这些是市场需求较大的专业方向。

教学方法的改革也是职业教育专业化的一个重要体现。随着教育技术的发展，许多职业学校采用了模拟教学、工作坊、实习和实训等方法，以增强学生的实践能力。这种教学方式仅包括传统的课堂讲授，还注重通过实际操作来培养学生的技能，如模拟企业运营环境，让学生在学习期间就能体验真实的工作场景。

师资力量的建设也是职业教育专业化的关键体现。职业院校普遍聘请具有丰富行业经验的专业人士担任教师，他们不仅掌握专业知识，还了解行业动态和技术发展，能够将最新的行业需求和技术标准带入课堂。此外，很多教师也积极参与企业实践，不断更新自己的专业技能和教学方法。

产教融合、校企合作是职业教育专业化发展的另一显著特点。众多职业院校与企业建立了紧密的合作关系，共同开发课程，进行师资培训，以及提供实习实训机会。这种校企合作模式不仅增强了教育的实践性和针对性，也帮助学生更好地理解和预测职业发展趋势。

三、我国职业教育的发展趋势

未来我国职业教育的发展趋势如图1-6所示。

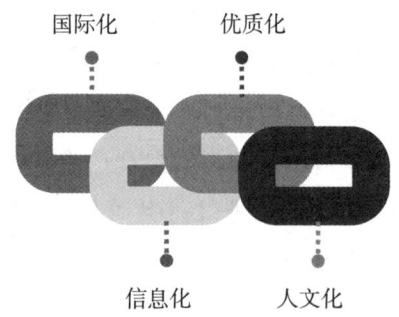

图1-6 未来我国职业教育的发展趋势

（一）国际化

在当前全球化时代，职业教育的国际化发展已经是一种不可阻挡并且不可逆转的发展趋势，国际化是职业教育发展的必然趋势之一。

1. 响应经济全球化的挑战

经济全球化始于19世纪的工业革命，表现为生产和资本的国际化，这促使了全球市场和生产的相互依存性与日俱增。特别是信息技术的发展已经成为推动经济全球化的关键力量，实现了生产要素的全球流动和资源的优化配置。在这一背景下，职业教育的国际化显得尤为重要。随着全球化的深入，跨国公司和国际贸易的扩展需要一大批能够适应国际市场的高素质技术人才。这些人才需要不仅掌握国际化的商业和技术技能，还要了解不同文化和政治环境，以适应跨文化的工作环境。中国职业教育必须调整培养模式，拓宽学生的国际视野并提高其外语能力，以适应和抓住全球化带来的机遇。

2.适应国际职业教育的发展趋势

随着全球教育交流与合作的加强,国际高等教育的格局正在发生变化。国际组织如联合国教科文组织通过会议和报告促进全球高等教育的交流与合作,推动了教育国际化。例如,欧洲的伊拉斯谟计划等,通过增强跨国界的学术交流和学分互认,促进了教育资源的优化分配和高质量人才的培养。中国职业教育面对这一趋势,需要通过国际合作项目、师资和学生交流等手段,提高教育质量和国际竞争力。这不仅有助于吸引国际学生来华学习,还能使中国学生更好地适应国际教育环境,增强其全球就业竞争力。

3.响应国家人才战略需求

随着全球经济一体化的加深,国家间的科技和经济竞争越发激烈。高层次技术和管理人才的培养是职业教育的重要任务。职业教育的国际化有助于培养具备国际视野的人才,满足国家在科技创新、工业升级和国际竞争中的需求。通过国际化教育,职业教育机构能够在全球范围内吸纳和融合多元的教育资源和文化,从而培育出能够适应不同文化和经济环境的复合型人才。这种人才在全球化的经济体系中能够更有效地促进技术交流和商业合作,推动国家的科技进步和经济发展,是提升国家竞争力的重要力量。培养具有国际视野和技术能力的人才,能够为国家在国际舞台上争取更多的发言权和影响力。

(二)信息化

信息技术的迅速发展不仅重塑了全球经济结构,也深刻影响了教育领域的教学模式和学习方法。对职业教育而言,信息化不仅是提升教育质量和效率的强大工具,也是一种战略性的发展方向。

职业教育的信息化可以大幅增强教育资源的共享性和可达性。通过构建在线学习平台和数字化资源库,学生能够突破地理和时间的限制,

随时随地访问丰富的学习材料，可以极大地提高职业教育的针对性和教学效果。通过网络平台，学生也可以访问各种高质量的教学视频、教程、案例分析等资源，也将极大地扩展他们学习的范围。

信息技术的引入也将促进职业教育教学方法的创新。利用虚拟现实（VR）、增强现实（AR）等先进技术，教育者可以设计出接近真实的工作环境，使学生在零风险的情况下进行技能训练和解决问题。这种技术的应用不仅可以增强学习的趣味性和实践性，还能提高教学的效果，使学生更好地应对未来职场的挑战。

信息化还可以实现对学生学习过程的即时监控和评估。教师可以通过学习管理系统追踪学生的学习活动，如在线测试、作业提交和论坛讨论，从而及时提供反馈信息和支持。这种实时反馈机制有助于学生及时了解自己的学习状况并做出调整，也使教师能更有效地指导学生，极大地提高教育评估与反馈的即时性。

信息化还促进了终身学习文化的形成。职业技能的更新换代速度越来越快，职业人员需要不断学习新技能以适应变化。在线学习平台、微课程和短期培训项目提供了灵活的学习方式，使在职人员可以在工作之余更新自己的技能，使终身学习成为可能。

在信息化迅速发展的今天，掌握信息技能已成为学生不可或缺的基本能力。教育机构通过采用信息化的教学方式，能够潜移默化地培养学生的这一技能。例如，信息化教学方式通过整合和应用各种信息技术工具，如计算机、互联网、智能设备等，为学生提供了一个互动性强的学习环境。在这种环境中，学生不仅学习专业知识，还在使用这些工具的过程中提升了自己的信息技能，比如信息检索、数据分析、在线协作等能力。通过网络平台，学生可以接触来自全球的最新信息和多元的观点，这要求他们能够有效地筛选信息、评估信息来源的可靠性，并进行独立思考。这种能力的培养是信息时代非常重要的，也是未来职场中不可或缺的。

第一章 职业教育

（三）优质化

职业教育在国家经济发展中扮演着基础性和关键性角色。随着全球经济的转型和新产业的兴起，对专业技能和实际操作能力优质化的需求显著增长。职业教育质量的提升能直接强化劳动力市场的核心竞争力，为经济提供必要的技术支持和创新潜力。职业教育若不能提供与市场需求相匹配的高质量培训和教育，将会导致技能供需不平衡，影响国家的产业升级和经济健康发展。

经济结构的调整和产业升级对职业技能提出了更高要求。随着科技进步和产业转型，尤其在制造业、信息技术和服务业等领域，对复合技能和高技术技能人才的需求显著增加，因此受教育者希望得到更加优质的教育和培训，职业教育系统需要通过提高职业教育质量，培养出能够适应这些变化的技能型人才。

此外，就职业教育这个教育层次而言，传统认知上的职业教育可能被视为普通教育的辅助或是非主流的教育选择，通常是那些学术表现不佳或对传统学科不感兴趣的学生的"备选"路径。这种传统旧观念直接影响了社会对职业教育及其学生的看法。然而，随着全球经济结构的演变和劳动市场的需求变化，这一传统观念正在发生显著的转变，经济的快速发展和技术的不断进步以及国家政策的支持和倡导，使得职业教育的社会地位越来越高。职业教育向着优质化方向发展，这有助于人们消除对职业教育的偏见，提高职业教育的吸引力和社会价值。

（四）人文化

未来的职业教育发展，除了重视技术和职业技能训练，还需要强调和重视人文学科、伦理、情感和社会技能的教育和培训。这种人文化的趋势表明，一个全面发展的人，仅仅掌握专业技能是不够的，还需要培养他们的德育素养和软实力，以更好地适应未来社会的各种挑战。并且

随着自动化和人工智能技术的快速发展,未来依靠手工或简单机械操作的任务会越来越少,一些简单的职业工种会由机器取代。这种变化使得人类的角色越来越倾向于涉及创造性思维、人际交往和复杂决策的工作和职业,因为这些都是机器难以替代的领域。在这种情况下,人文素质如创新能力、协作能力、批判性思维、情绪能力和伦理判断等软实力变得尤为重要。此外,随着职业教育的日趋发展完善,对学生以及职工的培养质量、素质要求越来越高,如果职业教育融入历史、文学、哲学、心理等人文教育,受教育者不仅能够获取知识,还能够培养正确、向上的价值观和道德观,人文方面的知识也会使得他们更好地理解他人,增强他们处理人际关系的能力以及批判性思维能力,这对他们未来扮演或成为某种社会角色至关重要。例如,随着科技尤其是人工智能、生物技术等领域的迅猛发展,伦理问题变得日益复杂和突出。在职业教育中加强伦理教育,能够使学生在面对职业道德困境时,深入地理解科技进步对社会和环境可能产生的长远影响,能够做出明智和负责任的决策,不会走向误区。再如,职业教育中护理专业的学生在临床实习中会面对多样化的患者群体。如果添加人文课程的学习,学生不仅掌握了医学技能,还能学会如何倾听以及分析不同社会背景下患者的需求和情感,从而在以后的职业生涯中,运用他们的专业知识和人际交往能力来减轻患者及其家属的心理压力,为自己的职业发展提供支持。

第二章 职业能力培养

第一节 职业能力体系的内容构成

一、职业能力的内涵

"能力"这一概念在不同学科领域中有着不同的定义和内涵,是一个多层面和多维度的构成。在心理学中,"能力"被定义为个体在面对环境挑战时展现出的行为适应性和多样性。这种定义不仅强调了能力的情境敏感性,也突出了行为表现的可变性,即个体能够根据不同的环境条件灵活调整自己的行为策略。在管理学和职业发展领域,"能力"的定义则更为具体,通常被看作个体在职业环境中所展示的知识、技能、态度和行为的集合。这不仅是职业技能或理论知识的简单积累,还包括根据职业标准和实际需求来有效工作的综合能力。这种定义强调专业能力的实践导向性,即个体如何在实际工作中运用知识和技能以达到预定的职业效果。

教育学界对能力的解释则更侧重知识与技能的整合运用。在这一视角下,"能力"不仅是简单的知识掌握,还包括将理论知识与实际技能结合，运用综合理解力高效完成任务。在这种视域下，"能力"包括3个基本元素：认知元素（如知识和理解力）、技能元素（技能的具体应用）以及情感元素（涉及态度和价值观的形成）。这种定义揭示了教育过程不仅需要传授知识，还要通过教学实践来培养学生的实际操作能力和价值判断能力。

从以上对"能力"的定义可以看出，"能力"涵盖从事日常生活、学习和职业活动多个层面的能力，具有多层次、多角度的特性，依赖个体的认知能力、情感调控和社会互动能力。因此，综合各个领域对"能力"的定义，可以看到，"能力"是个体在特定环境中综合运用知识、技能与态度来有效执行任务和解决问题的综合性特质。

"职业能力"由"职业"和"能力"两部分组合而成，指的是个体应用其有效完成工作任务和解决职业相关问题的知识、技能和态度。这涵盖从专业知识的理解到技能的熟练运用、从适应职业环境到处理工作压力以及与同事的合作和遵循职业道德等多个方面。职业能力不仅包括工作理论和实践的知识，还包括将这些知识转化为具体操作的能力，以及在职业环境中展现出的心理特质，如抗压能力、自我调节和动机。此外，职业能力还涉及思想品质和职业道德，如诚信、责任感以及对职业标准的遵守，这些都是支撑个体在职业社群中建立信誉和推动职业生涯发展的重要因素。从结构上看，职业能力是由多个相互作用的能力单元组成的系统，这些单元共同影响个体的职业表现和职业满意度。从动态的过程角度看，职业能力是可以通过教育、训练和实际工作经验不断发展和完善的。因此，职业能力不是一成不变的，而是随着个体经验的积累和职业环境的变化而持续进化的。这种理解强调职业能力的动态性和发展性，认为职业能力是在实际工作中逐步构建和完善的，对个体的职业成功和持续发展至关重要。

二、职业能力体系的内容构成

(一) 教育者的职业能力体系

职业教育的教育者范围广泛,不仅包括学校教师,还包括职业培训讲师、企业内训师、技能工艺师等从事专业技能传授和职业素养培养的专家等。这些教育者应具备深厚的专业知识与教学技能,能够设计与实施针对性强的培训课程,并能根据行业发展趋势不断更新教学内容。同时,他们需要具有良好的沟通能力和团队合作精神,能在多样化的教学环境中有效工作,以满足不同学习者的需求。具体来说,教育者的职业能力可以分为3大类——基本职业能力、关键职业能力和专属职业能力,如图 2-1 所示。

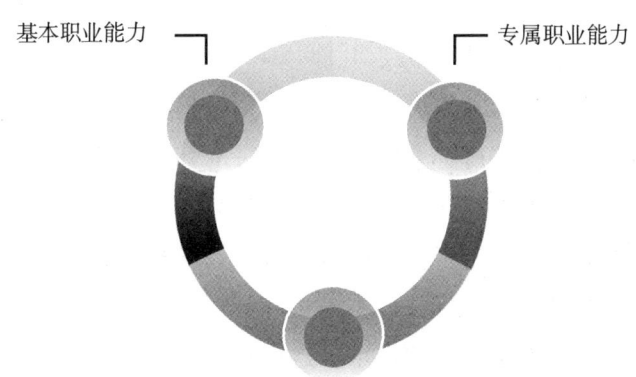

图 2-1 教育者职业能力体系的构成

1. 基本职业能力

基本职业能力是职业教育者在各种教育和培训场景中进行有效教学的根基。无论是培训讲师、企业内训师还是技能工艺师,这些基本能力都是确保教育顺利进行和实现教学目标的必备条件。

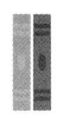

首先，教学计划与课程设计能力是基本职业能力的核心。这包括了解和分析学习者的需求、设计符合这些需求的教学活动和课程内容。例如，一个企业内训师在设计培训课程时，需要深入了解企业的业务流程和员工的具体职能，确保培训内容与企业的实际需求紧密相关。再如，技能工艺师在教授具体技能时，需要将复杂的操作步骤分解为易于理解和掌握的单元，使学习者能够逐步掌握专业技能。

其次，沟通技能在职业教育中同样至关重要。教育者需要清晰、有效地与学习者沟通，无论是传授知识还是解答疑问，良好的沟通能力能够有效地进行知识的传递。同时，良好的沟通技能有助于建立教育者与学习者之间的信任和尊重，这对学习环境的整体氛围非常重要。特别是在多元化的学习环境中，教育者还需要具备一定的文化敏感性和适应性，能够有效地与来自不同背景的学习者进行交流。

最后，课堂管理能力对所有类型的职业教育者来说都是基本且重要的。这不仅包括传统的纪律维持和时间管理，还包括如何创造一个积极、包容的学习环境。课堂管理的有效性直接影响学习者的学习动力和课程效果。例如，职业培训讲师通过激励性的言辞和适时的激励措施，可以提高学员的参与度和积极性，从而提升学习效果。

通过全面掌握这些基本职业能力，职业教育者可以确保他们的教学活动不仅高效而且具有适应性，无论是在学校、培训机构还是在企业内部，都能够满足各类学习者的需求。这些基础能力是教育者职业生涯的基石，也是他们持续成长和适应教育挑战的前提。

2. 关键职业能力

关键职业能力则是职业教育者在基本职业能力的基础上进一步发展的能力，这些能力在提升教学质量和适应教育行业变化中起着决定性作用。相较于基本职业能力的普遍性和基础性，关键职业能力更侧重教育者的深层技能和战略思维，这些能力直接关联教育成效的提升和教育创新的实施。

第二章 职业能力培养

第一,教学创新能力。在快速变化的教育环境中,持续的教学创新是提高学习、培训成效和学习者满意度的关键。教学创新能力包括开发和实施新的教学策略、方法和技术的能力,以适应不同背景和需求的学习者。例如,职业培训讲师需要设计基于项目的学习活动,这种活动能够模拟实际工作环境,让学习者在解决实际问题的过程中学习和应用新技能。创新的教学方法如翻转课堂或混合学习模式,能够更有效地吸引学习者的参与,提高教学互动性和个性化学习的可能性。

第二,技术整合能力。随着教育技术的不断进步,有效地整合这些新兴技术成为提高教学效率和质量的关键。关键职业能力中的技术整合能力,不仅包括选择和使用合适的技术工具,还包括如何创造性地将这些工具融入教学设计中,以增强学习体验。例如,企业内训师会利用虚拟现实(VR)技术来提供沉浸式的培训体验,使员工能够在模拟环境中安全地学习复杂的机器操作或紧急程序处理。

第三,高级评估与反馈技能。不同于基本的评估技能,关键职业能力中的高级评估与反馈技能更注重评估的深度和广度,以及反馈的及时性和建设性。这包括能够设计和实施复杂的评估体系,精确地跟踪学习进展,以及根据评估结果提供个性化的学习路径和改进建议。这种能力对确保学习者都能达到最佳学习成效至关重要。

第四,差异化教学能力。差异化教学能力使教育者能够根据每个学习者的具体情况调整教学方法和内容,确保教学活动对各类学习者都是有效的。这些能力在提升教育包容性和个性化教学中扮演着核心角色。

这些关键职业能力的培养和实践,对职业教育的教育者来说,不仅提升了个人的职业技能和职业发展潜力,也极大地促进了教育教学活动质量的提高和效果的增强,能够为学习者提供更加丰富、实用和前瞻性的学习体验,满足行业不断更新的技能需求,增强学习者的就业能力和职业适应性。

3.专属职业能力

专属职业能力是指职业教育者针对特定领域所需具备的高级知识和技能,这些能力使教育者在专业领域内具有权威性和高效率。与基本职业能力和关键职业能力相比,专属职业能力更深入地聚焦于特定行业的实际需求和专业实践,体现了教育者在特定学科或技术领域的专业深度和技术熟练度。如医学教育者的专属职业能力,在医学领域,教育者不仅需要掌握广泛的医学知识,还必须具备临床技能的教学能力,如手术操作、病理分析和与患者沟通的技巧。这些专属职业能力要求教育者能够教授学生如何在真实的临床环境中应用理论知识,进行诊断和治疗。在进行教学或者培训过程中,医学教育者需要通过模拟患者情境、临床实习指导和多媒体教学等方法,有效地传授这些技能。此外,随着医学技术的发展,医学教育者还需要不断更新自己的专业知识,如掌握最新的医疗设备操作和新兴的治疗技术。

专属职业能力的建立,让职业教育者能够更加精准地回应行业需求,提升教育的针对性和有效性。这种能力的培养不仅增强了教育者在特定领域的专业地位,也显著提升了教学的实用价值,帮助学习者提高他们的就业竞争力,增强其职业技能和职业自信。因此,专属职业能力不仅是教育者个人职业发展的重要资产,也是推动职业教育质量提升和教育服务社会需求的关键力量。

(二)学习者的职业能力体系

在现代教育和培训领域中,学习者的概念已经远远超越了传统学校学生的范畴,包括成人学习者、参与企业培训教育的员工、自学者等。随着社会对人才的职业能力要求不断提高,企业在聘任、续聘员工的过程中越来越注重综合性考察员工,员工的职业知识、职业技能、职业道德、职业价值这四个关键方面(如图2-2所示)不仅是职场竞争力的体现,也是职业教育、培训的核心内容。

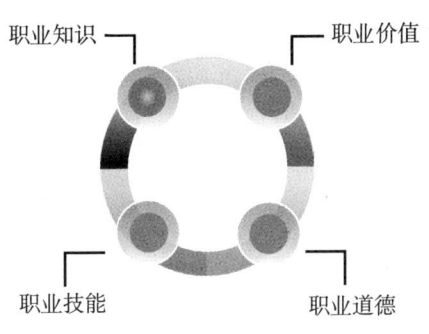

图 2-2 学习者职业能力体系的构成

1. 职业知识

职业知识的培养在职业教育中占据了基础且关键的位置，主要分为基本知识和专业知识两大部分。

（1）基本知识。职业教育的学习者需要具备广泛的基础知识，包括人文知识、自然科学、艺术、英语等。这些知识不仅能提升学习者的思维能力和知识面，还有助于提高他们的人文素质，为他们塑造价值观、世界观及人生观提供重要基础。通过这一基础教育，学习者可以形成独立的个性，建立完善的人格，并培养较强的社会责任感。这种综合素质的提升，使得学习者能够在未来的工作中更好地应用专业技能，展示其职业能力。

（2）专业知识。面对不断变化的社会经济需求，职业教育学习者需要掌握与其专业直接相关的知识，同时还应掌握一定的交叉学科知识和信息技术知识。这不仅包括专业领域的核心理论和实践技能，还包括能够使学习者适应未来工作环境的新技术和新方法。例如，对工程专业的学习者，除了要深入了解工程原理和应用，还需要了解最新的工程软件工具和数据分析技术，以便在工作中有效地解决问题。

职业教育或职业培训机构不仅为学习者提供必要的职业入门知识，还通过深入的专业知识训练，为学习者的职业生涯打下坚实的基础。这种综合的知识培养体系确保了学习者在毕业后能够在职业竞争中展现出

较高的竞争力和适应性，从而更好地满足工作岗位的需求。

2. 职业技能

职业技能是职业教育学习者在职业教育中培养的核心能力，它使学习者能够适应实际工作岗位的需求，体现了学习者对所学职业知识的深入消化、综合运用和创新能力。这些技能不仅是学习者素质的外在表现，也是他们职业生涯成功的关键因素。

在当前社会经济发展的背景下，职业教育学习者应具备的职业技能包括以下几种：持续学习的能力，以适应技术和行业的快速变化；知识表达的能力，能够清晰准确地传达专业知识；职业规划能力，帮助他们设定职业目标并规划实现这些目标的路径；知识运用能力，将理论知识转化为解决实际问题的实践技能；职业转换能力，使他们能够在不同职业间灵活转换；核心竞争力，即在特定领域内展现出的卓越能力。

为了进一步提升学习者的职业技能，职业教育应加强实践操作的教学环节。职业教育应通过提供充分的实践操作平台，如实验室、企业工作环境等，引导学习者在实际的生产实践中增强自己的创新意识和探索精神。这种实践经验不仅有助于学习者适应社会发展带来的新型工作环境，还能激发学习者的潜能，促进健康人格的形成。

因此，职业教育不仅应增加实训课程的比例，还应积极与企业界合作，构建一个完善的行业技能培养平台。这样的合作不仅能为学习者提供实际工作经验，还能使职业技能培养更加贴合行业需求，将理论与实践有效结合，最终引入职业教育的整体教学体系中。这种教育模式将极大地提高学习者的就业竞争力和职业适应能力，为他们未来的职业发展打下坚实的基础。

3. 职业道德

职业道德涉及个人在职业活动中应遵循的伦理规范和道德标准。遵纪守法是职业道德的基本要求，学习者要严格遵守国家法律法规，确保

第二章 职业能力培养

自己的职业行为合法合规。具备强烈的社会责任感也是职业道德的重要组成部分,这意味着学习者应关注社会福祉,积极参与社会公益活动,对社会负责,对他人负责。

职业道德还涉及个人在职业环境中的行为表现和工作态度。这包括诚信正直、尊重他人、合作共赢等行为准则。学习者应展现出高度的专业性和敬业精神,诚实守信,不欺骗,不隐瞒,不利用职务之便进行不正当行为。尊重他人则体现在平等对待同事和客户、尊重他人的意见和文化差异、营造和谐的工作氛围等方面。合作共赢强调的是团队合作的重要性,学习者应学会在团队中发挥自己的作用,与他人共同努力,实现团队目标。

4. 职业价值

职业价值是个体对自己所从事的职业的价值和意义的认知、认同、评价,它不仅关乎个人的职业满意度、职业幸福感和职业身份,也是职业生涯发展的重要推动力。良好的职业价值观可以帮助个体明确职业目标,激励个人在职业道路上持续前进,并在社会中做出贡献。具体来说,职业价值主要包括以下几个方面:

第一,对工作的热爱。这是职业价值中最基本也是最关键的一部分。热爱自己的工作能够激发个人的积极性和创造性,使其在日常工作中保持积极向上,保持高效的工作,勇于承担更多的职业责任,而不是逃避、得过且过。对工作的热情是推动个人职业满意和幸福感的强大动力。

第二,持续进步和终身学习。具有正确职业价值观的个体往往对自己的职业生涯持有更高的期望和目标,他们追求卓越和职业成就,这自然推动他们去寻求新的知识和技能。这种内在的动力是终身学习的强大推动力,因为它来自个体的职业理想和自我实现欲望,而不仅是外在的压力或要求。在当前快速变化的工作环境中,持续的创新和适应能力是职业成功的关键。正确的职业价值观鼓励个体保持开放和灵活的态度,对新事物持接纳和好奇的心态。这不仅有助于个体适应职业角色的变化，还能使他们在面对行业创新时，能够积极学习并掌握前沿技术和方法，这种内驱力导向的职业观念自然促进了终身学习的精神。

第三，对社会的贡献。良好的职业价值观还包括对社会有所贡献的意识。这不仅指在日常工作中对社会责任的承担，如遵守法律法规、保护环境、诚实守信等，还包括通过专业技能解决社会问题、贡献社会、提高社会福祉等内容。个体在职业生涯中的社会贡献，可以增强工作的意义感和成就感，同时提高个人和所在组织的社会声誉。

第二节 职业能力培养的原则

职业能力培养是一个复杂的过程，受到多种因素的影响，并依赖一系列核心原则的指导。这些原则为教育提供者和企业设计有效的培训计划和课程内容提供了框架，确保学习者可以获得必要的技能以适应快速变化的工作环境。以下内容将深入探讨职业能力培养中应该秉承的原则，包括动态更新原则、实践导向原则、学习者中心原则、合作共赢原则，如图2-3所示。本节内容主要解析它们对培养市场需求的专业技能人才的重要性。

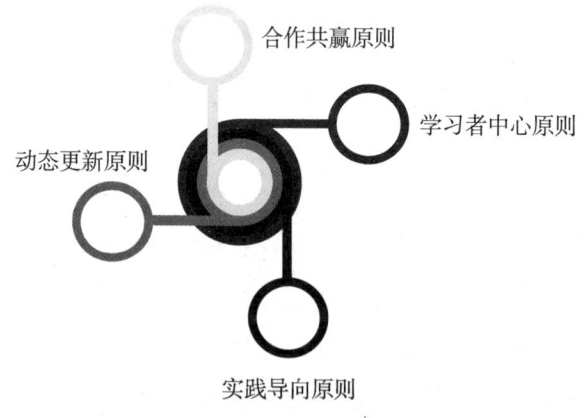

图2-3 职业能力培养的原则

第二章　职业能力培养

一、动态更新原则

随着科技的飞速发展和全球经济的不断演变,各行各业的工作技能和要求也在持续更新。动态更新原则是指在职业能力培养中,要对技术和市场需求快速变化进行动态的响应,不断更新职业能力培养体系和内容,以确保教育内容和方法的时效性和适应性,从而有效地为劳动力市场输送合格且具备竞争力的人才。

具体而言,第一,遵循动态更新原则可以确保职业教育与当前技术和实践保持同步。在技术迅猛发展的今天,新工具和平台的出现使得工作方式不断演变,对个人的职业角色和技术能力不断提出新的要求。职业教育如果秉承动态更新原则,通过持续更新其理论教学大纲和实践教学,不仅能提升教育内容的质量和相关性,还能确保学生、员工等学习者能够在学习之后满足最新职业能力要求,有效地帮助学习者发展出面对新挑战和变化的能力,提高学习者的社会竞争力。

第二,动态更新原则从侧面鼓励了终身学习的文化。随着职业生涯的延长和工作角色的多样化,持续学习和技能更新成为个人职业成功的关键。职业教育系统如果能够提供持续更新的学习资源和机会,不仅能够帮助个人适应职业生涯中的各种转变,也能够提高整个社会的教育水平和经济竞争力。

第三,秉承动态更新原则能显著提升职业教育本身的吸引力和实用性。当教育内容紧跟行业趋势和技术发展时,学习者更能感受到学习带来的直接价值,这种相关性和实时性提高了学习的动机和教育的效果,这种情况直接反馈到职业教育的质量和效益上,促使教育机构继续投资于课程内容和教学方法的更新,提升职业教育的价值与认可。

二、实践导向原则

实践导向原则是职业教育中一个核心的指导原则,该原则认为,知识的最佳学习和掌握发生在使用该知识解决实际问题时。它强调将教育内容和教学活动与实际工作场景和行业实践紧密结合，以提升学生的职业技能和实际操作能力，即这一原则的核心是"学以致用"，倡导教育培训不仅是理论知识的传授，也要使学生能够将所学知识和技能应用于实际工作中，解决实际问题。

实践导向原则也体现了职业教育的根本目的：为社会培养具备实际操作能力和解决实际问题能力的技术技能人才。因此，在职业教育中，秉承这一原则尤为重要，大多数职业技能都需要在实际工作中进行应用。通过实践导向的学习，学习者能够在安全的教学环境中模拟真实世界的情境，进行职业能力培养，这不仅帮助他们看到理论的实际用途，看到抽象的概念和公式转换为具体的技能和操作过程，从而加深理解和提高技能，还能够提升他们解决复杂问题的能力，提高教育效果和质量。

未来社会需要的是能将理论知识与实践技能紧密结合的人才，而实践导向原则正是确保这一需求得以满足的关键。通过这种方式，职业教育不仅提高了学习者的技能水平，也提升了他们的职业适应性和创新能力，为他们在竞争激烈的劳动市场中立足提供了坚实的基础。

实践导向原则提倡教育机构、教育者与企业和行业保持紧密的联系，使教育内容不仅停留在理论层面，还紧贴实际工作需求，从而达到提升学习者的职业技能和实践能力的目的。

三、学习者中心原则

学习者中心原则在职业能力培养中起着至关重要的作用。这一原则强调以学习者的需求和体验为核心，设计和实施教育，确保教育过程不但传授知识和技能，而且促进学习者的全面发展和个性化学习。这一原则尤其适用于职业教育领域，因为职业教育涵盖了广泛的教育者和学习者群体，包括职业学校的教师、职业培训讲师、企业内训师以及技能工艺师等，而学习者则可能是成人学习者、企业员工、自学者等不同背景

第二章　职业能力培养

和需求的个体。

学习者中心原则主张教育应围绕学习者的需求进行设计和实施。这意味着教育内容、教学方法、评估系统乃至学习环境都应考虑到学习者的特点、兴趣、学习风格及其职业发展需求。例如，对成人学习者来说，他们可能需要灵活的学习时间和模式，以便能够在工作和学习之间取得平衡；而对企业员工来说，他们则需要将学习内容与其日常工作紧密联系，具有非常强的针对性和可操作性，以提高培训的实用性和工作转换效率。

通过关注学习者的具体需求和背景，教育者可以设计更符合个体学习特点的教学计划和方法。这种个性化的教学策略能够有效提高学习者的学习效率和满意度，尤其是在成人教育和职业培训领域，学习者的经验和需求差异较大，个性化的教育方案尤为重要。此外，当教育能够触及学习者的兴趣和需求时，学习者的参与度和内在动机将显著提升。学习者中心原则下的教学环境鼓励学习者主动探索和解决问题，这不仅增加了学习的乐趣，也促进了深入学习和批判性思维的发展。

职业教育的一个关键目标是让学习者能够在职场中持续性立足。学习者中心原则通过将学习内容与实际工作经验相结合，使学习者能够更好地将学习内容应用于实际工作中，提高其解决复杂问题的能力，从而更好地满足职场需求，达到职业教育的本质目的。

四、合作共赢原则

合作共赢原则在职业能力培养中的应用强调了教育机构与行业、政府、社区及其他教育提供者之间建立互利共赢的合作关系的重要性。此原则认为成功的教育实践并不是孤立发生的，而是需要跨越传统边界，通过多方的共同努力和资源整合来实现。通过这种广泛的合作，职业教育能够更好地整合多方资源和专长，提升教育的整体质量和实效，更有效地满足快速变化的经济和社会发展需求。

全角度解析：职业教育理论与企业文化建设实践

在这种合作模式中，教育机构不仅要与本地及国际企业建立密切合作，以确保教育项目与当前和未来的行业需求紧密对应，还需要与政府部门建立良好的合作关系，确保可以获得必要的政策支持和资金投入。此外，与非营利组织及社区组织的合作也同样重要，这可以帮助教育项目更深入地服务于社区，扩大其社会影响力，并确保教育活动不局限于理论的传授，而是紧密联系实际工作需求，增强学生的职业技能和实际操作能力。这种资源的共享和合作不但提高了教育项目的可持续性和扩展性，而且使得教育内容在实用性和现实应用价值上更具有吸引力。

通过与行业的紧密合作，教育机构能够直接从企业获取关于最新技能和技术需求的第一手资料，使得课程设计和调整更加贴合市场的实际需求。这种合作关系还能为学生提供宝贵的实习和就业机会，为其职业生涯的起步和发展搭建坚实的桥梁。同时，通过实际操作和面对现实工作场景的挑战，学生能够在解决问题的过程中发挥创新思维和批判性思维，这种实践经验不仅有助于他们更深入地掌握专业知识，还能显著提升他们解决实际问题的能力，促进其综合素质的全面提高。

在这种合作模式下，每个参与方都能从合作中获得显著利益。教育机构通过与企业合作，能够直接获得关于行业最新技术和技能需求的信息，这使得课程内容更加贴合实际需求，提高了教育的市场适应性和学生的就业率。同时，企业通过这种合作获得训练有素的员工，降低了企业的培训成本，提升了企业的运营效率。

政府作为合作的一方，通过支持这种教育模式，促进了高技能劳动力的培养，这直接对经济发展和社会稳定产生积极影响。此外，社区和非政府组织通过参与职业教育项目，可以帮助提升社区成员的技能并增加就业机会，夯实社区的经济基础并增强社会凝聚力。

第二章 职业能力培养

第三节 职业能力培养的影响因素

职业能力培养是一个复杂的过程,受到多方面因素的影响。这些因素从宏观到微观,涵盖政策、个人、教育实践及社会环境等多个层面。

一、政府因素

政府因素在职业能力培养中扮演着核心角色,其政策的制定和执行直接影响职业教育和职业能力培养的质量、范围和效果。政府通过制定相关政策、提供资金支持、实施标准和监管,以及激励企业和个人参与职业教育和职业能力培养,可以指引职业教育的发展方向和增强实施效果。

政府首先需要制定清晰的职业教育政策,这些政策旨在确定职业教育的目标、框架和优先级。例如,政府可能会设定提升国家技术水平、减少青年失业率或支持特定行业发展等目标。基于这些目标,政府会制定相应的职业教育标准,包括课程内容、教师资质、培训机构的认证标准等,以确保教育质量符合行业需求和国家发展战略。

政府在职业技能培训中的资金支持是实现高质量教育资源配置的关键。这包括对职业学校和培训机构进行直接资金投入、对学生提供奖学金和补助,以及对企业提供税收优惠或补贴,以鼓励企业进行员工培训。政府还可能投资于现代化的教学设施、购买先进的教学设备和工具,或支持远程教育和数字化学习资源的开发,使教育适应现代技术的需求。

除了直接的财政支持,政府还可以通过法律和政策来激励更广泛的社会参与。例如,政府可能会制定法规要求企业对员工进行定期培训,或者为参与职业培训的企业提供税收减免。此外,政府可以设立职业技能认证体系,鼓励个人通过提升自己的职业技能来获取更好的职业发展机会。

为了确保职业教育的质量和效果,政府还需要对教育实施进行有效监管。这包括对培训机构进行定期的评审和认证,确保它们遵守教育标

准和行业规范。政府也需要对职业教育市场进行监测，及时调整政策以响应市场变化和技术发展，确保职业教育的内容和方法与时俱进。

有效的政策需要持续的评估和更新。政府应定期收集来自教育者、学习者、企业和行业专家的反馈信息，评估现有政策的效果，并根据社会经济发展和技术变革的需要对政策进行调整。这种动态的政策调整过程有助于职业教育系统保持灵活性和响应性，更好地服务于国家和社会的需求。

总之，政府因素在职业能力培养中具有决定性作用。通过综合的政策设计、资金投入、激励措施及严格的质量控制，政府可以极大地促进职业教育的发展，提高其适应性、效果和社会影响力。这些政策不仅塑造职业教育的基础设施和运作方式，还影响职业教育的长远发展和促进国家竞争力的提升。

二、教育者因素

教育者因素在职业能力培养中占据核心地位，影响着教学质量和学习者的成就。教育者的专业知识、教学方法、经验以及他们与学习者的互动方式都直接影响教育的效果。

第一，教育者的专业知识是基础。一个优秀的职业教育者不仅需要对其教授的领域有深入的理解，还应持续更新相关行业的动态和技术进步。这种专业性不仅包括书本知识，还包括实际操作技能和行业经验，这些都能帮助学习者更好地理解教学内容，并将理论知识应用于实际工作中。

第二，教育者的教学方法也极为重要。有效的教学方法应当能够激发学习者的兴趣，适应其学习风格，并促进其主动学习。教育者需要能够运用多样的教学工具和技术，如案例研究、模拟实训、小组讨论等，以增强教学的互动性和实践性。此外，教育者应具备设计包容性教学环境的能力，满足不同背景和能力的学习者的需求。

第二章　职业能力培养

第三，教育者与学习者之间的互动同样关键。优秀的职业教育者应该具备良好的沟通技巧，能够清晰、准确地传达信息，并有效地倾听学习者的反馈信息和问题。这种双向交流不仅能帮助教育者调整教学策略，更能增强学习者的参与感和学习动力。教育者的支持和鼓励对学习者建立自信和激发学习动力有着直接的正面影响。

第四，教育者的持续专业发展也非常重要。随着教育技术的发展和行业需求的变化，教育者需要不断学习新的教学策略和技术，以保持教育内容和方法的现代性和相关性。参加专业培训、研讨会和行业会议可以帮助教育者获得新知识，也是其职业成长的一部分。

可以看到，教育者的专业知识、教学方法、与学习者的互动，以及持续的专业发展，都是影响职业能力培养的关键因素。优秀的教育者不仅能提高教学质量，还能激励和引导学习者达成职业发展目标。

三、学习者因素

学习者因素在职业能力培养中起着至关重要的作用。这些因素包括学习者的背景、动机、学习态度，以及他们的前期教育经历等，这些都直接影响他们的学习效果和职业发展。

首先，学习者的教育背景和工作经验对其学习新技能有显著影响。具有相关工作经验的学习者往往能更快地掌握新技能，因为他们可以将新知识与已有的经验联系起来。相反，缺乏基础知识的学习者，如高职学校的学生，可能需要更多的时间来理解复杂的概念。

其次，学习者的学习动机是推动其积极参与职业教育和培训的关键因素。动机可以源自内部，如对某一职业的热情或对个人成长的追求；也可以是外部的，如职业晋升的机会或社会压力。具有高等动机水平的学习者通常更愿意投入时间和精力在学习上，也更可能完成培训课程并实现学习目标。

再次，学习者的态度也极大地影响学习过程和成果。积极的学习态

度可以帮助学习者在面对学习挑战时保持坚持和乐观，而消极的态度可能导致学习者对学习失去兴趣，影响学习效果。教育者需要通过正向反馈和适时的支持帮助学习者建立和维持积极的学习态度。

最后，学习者的个人责任感和自我管理能力也是影响学习效果的重要因素。在成人教育和职业培训中，学习者往往需要在工作和学习之间找到平衡。那些能有效管理自己时间和资源的学习者，更能适应灵活的学习安排，从而取得更好的学习成果。

四、家庭因素

家庭因素在职业能力培养中扮演着重要角色，影响着个人的学习动机、学习环境、资源获取以及长远的职业选择。家庭背景不仅影响了个人的初步价值观和工作态度，还直接影响个体能够接受的教育类型和质量。

家庭的经济状况是影响职业能力培养的一个重要因素。经济条件较好的家庭能够为成员提供更多的教育资源，包括高质量的学前教育、额外的培训课程、技能提升工作坊以及更多的职业探索机会。相反，经济条件受限的家庭可能无法负担这些额外的教育支出，家庭成员可能无法接触同样广泛的教育和职业发展资源。

父母或监护人的教育水平同样对职业能力培养产生影响。一般来说，受教育水平较高的父母更能意识到教育的重要性，更可能鼓励和支持子女追求进一步的教育和职业发展。这些家庭通常也更重视创造一个有利于学习的家庭环境，提供书籍、技术工具及其他学习材料，从而有助于孩子的学习和技能发展。

家庭成员对教育和职业的支持与期望也是影响个体职业培训和发展的关键因素。家庭的鼓励可以增强个体追求职业成就的动机，尤其是在面对学习挑战或职业发展的难关时。此外，家庭的职业期望可能影响个体的职业选择和发展方向，父母或其他家庭成员的职业可能成为模仿的对象或提供职业道路的灵感。

家庭的文化背景和价值观也对职业能力的培养产生影响。不同的文化可能对教育和职业成功有不同的看法和期待。例如，一些文化可能更重视学术成就和传统的职业道路（如医生、律师等），而其他文化可能更看重技能培训和实际工作经验。这些文化价值观将影响家庭在教育和职业准备上的决策和投入。

总之，家庭因素通过多种渠道影响个体的职业能力培养。从经济支持到文化价值观的传递，家庭环境和背景对个体的教育经历和职业路径选择都有着深远的影响。了解这些家庭因素可以帮助教育者和政策制定者更好地设计支持措施，以促进所有学习者的职业成功和个人发展。

五、企业因素

企业因素在职业能力培养中起着至关重要的作用，因为企业不仅是职业技能应用的主要场所，也是职业教育内容和方法的重要影响者。企业的需求、资源投入、培训文化以及与教育机构的合作程度等，都直接影响职业能力的培养和发展。

企业对特定技能和知识的需求是职业教育内容设计的重要依据。随着市场环境和技术的变化，企业需要不断调整业务策略和生产流程，这些变化直接影响他们对员工技能的需求。例如，随着数字化转型的推进，许多企业需要员工具备数据分析、数字营销等新兴技能。职业教育机构必须及时了解这些行业需求，相应调整课程内容，以确保学生的技能能够满足市场的最新需求。

企业对员工培训的资金和资源投入程度也显著影响职业能力的培养。一些企业可能有完善的在职培训体系和丰富的培训资源，包括专业的培训师、先进的培训设施和丰富的学习材料，这些都能有效提升员工的职业技能和综合素质。相反，如果企业在员工发展上投入有限，可能会限制员工技能的提升和职业发展。

全角度解析：职业教育理论与企业文化建设实践

企业内部的培训和发展文化也是影响职业能力培养的关键因素。企业文化若鼓励持续学习和技能提升，支持员工参与各种培训和进修活动，可以极大地提高员工的学习动力和职业成就感。此外，企业文化对促进知识分享、经验交流也非常重要，能够创建一个促进个人和团队成长的环境。

企业与职业教育机构的合作程度亦影响职业能力的培养。通过与教育机构建立合作关系，企业可以直接参与课程设计和实习项目的设置，这不仅确保教育内容与实际工作需求紧密相关，还为学生提供了实践机会，帮助他们更好地理解行业环境和工作要求。这种合作对学生的就业准备和职业路径规划都极为有利。

六、社会文化环境因素

在职业能力培养中，社会文化环境因素起到了决定性的作用，这些因素不仅影响个人对职业教育的选择，还深刻影响着整个社会对特定职业的看法和态度。这些观念和态度反过来又影响职业教育的内容、方法和接受度，以及职业培训的普及和效果。

（一）社会环境的影响

社会环境主要包括经济条件、技术发展、行业需求变化以及全球化趋势等。经济条件是推动职业教育发展的基础动力，经济增长带来的就业机会需要通过职业教育来培养相应的技能人才。在经济衰退期，职业再培训成为帮助失业者重返工作岗位的重要途径。同时，技术的进步——尤其在信息技术和自动化领域——要求职业教育不断更新课程内容，以培养学习者对新技术的适应能力和操作能力。其他社会因素，如新能源、新技术的兴起，可能会淘汰一些旧的职业，不再需要或者需要减轻投入该方面的教育的比重。例如，随着可再生能源和绿色技术的兴起，相关的职业培训课程也不断增加，以满足行业对专业技术人才能力的要求。再如,在全球化进程中,跨国公司对多语种、多文化背景的专业人才有更高的需求,这也促使职业教育培养学习者与跨文化交流相关的职业能力等。

(二)文化因素的影响

文化因素在职业教育中同样扮演关键角色,影响人们对职业选择的看法和偏好。文化因素对职业教育的影响主要体现在社会对不同职业的价值观和期望上。例如,在许多文化中,传统观念可能将工程和技术视为男性的职业领域,而护理和教育则被视为女性更合适的工作。这种性别刻板印象可能阻碍男性踏入如幼儿教育等被认为是"女性职业"的领域,同样可能限制女性进入科学、技术、工程和数学(STEM)领域。这类文化偏见不仅影响个人的职业选择,也影响他们的职业认同,进而影响职业教育能力的培养,一个不认同自己职业的学生或者羞于进行职业培训的员工在职业能力的培养效果上会大打折扣。

总体来说,社会文化环境因素在职业能力培养中具有不可忽视的影响。这些因素不仅影响了职业教育的需求和方向,还深刻影响了社会对职业教育的接受度和个体的职业选择。要提升职业教育的效果,就需要对这些复杂的社会文化环境因素有深入的理解和考量,以便更好地设计和实施职业教育策略,使之既符合经济技术发展的需要,又能打破不合时宜的文化偏见,提供真正平等和包容的教育机会。

第三章 国外职业教育的教育模式

第一节 德国双元制模式

一、德国双元制模式的内涵

德国在全球职业教育领域中处于领先地位。其职业教育系统是推动经济增长的核心力量,被视为经济快速发展的关键。在德国,职业高等教育院校特别注重实际操作和应用型教学,充分展现了高等职业教育的独特性。

德国双元制教育模式的核心在于"双元"概念,该模式精心设计以融合理论与实践的学习。在这种制度下,第一个"元"是职业学校,学生在这里学习专业理论知识,这些知识为其未来的职业生涯奠定了坚实的基础。职业学校不仅提供必要的专业理论,还教导学生如何将这些理论应用于实际工作之中,以此拓宽他们的知识视野,提高他们解决问题的能力。第二个"元"是企业或其他实际工作环境,主要承担实践技能培训的职责。在这里,学生能够将在学校所学的理论知识应用到真实的工作场景中，通过实际操作深化对专业技能的理解和掌握。这种实际的工作经验不仅提升了学生的专业能力，也帮助他们更好地了解行业需求和工作环境的实际情况。①

德国的职业教育通常从学生较早的教育阶段开始，大约在完成9年级基础教育后，学生便可以选择进入为期2—3.5年的职业教育路径。②这种教育方式在德国受到高度评价，被看作培养具有深厚知识基础和全面技能的人才的有效途径，它并不只是面向学术表现不佳的学生。实际上，大约53%的适龄学生选择了职业教育路径，每年约有50万名学生通过双元制模式进入劳动市场。超过80%的德国大型公司参与到双元制培训计划中，职业教育得到了广泛的企业支持和社会认可。③ 此外，德国职业教育并不局限于传统的技术、工业和商业领域，还扩展至公共行政、保健和社会服务等领域，具有非常高的灵活性和适应性。下面从几个维度来介绍德国双元制模式，如图3-1所示。

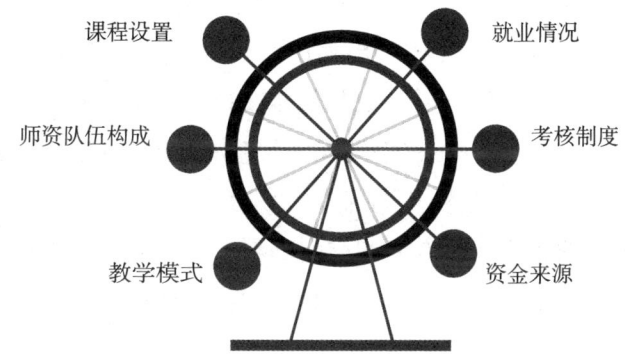

图3-1　德国双元制模式的论述角度

---

① 中华人民共和国教育部高等教育司、全国高职高专校长联席会：《点击核心——高等职业教育专业设置与课程开发导引》，高等教育出版社2004年版，第45页。
② 王瑾：《德国双元制职业教育及启示》，载《科学咨询（科技·管理）》，2021年，第12期。
③ 同上。

（一）课程设置

德国双元制模式在课程设置上实行分段教学和阶梯训练，旨在使学生的知识体系从基础到专业逐步深入。整个课程分为基础学习阶段和主体学习阶段两部分，涵盖了基础教育、专业教育和专长教育三个层面。

在课程的基础学习阶段，学生主要在获取基础理论知识，此阶段通常在学校内进行，持续3—4个学期。这一阶段的目标是打好学生的理论基础，而不直接进行职业技能的培养。基础学习阶段的结束通常以一次学位预考，即中间考试，作为过渡到下一阶段的标志。[1]

进入主体学习阶段后，课程持续4—5个学期，此时课程转向更加专业化的教育和专长培训。学生在这一阶段将根据个人的职业兴趣和目标选择具体的专业方向进行深入学习。此外，学生还可以选修专门化课程以进一步加深对选定专业领域的理解和技能的掌握。主体学习阶段设有两个实习学期，第一个实习学期通常安排在该阶段的第2学期或第3学期，目的是让学生将所学理论知识应用于实际工作中，扩展技能并深化对职业的理解。第二个实习学期通常安排在最后一个学期，主要围绕毕业设计和学位工作，学生将在实际工作环境中解决技术问题，这不仅有助于巩固专业技能，也促进了创新能力和实践能力的发展。

通过这样的课程设置，双元制模式确保了学生能够在理论学习和实践应用之间建立有效的桥梁，为其未来的职业生涯和专业发展奠定坚实的基础。

（二）师资队伍构成

德国双元制职业教育体系的师资队伍由专职教师和兼职教师共同构成，其中兼职教师占据了更大的比例，这种结构非常适合职业教育的需

---

[1] 马雁、吕景泉：《德国高等专业学院人才培养模式初探》，载《天津成人高等学校联合学报》，2001年，第3期。

求。在德国的职业院校中，兼职教师通常承担大部分的教学工作，特别是专业类和实践类课程。例如，斯图加特职业学院尽管只有80名专职教师，但有超过1600名兼职教师，后者承担了超过60%的教学任务。同样，柏林的高等专业学校，只有300名专职教师，但有超过500名兼职教师参与教学工作。①

这些兼职教师大多来自行业，如旅游业的工程技术人员和管理人员，他们不仅带来了扎实的专业知识和丰富的实践经验，还能够将行业中的最新发展、生产经营管理及技术创新等实时信息带入教室。这样的师资配置使得教育内容与行业实践紧密相连，极大地提高了学生将所学知识应用于实际工作的能力。

专职教师在德国双元制教育中同样扮演着重要角色。他们通常具备丰富的教学经验和指导学生实践的能力。在与旅游相关的专科高等学校或职业学院任教的专职教师通常需要有至少5年的行业工作经验。此外，为了保持与行业发展的同步，教师还需定期返回行业，进行工作和研究，以确保自己的教学内容能够反映旅游行业的最新趋势和技术进展。

这种师资队伍结构确保了教育质量的高标准和教育内容的实时更新，为学生提供了理论与实践结合的高质量教育，充分体现了双元制教育的精髓。

（三）教学模式

德国双元制教育的培养途径充分融合了学校教育与企业实践的优势，通过交替在学校和企业之间进行学习来完成学生的基础学习和主体学习两个阶段。在这一体系中，学生首先需要申请并被具有资格招收学徒的企业录取，随后与企业签订合同，正式成为该企业的学徒，同时是高等专业学校的一名学生。

---

① 黄日强：《战后德国职业教育研究》，新华出版社2006年版，第143页。

在德国双元制中,教学方法采用多样化的模式,包括叠加式、一体式和交叉式三种。① 叠加式模式下,理论教学与实践培训是相继进行的,即学生们在完成一段时间的理论学习后,再进入企业进行实践培训。一体式模式则是理论教学与实践培训平行进行,学生在学习理论的同时,也在企业中进行实际操作,以强化学习效果。交叉式模式更为灵活,理论与实践培训交替进行,这种方式能有效地将理论知识与实际工作经验结合起来,增强教育的连贯性和实用性。

这种教育途径特别强调理论与实践的结合,没有固定教材,而是根据行业的实际需要不断调整教学内容,确保理论教育广泛而深入,同时紧密贴合实际工作的需求。行业中的单位和企业在这一过程中扮演着重要角色,他们直接参与到实习方案的决策中,确保实习活动能够有效补充学校教育,同时满足行业的具体需求。

通过这样的培养途径,德国双元制不仅提供了一条深入融合理论与实际操作的教育路径,还确保学生能够在完成学业的同时,具备即刻投入职场所需的实践能力和专业知识,极大地提高了教育的实用性和有效性。

(四)资金来源

在德国,高等职业院校的运营经费主要依赖企业合作,这一模式与政府拨款相比,更加突出企业在教育资助中的核心作用。对合作企业来说,虽然培养一名职业学院的学生所需的费用可能为5万—8万马克,但多数企业仍将此视为一种经济且实用的人才培养策略。② 这种投资不仅反映了企业对高质量职业教育的需求,也显示了他们对教育质量的长远承诺。

---

① 杨建基:《中国职业教育发展及其治理体系研究》,中国商务出版社2021年版,第62页。
② 黄日强、许祥云:《世界职业教育管理研究》,新华出版社2005年版,第82页。

第三章 国外职业教育的教育模式

德国职业学院通常设有理事会（相当于董事会），其中不少成员是这些出资企业的代表。这些代表的主要职责是监督学校的经费使用情况，确保资金被有效地用于教育和培训项目，同时确保投入能够带来预期的教育成果。这种管理机制不仅增强了学院与企业之间的合作透明度，也提升了资源使用的效率。

正是得益于企业的大力支持和资金投入，德国的高等职业教育才得以迅速发展和繁荣。这种企业主导的资金支持模式为职业教育提供了稳定的经济基础，并且加深了教育内容与实际工作需求之间的紧密联系，使得教育项目能够更贴合市场需求，培养出更多符合行业标准的高技能人才。

（五）考核制度

德国职业教育的考核制度是确保教学质量的关键机制。在德国，职业教育考核分为期中考试和结业考试两大类，这两种考试都包括书面考试和实际操作技能考核两个部分。① 学生必须在期中考试中取得合格成绩才有资格参加结业考试。这两种考试都遵循全国统一的标准，并在统一的时间内进行，确保了考核的公正性和一致性。

考试的组织和监督由经济界的自治机构如工商会和手工业会，以及由雇主联合会、工会代表及职业学校教师组成的考试委员会负责。这个委员会不仅监督考试的进行，还负责审核并发放结业证书。考试的时长通常在4—6个小时。②

若学生在结业考试中未能通过，则无法从事其所学专业领域的工作，必须在下一年度再次参加考试。德国职业教育的这种教考分离及严格的考核管理机制，确保了教育质量的高标准，同时保证了职业资格的严肃

---

① 顾月琴：《比较与借鉴：国外现代四大职教模式研究》，苏州大学出版社2016年版，第46页。
② 杨建基：《中国职业教育发展及其治理体系研究》，中国商务出版社2021年版，第65页。

性和权威性。通过这样的系统，德国职业教育能够有效地培养符合行业标准的专业人才，满足经济和社会发展的需求。

（六）就业情况

德国双元制教育系统的毕业生就业情况非常乐观，这得益于职业学院严格的入学标准、严谨的教学过程以及理论与实践紧密结合的教学模式。通过双元制模式的优势，学生不仅掌握了必要的理论知识和应用原理，还深入了解了自己专业领域的实际工作和生产管理细节，同时积累了宝贵的职业技能和实践经验。因此，这些毕业生能够直接进入职场工作，展示出极高的就业竞争力，并且有很多毕业生选择继续深造。

该模式培养出的人才具有较高的就业率，能够平滑过渡到工作岗位，减少了企业对人才适应性的担忧。[①]

这种教育模式的成功，不仅使得职业学院在德国社会享有极高的声誉，也极大增强了其影响力，证明了职业教育在培养实用、高效人才方面的独特优势和社会价值。

二、德国双元制模式的优势

（一）强调实践的课程设置

德国双元制模式的主要优势在于其强调实践的体系结构，这种结构旨在紧密地结合理论学习与实际职业技能的培养，确保教育投资产生实际的职业成果。

首先，双元制的核心在于对实践技能的重视。在德国，普遍的社会共识认为教育是对未来的投资，因此职业教育是直接为学生进入工作岗位做准备的。该教育系统的目标不仅是为年轻人开辟成功的职业道路，

---

① 黄日强：《战后德国职业教育研究》，新华出版社2006年版，第145页。

还要确保他们掌握足以胜任经济发展和工作需要的技能。这种实践性教育不仅限于技能训练,更包括通过实际的生产实习来培养和提升职业技能,从而使学生能够在毕业后直接适应职场环境。

其次,双元制的课程结构采用了以职业活动为核心的阶梯式模式,这一结构既包括深入的理论学习,又包括具有针对性的实训课程。理论课程覆盖了专业所需的所有基础和高级理论知识,有助于学生建立全面的知识体系,并培养其分析和解决问题的能力。实训课程则专注于职业技能的实际应用,如通过制作工件等具体任务来训练学生的技能,这些活动往往通过模拟真实的职业场景,加深学生对职业活动的理解和掌握。

(二)专业的师资队伍

德国双元制模式的教师队伍极具特色,分为职业院校教师和企业培训师两大类。职业院校的文化课教师不仅需要在大学完成相关科目学习并通过国家第一次考试,还需接受职业教育培训或在企业进行半年至一年的专业实践培训。完成这段实践后,他们在资深教师指导下作为实习教师服务两年,并需通过国家第二次考试才能正式开展教学工作。

专业理论课的教师资格标准更为严格,他们在大学需完成 8 个学期的教育,主修职业专业课、必修的教育学及一门选修课,并通过国家第一次考试。毕业后,他们需在企业中工作 3—5 年,再接受两年的教育培训,最后通过国家第二次考试后方可任教。

对职业学校的实践课教师而言,他们必须拥有中等教育毕业证书,并且需要拥有至少两年以上的实践经验,满足这些条件后,还需要进行一系列的考核,才能正式进行教学。

企业培训师或称为"师傅",则需在其技能行业中经过正规培训并获得资格证书。此外,他们还需接受专门的"师傅"培训,取得"师傅资格"后,才能从事专业的职业培训工作。这种严格的师资培养制度确保了教师队伍的专业性,是德国双元制模式的显著优势之一。

（三）严格的人才培养质量管理体系

德国双元制模式的一个显著特征是严格的人才培养质量管理体系，特别是在执行精准和规范的考试制度方面。该制度全球闻名，其高质量的培训得益于一个客观、公正且规范化的考试和评估体系。为了保证考试的独立性和客观性，这些考试通常由与培训机构无直接利益关联的行业协会负责实施。

行业协会下设专门的考试委员会，由雇主联合会、工会代表和职业学校教师三方组成。这些委员会成员均为相关职业领域的专家，且保证雇主和工会的代表人数相等，同时至少包括一名职业学校教师。考试委员会主要任务包括制定考题、主持考试并进行评分。这种独立的考试安排使得评估标准不受单一培训机构（企业或职业学校）的影响，更能全面、客观地反映培训质量。

双元制模式的考试强调标准化和规范性，不同职业或相同职业的同一科目的考试在规定时间同时进行，并根据统一的标准进行评分。在整个培训周期中，学员需要参加由行业协会组织的一次期中考试和一次结业考试，包括数小时的实践技能测试和5—6小时的专业理论知识考试，只有通过这些考试，学员才能获得技术工人或技术员资格。这种严格和全面的考核体系确保了证书的广泛认可，岗位证书具有非常强的权威性，不仅在德国国内，甚至在欧盟的其他国家也得到认可。

三、德国双元制模式的经验借鉴及启示

（一）深化校企合作与产学结合

德国的双元制模式在全球范围内享有极高声誉，特别是其将理论与实践紧密结合的教育方式，为职业教育提供了成功的范例。这为我国职业教育的改革和发展提供了宝贵的启示，尤其是在职业教育起步较晚、

与发达国家存在差距的背景下。面对这些挑战，我国需要面对现实，树立信心，借鉴德国的先进经验，发展具有中国特色的职业教育模式。

德国双元制模式可借鉴的地方是加强校企合作，积极推进产学研用紧密结合的教育模式。国际上成熟的职业教育模式已经表明，只有将教学活动与生产实践、企业需求与社会发展紧密结合，实行"产教融合"和"校企合作"的教学策略，才能真正实现学生的"做中学，学中做"。这种教育模式不仅通过个人体验和智力参与，促进学生的自主活动，还能满足企业的"订单式"人才培养需求，实现教育产出与市场需求的无缝对接。

具体措施包括根据市场调研确定学校的专业方向，与企业合作建立实习基地，建立专家指导委员会和实习指导委员会，聘请行业专家和高级技师作为委员会成员或兼职教师，与企业签订专业实习协议，形成稳固的校企合作、产学合作体系。学校还可以为企业提供咨询和培训服务，进一步深化校企合作关系。这样的职业教育模式不仅增强了教育的实用性和针对性，也为学生提供了更多实际操作和就业前的实战经验，从而提高了教育质量和效果。

（二）基于职业分析构建课程体系

德国的双元制模式强调通过职业分析来构建以职业活动为核心、以能力为本位的课程体系，这为我国职业教育改革提供了重要的启示。职业分析是一种科学方法，通过确认、定义和描述职业任务和作业项目，以及采用行为科学技术搜集从业人员的现场行为和行为方式，为课程设置提供依据。

德国政府对职业教育专业设置的动态调整给予了极大的重视，通过定期的职业分析来不断更新职业教育的内容，确保教育内容与职业市场的需求保持同步。这种做法的核心在于建立一个持续的职业分析评估体系，通过对人们在特定职业活动中的表现进行深入研究，识别出完成这

全角度解析：职业教育理论与企业文化建设实践

些活动所需的各种能力、态度、习惯以及知识和技能。

基于这样的分析，可以制订具体而实际的教学计划，并开发以企业职业活动为基础的项目式课程。这种课程开发方式能够更加贴近实际工作需求，以岗位群分类为依据，精确地对应企业的人才培养需求。通过这种方法，教育机构可以更有效地为企业培养出直接可用的专业人才，增强学生的职业能力和就业竞争力。

（三）进一步加强"双师型"师资队伍建设

德国双元制模式的成功在很大程度上归功于教师队伍的建设，这提供了宝贵的启示。职业教育的教师不仅需要具备扎实的专业知识和精湛的专业技能，还应具有丰富的生产实践经验和熟练的教学技巧，以及优秀的现场组织管理能力。这样的教师被称为"双师型"教师，能够有效地执行"行动导向"教学法，专注于学生操作能力和关键能力的培养。

为了培养符合这一模式的教师，学校需要加大教育投入力度，提升教师的学历、专业技能和项目开发能力。学校应鼓励教师深入工厂实践和顶岗带职，以及赴国内外对口高校和企业进修。这种综合培养方式旨在培养能够在地区乃至国家层面产生广泛影响、为企业生产技术和管理提供咨询指导的专家级人才，以及掌握最新职业技术动态、站在专业前沿的行业领军人物。

第二节　英国工读交替模式

一、英国工读交替模式的内涵

工读交替模式，亦称为"三明治"模式，其核心在于在正规教育课程中穿插实际工作期。学生在工作期间作为职业人员参与全职工作，并获得相应的报酬。这种模式通常分为长期和短期两种。长期模式一般为

4年制,前两年在学院学习,第3年转至企业工作,第4年则回到学院完成学业并参加考试以获得资格证书,形式为"2+1+1"。而短期模式则通常持续约6个月。①

参与工读交替模式的学生可分为两类:一类是以企业为依托,无论是在企业工作还是在学院学习期间,费用都由企业承担;另一类是以学院为依托,在学院期间获得学院资助,在企业工作期间则由企业支付薪资。②这种制度使得学生可以通过在企业的实践学习提升职业资格,从而改善职业发展前景。特别是以学院为依托的学生,因在企业的实习经历,可能在就业市场中获得优势。

工读交替模式要求对学习和工作进行严密的组织和规划,确保学院的学术学习和企业的实践工作能够无缝衔接。此外,这种模式也对教师提出了较高的要求,需要他们能够协调理论教学与实践应用,有效支持学生的全面发展。

(一) 课程设置

在英国的工读交替模式中,课程设置通常以模块化形式组织,并贯穿整个学习周期。这种模式的课程分为三年完成,每年的学习内容都有明确的目标和结构。第一年,学生主要学习基础课程,这些课程旨在为学生提供必要的理论知识基础。基础课程通常包括与专业相关的核心概念和初级技能培训。第二年的课程更加专注于高级理论知识和实践技能的结合。这一年学生不仅需要深入理解专业知识,还会接触更多实际应用场景,以增强其解决实际问题的能力。第三年通常专注于专业实践和研究。这一年学生会通过实际工作和项目,将所学理论知识应用于实际问题解决中。此外,学生还需要完成一个或多个专业项目,这些项目旨

---

① 王思敬:《产学合作教育的探索与实践》,北京工业大学出版社1992年版,第52页。
② 彭熙伟、徐瑾、廖晓钟:《英国高等教育"三明治"教育模式及启示》,载《高教论坛》,2013年,第7期。

全角度解析：职业教育理论与企业文化建设实践

在整合和应用前两年学到的知识和技能。整个课程设置旨在逐步从理论学习过渡到实际应用，确保学生在完成学业时既具备深厚的理论基础，又有丰富的实际操作经验。此外，课程还强调学生的个人发展和职业技能的培养，为学生将来的职业生涯提供坚实的基础。①

（二）培养方式

在英国的工读交替模式中，培养途径紧密结合了院校教育与企业实践。由于学院与当地企业保持密切联系，企业通常承担安排学生一年工作实践的责任。这种密切的合作关系确保学生能在实际工作环境中应用和增强其学术知识。

为了提高这种模式的效率和效果，英国借鉴了德国的经验，建立了类似于德国的合作式学徒培训的社会监督和保障系统——工业训练协会。②这一系统发挥了企业在学徒培训方面的积极作用，通过规范化和统一化的措施加强了企业与学院的合作。工业训练协会的职责包括为学徒提供或核准职业培训课程，提供经济资助及所需的培训设备。此外，协会还与学徒签订培训契约，负责对学徒的培训进行监督和评估，并最终颁发培训结业证书。这一全面的支持和监督体系确保了培训质量，帮助学生顺利过渡到职业角色，同时强化了学习与工作之间的联系。

（三）师资队伍

在英国的工读交替模式中，师资队伍由专职教师和兼职教师两部分组成。这种结构确保了教学的专业性和行业相关性。对专职教师有严格的资格要求，他们必须具备坚实的理论基础和丰富的教学经验。此外，

---

① 周建松、唐林伟：《高等职业教育校企合作长效机制研究》，浙江工商大学出版社2014年版，第49页。
② 陈解放：《合作教育的理论及其在中国的实践——学习与工作相结合教育模式研究》，上海交通大学出版社2006年版，第114页。

这些教师还需要拥有与所教专业相关的实际工作经验,以确保能够将实际业务知识有效地传授给学生。

兼职教师在师资队伍中占有较大比例,大约为63%。[1] 这些兼职教师通常是来自相关行业的在职专业人士,他们的参与使得教学内容更加贴近实际工作需求,同时为学生提供了更多接触行业最新发展的机会。这种师资结构有助于保持教育的现代性和实用性,增强学生的职业适应能力和未来就业竞争力。

(四)经费来源

英国高等教育质量保障局(QAA)负责采用统一标准拨发教育经费,确保教育机构的财务支持符合质量标准。[2] 职业学院的基本经费主要来自国家预算,政府根据学生人数进行定额拨款。这种资金分配方式通过多部门和协会的评审,确保经费在有限的资源条件下能够公平、合理地分配给各个学院。

此外,部分经费还是在竞争的基础上拨发的,即学院之间根据表现、需求和专业特色进行竞争,从而获得额外的财政支持。这种竞争性财政拨款机制能够激励学院提升教育质量和效率,同时促使学院在提供教育服务时更加注重成果和社会需求的对接。

二、英国工读交替模式的特征

英国工读交替模式因其重实践、重技能、重应用的特点而在高等教育中得到广泛推广。该模式融合理论学习与实践操作,不仅增加了学生的专业知识,也优化了他们的就业前景,同时使教育内容更贴近行业需求,提高了教育体系的整体效能和响应市场变化的能力,显著提高了教

---

[1] 金丽娟:《旅游市场与人才培养战略》,天津大学出版社2018年版,第41页。
[2] 狄保荣、王晨光、杨秀冬等:《国际化背景下旅游职业教育发展模式研究》,山东人民出版社2011年版,第41页。

育的效果和学生的职业竞争力。通过理论与实践的结合以及在企业中的实际工作经验，学生能更深入地理解专业知识，从而提高学习的主动性和积极性。这种结合使学生能够在实际环境中应用理论，加深对所学专业的全面认识。此外，企业实习为学生提供了检验自我能力和提升环境适应能力的平台。学生在实习期间接受职业指导和实际的职业训练，这不仅拓宽了他们的知识面，也提高了责任感和自我评估的能力。

在企业的实习期间，学生不仅加深了对社会结构和工作环境的理解，还在团队合作、沟通和交流等方面磨炼了自己的技能。此外，带薪的实习机会也大大减轻了学生的经济压力。

通过实习，学生有机会将实习经历直接转化为毕业设计课题，这不仅丰富了他们的学术成果，也提高了被企业直接录用的机会。统计显示，通过"三明治"模式毕业的学生就业率达到了70%，显著高于全日制学生的55%。[①]

三、英国工读交替模式的启示

英国工读交替模式对我国职业教育的启示有以下几点，如图3-2所示。

图3-2 英国工读交替模式的启示

---

① 彭熙伟、徐瑾、廖晓钟：《英国高等教育"三明治"教育模式及启示》，载《高教论坛》，2013年，第7期。

(一)优化资源配置

英国工读交替模式在优化教育资源配置方面提供了一些重要的启示,特别是在整合学校、企业和个人三方资源以促进职业教育的发展方面。这些启示可以为我国职业教育体系的改革和优化提供借鉴。

首先,确立明确的资金投入机制。英国通过立法确保职业教育的资金供给,并由专门的委员会管理这些资金,保证资金的专项使用和透明性。我国可以考虑建立类似的机构,专门负责职业教育资金的拨付和监督,确保资金使用的有效性和合规性。

其次,拓宽资金来源。英国职业教育的资金不仅来源于政府拨款,还包括企业的直接投入和社会捐赠。这种多元化的资金来源模式提高了职业教育的财务稳定性和可持续性。我国可以鼓励企业参与职业教育投入,通过税收优惠政策激励企业投资教育,同时可以通过社会捐赠等方式增加资金来源。

再次,将教育质量与资金拨付相联系。英国职业院校的经费拨付与院校的评估结果直接相关,这种做法激励了院校不断提升教育质量以吸引更多学生。我国可以考虑实施类似的评估和激励机制,通过竞争促使职业院校不断优化课程设置和提升教学质量。

最后,创新个人资助方式。英国政府通过"代金券"和"个人学习账户"等形式,直接资助学生,增强了学生对职业教育的参与度和选择性。我国可以探索引入类似的个人资助机制,为学生提供更多自主选择职业教育的机会,同时通过这种方式刺激职业院校提供更高质量的教育服务。

(二)创新人才培养方案

英国的工读交替模式提供了一种创新的人才培养方案,其注重实践、技能与应用的特性也为我国的教育改革提供了重要的启示。这种模式通

过结合理论学习与实践操作,不仅增强了学生的职业技能,也提高了教育的适应性和应用性。

工读交替模式的核心在于它的交替教学结构,即学生在学校学习理论后,转入企业进行实际工作,再回到学校继续学习。这种结构使学生能够将课堂上学到的理论知识立即应用于实际工作中,从而更好地理解和吸收这些知识。对我国来说,这一点启示我国在职业教育中可以更多地引入企业实践,通过校企合作增强学习的实践性和实用性。

英国通过企业和学校的紧密合作,确保了学生在实习期间的学习质量和效果。企业不仅提供实习岗位,还参与到教育过程中,有助于培养符合市场需求的高技能人才。我国在推动职业教育改革时,可以更加重视与企业的合作,如通过政策激励企业参与职业教育的各个方面,从课程开发到学生实习,甚至职业指导和后续就业支持。

工读交替模式还提供了灵活的学习路径,学生可以根据个人情况和职业规划选择延长或缩短学习周期。这种灵活性使教育更加个性化,更能满足不同学生的需求。对我国而言,这意味着职业教育制度可以更加灵活,为学生提供多样化的学习选择和职业发展机会。

在工读交替模式中,学生的评估和认证是由企业、学校和学生共同完成的。这种多方参与的评估机制有助于全面评价学生的表现和能力。我国在实施职业教育评估时,可以考虑引入企业直接参与,使评估结果更具市场认可度和实际应用价值。

(三)构建完备的评价体系

第一,构建多维度评价体系。在工读交替模式中,评价体系包括企业评估、指导教师评价和学生自评,这种多维度的评价机制能够全方位地反映学生的学习和实践表现。我国可以在职业教育中引入类似的复合评价体系,让来自不同角度的评价共同构成学生综合能力的评估,这样不仅增加了评价的客观性,也使得评价结果更全面。第二,强化企业在评价中的作用。企业对学生的评估在工读交替模式中占据核心位置，因为学生在企业的实践是检验其职业技能的关键。我国职业教育应更多地引入企业的评价，让企业根据学生在实际工作中的表现来进行评估。这样不仅能确保学生的技能与市场需求相符，还能提高教育的实用性和应用性。第三，优化教师的指导和评估职能。在工读交替模式中，实习指导教师负责监督学生的实习进程，并提供持续的反馈信息。我国的职业教育系统可以增强实习指导教师的角色，使其在学生实习过程中提供更有针对性的指导，同时参与到学生评价中。教师的专业指导和实时反馈，可以更有效地监控和提升学生的学习质量。第四，实施详细的发展规划与反馈机制。英国模式中学生需制定详细的"个人实习发展规划"，并通过工作日志记录自己的工作表现和成就。我国可以引入这样的制度，鼓励学生制定个人学习和发展目标，并通过持续的记录和反馈信息来监控其进度。这种方法有助于学生自我评估，同时为教师和企业提供了评价学生的依据。第五，全程质量控制与持续优化。"三明治"模式强调了评价的全程性，从实习开始到结束都有详尽的监控和评估。我国的职业教育评价体系应实施全程质量控制，通过持续的评估和反馈，及时调整教育和训练策略，以确保教育质量与行业标准的一致性和学生能力的持续提升。

（四）强化职业资格认证体系

英国通过设立专门的管理机构，如资格与课程委员会（QCA），来统一管理职业与教育资格证书，建立了国家资格框架（NQF）。这一框架使得职业资格与学术资格能够有效对接，明确职业与学术资格的等值关系，为学生提供了从职业教育向普通教育或更高学历教育过渡的明确路径。我国可以考虑建立类似的国家级资格框架，以确保职业教育与普通教育之间的无缝衔接。

在英国，不同级别的国家职业资格（NVQ）与相应的学历水平等值，这种做法显著提升了职业教育的地位，并为职业教育毕业生提供了更多

全角度解析：职业教育理论与企业文化建设实践

的学习和职业发展机会。我国可以通过明确设定职业资格与学历资格的等值关系，提高职业教育的吸引力和实用价值。

英国在多数行业实行了职业资格证书制度，几乎所有从业者都需持证上岗，这不仅规范了职业市场，也保障了职业教育的质量和效果。我国在推动职业教育发展的过程中，也可以强化职业资格证书的权威性，确保从业者具备必要的职业技能和知识。

第三节　澳大利亚 TAFE 模式

澳大利亚的教育体系深受英国影响，其中，技术及继续教育学院（Technical and Further Education, TAFE）是澳大利亚著名的职业技术教育机构。作为完成义务教育阶段后的主要实施机构，TAFE 已发展成为全澳最大的、行业主导的综合性职业教育与培训机构，结合了政府、行业与学校的力量，设有 11 所学院和超过 100 所专科学院。[①] 在国家教育框架指导下，各州的 TAFE 学院根据地区特色和需求开设了多样化的课程，其中许多课程是与企业合作开发的，紧密对接行业需求。TAFE 颁发的文凭在全国范围内互认，并且得到高等教育机构的广泛认可，学生持此文凭进入大学深造时，可以免修部分课程。此外，TAFE 学院支持终身学习理念，对学生的年龄没有限制，政府积极鼓励民众持续进行学习和技能提升。TAFE 不但是许多高中毕业生追求高等教育的重要选择，而且成为澳大利亚培养高技术人才的中心，并作为教育服务贸易的主力，在国际上享有很高的声誉。

---

① 陈智强：《澳大利亚 TAFE 模式及其对我国高职教育的启示》，载《教育与职业》，2011 年，第 36 期。

第三章 国外职业教育的教育模式

一、澳大利亚 TAFE 模式的特征

（一）政府资金保障

澳大利亚的职业教育与培训体系（Vocational Education and Training，VET）是由政府与行业共同构建的，旨在及时培养符合行业需求的管理、技术和服务类人才，以保持行业和企业在全球市场的竞争力。作为义务教育结束后的教育形式，VET 体系由澳大利亚联邦政府负责提供资金，并规定接受资金的条件，而各州政府则承担相关立法和实施责任。

（二）完善的课程内容

VET 的课程内容非常广泛，包括职业课程和非职业课程，涵盖从基本就业、教育预备课程到手工艺、半专业及专业课程，甚至包括休闲娱乐课程，基本上覆盖了所有行业。这一体系的资格认证标准在全国范围内统一，所有的资格证书和文凭都依据行业能力标准来设定，强调职业技术实际技能的考核。VET 提供 4 种级别的证书和两种文凭，即 1 级至 4 级证书、大专文凭及高级大专文凭，它们之间具有连续性，可在全国范围内无缝衔接，不受培训机构或地域的限制。[1]

（三）全面的国家资格体系

澳大利亚建立了一个全面的国家资格体系，称为澳大利亚学历资格框架（Australian Qualifications Framework，AQF）。AQF 作为一个国家权威机构，确保资历和学分的转换，以便学生在不同的教育系统、学院、学科、证书和课程之间顺利转学。

澳大利亚的教育系统主要分为 3 个部分：普通教育（1—12 年级）、

---

[1] 王成荣：《职业教育贯通培养模式研究》，中国商务出版社 2021 年版，第 45 页。

职业教育和高等教育。AQF 设定了这些教育系统之间以及它们各自颁发的资格证书之间的相互关系。例如，在普通教育的 11—12 年级（类似于我国的高中阶段），可以设置 1 级和 2 级证书课程并颁发相应证书。①

在高等教育阶段，大专和高级大专毕业证书不仅在职业教育机构中颁发，还可以在大学中授予。此外，这些毕业证书还可作为进入本科学习的必要学分。通过 AQF，澳大利亚成功构建了一个促进各教育系统之间互通与协调的桥梁，使得教育路径更加灵活，同时提高了教育体系的整体效率和适应性。

（四）深度的校企合作

澳大利亚的 TAFE 学院实施了以行业为主导的校企合作模式，每所学院都设有由资深行业专家组成的董事会。这些专家直接参与学院的关键决策，如办学规模、基建计划、教育产品开发、人事安排以及经费筹措等。这种结构确保了职业教育与行业需求紧密相连，提高了教育的实用性和适应市场的能力。

在政府的宏观调控下，职业教育的实施主要由行业领导和学院共同完成。行业的领导作用首先体现在其对职业教育决策的直接参与。例如，在国家培训局的部长委员会中，行业代表占据了多数席位，显示出产业界在职业教育管理上拥有决定性的影响力。

此外，行业代表还组成咨询顾问委员会，为联邦和州政府提供政策建议，这些咨询组织支持政府在职业教育领域的决策。各州政府管理 TAFE 的机构——TAFE 服务处，同样主要由行业人员组成。②

行业的参与还扩展到了职业教育框架和改革政策的制定。行业协会

---

① 周建松、唐林伟：《高等职业教育校企合作长效机制研究》，浙江工商大学出版社 2014 年版，第 54 页。
② 马铮：《德、日、澳职业教育产教结合、校企合作的比较研究》，载《教育与职业》，2012 年，第 33 期。

第三章 国外职业教育的教育模式

不仅向政府提供最新的职位需求和就业信息,还参与管理职业资格的培训与认证工作,并负责定期修订关键能力标准,以确保这些标准能在全国通行。

职业教育课程的设计也基于行业组织制定的职业能力标准和国家统一的证书制度。教育课程的类型和内容由各相关产业的培训理事会及其顾问组织根据就业市场的变化进行调整和设定,从而确保教育内容与行业需求保持同步。这种行业领导的校企合作模式为澳大利亚职业教育的成功奠定了坚实的基础,使其能够高效地满足经济和社会的需求。

(五)严格的课程开发监管

在澳大利亚,TAFE学院扮演着高等职业教育的重要角色,具有在招生、经费使用、教师聘用、专业设置及办学形式等方面的广泛自主权。政府通常不干预这些运营细节,但在课程的开发与设置上,政府的监管则相当严格。

TAFE课程遵循统一的编号和基本规格,每个课程都设计为模块化结构,这意味着所有职业教育课程被组织成不同的模块,每个模块对应特定的学分和职业资格证书,以及工作岗位需求。例如,机械专业可能包括24个模块,而建筑专业则可能有72个模块。[①]

TAFE学院在开设课程时,通常会采用全国认可的课程内容,确保学生无论在哪个州完成学业,其所获得的知识和技能都与其他州的学习成果相一致。课程开发需依据行业培训顾问机构制定的国家批准的培训包进行,确保教学内容与行业需求紧密相关。

政府对课程设置有严格的规范和标准。每个毕业证书所需开设的课程数量、具体课程内容以及课程模块的组合方式都有详细的规定。学院

---

① 徐涵、高鸿:《中外职业教育体系比较研究》,东北大学出版社2005年版,第286页。

必须遵循这些规定来开设课程并执行教学。即便是学院独立开设的课程，其教学大纲也需在全国注册，并经过州教育部门和行业组织的审批后方可实施。

为了保证课程内容紧跟技术发展和市场需求，政府要求每 5 年对全国性的课程进行一次全面修订，并定期进行常规、短期和临时的更新。所有技能标准的开发、教学大纲的设计和教材模块的编写都需通过市场招投标过程，以保证开发和修订工作的质量。这种严格的课程管理机制确保了 TAFE 教育质量的高标准和课程内容的实时更新。[①]

二、澳大利亚 TAFE 模式的启示

在了解澳大利亚 TAFE 模式的基础上，可以看到，澳大利亚 TAFE 模式对我国职业教育的启示可以归纳为以下几点，如图 3-3 所示。

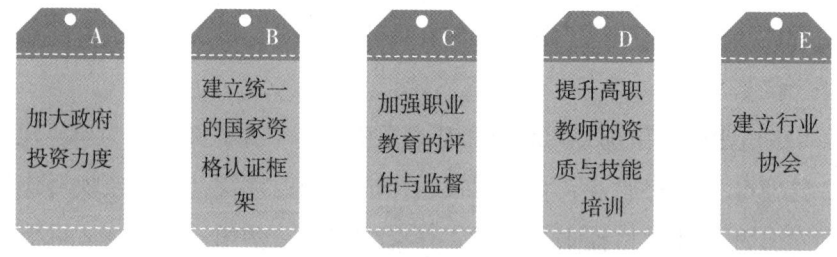

图 3-3 澳大利亚 TAFE 模式的启示

（一）加大政府投资力度

为了提升职业技术教育的质量和可达性，政府应增加对职业教育的投资。这包括设立专门的职业技术教育与培训基金，用于改善职业技术教育，尤其是高等职业技术教育的办学条件；将现有的劳动人事部门管理的培训设施向高职教育开放，以充分利用现有教育资源，缓解职业教育资源不足的问题；加强经费管理并引入竞争机制，对表现优异的院校

---

① 马冰：《澳大利亚职业教育的特点与启示》，载《科技资讯》，2017 年，第 24 期。

在资金支持方面给予优先权,推动院校之间的健康竞争,实现教育资源的优化配置。

(二)建立统一的国家资格认证框架

我国应考虑建立一个统一的国家资格认证框架,以促进职业技术教育与其他教育形式的有效衔接,并提升职业教育的规范化管理。实施统一的就业准入制度,确保职业资格证书具有法律效力,增强职业技术教育的整体有效性。同时,职业教育的学历证书与职业资格证书应该整合,以确保职业资格的要求和内容被真实反映在相应等级的教育与培训规划中。这种整合将使得高职毕业生获取的学历证书和毕业证书直接对应相应等级的职业资格证书,从而实现职业技术教育与职业资格培训的协调一致。

(三)加强职业教育的评估与监督

为了提升职业教育的质量,我国应充分发挥职业教育专家评估机构的作用。我国应成立一个具有实际操作权限的国家级职业教育专家评估指导机构,配备专职的检查和评估人员,定期对各省高职教育质量评估机构的工作进行考核和指导。此外,我国还应建立省级职业教育专家评估机构,这些机构同样具备实际权限,并由专兼职评估人员组成,负责定期检查省内高职院校的教育质量。此外,我国应建立职业教育质量跟踪制度,对每年各高职院校的毕业生进行质量跟踪调查,并将每学年的教育质量评估结果公开发布,作为政府拨款或奖励的依据,以此确保教育质量的透明度和持续提升。

(四)提升高职教师的资质与技能培训

加强高职教师队伍的质量管理是提升教育质量的关键。我国应加速

高职教师的培养和现有教师的职业技能提升，尽快加大具备实际工作和教学双重能力的"双师型"教师的比例，以及加大拥有高级职称的骨干教师的比例，建立一支结构合理且高质量的职业教育师资队伍。同时，加强与行业和企业的合作十分必要，这不仅可以为高职教育引入部分技能型兼职教师，还可以为专职教师及学生提供定期实践的实训基地，从而保证教学与行业需求的紧密结合，提升教育的实用性和有效性。

（五）建立行业协会

为了确保高职教育更好地适应市场需求，可以考虑建立行业协会，协会由行业专家组成，负责发掘并提供行业、企业中所需的职业岗位信息。这些信息将为学校开设新专业或调整现有专业提供参考依据。此外，政府行政主管部门应组织行业与教育专家从宏观层面对专业设置进行比较、论证和审核，确保每个专业的设立都是市场需求驱动的，保障专业设置的必要性、可行性及专业布局的合理性。

第四节　美国 CBE 模式

一、美国 CBE 模式的内涵和实施步骤

以能力为基础的教育（Competency Based Education, CBE），是源自北美的一种创新职业教育模式，流行于美国、加拿大等国家。CBE 教育模式着重于岗位需求、职责、任务执行和工作态度等方面，建立了一套以职业需求为核心的教学体系。这种模式的主要特征是：教育内容围绕社区职业工作所需的操作步骤、设施使用、标准执行、相关知识、安全规范及工作态度进行设计，从而制定专业培养目标、开发课程、安排教学计划、实施教学管理，并选择适当的教学方法和步骤。CBE 的目标是确保学习者完全掌握所需职业技能，能够适应经济组织和团体的各种工

作岗位需求，进而促进地区经济发展。随着地方经济水平的提升，专业设置、培养目标、课程内容等也会不断调整和更新，以确保教育内容与社会发展需求保持一致。

美国 CBE 模式的实施步骤如图 3-4 所示。

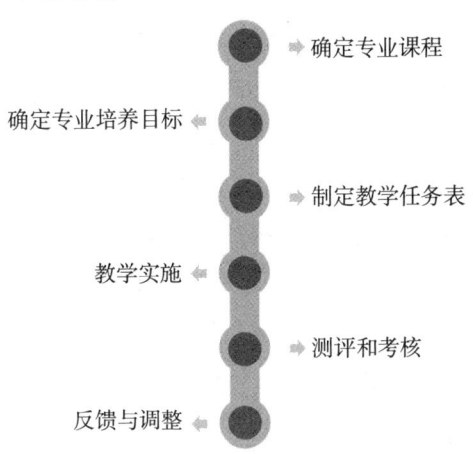

图 3-4　美国 CBE 模式的实施步骤

（一）确定专业课程

第一个步骤是确定专业课程。CBE 模式紧密结合社区经济的需求和社区内经济实体（如工厂、商业、服务机构等）的具体要求来设计职业教育课程。该模式下，经济组织提出专业设置的建议，社区政府随后组织专家进行实地调查和评估。经过这一系列的论证过程后，政府做出最终决策。一旦政府批准新专业的设立，这些专业便由社区学院具体执行。新专业课程的开设需遵循上述申请程序，以确保其直接对应于岗位的实际需求，这是开设新专业的根本依据和前提条件。

（二）确定专业培养目标

第二个步骤是明确专业培养目标。在政府的指导下，社区学院会委派一名会议主持人来召开顾问委员会，该委员会由大约 10 位来自产业界的理论与实践经验丰富的专家组成。这些专家的任务是广泛征集意见和建议，并进行认真、具体的分析研究，以确定专业培养目标。会议的讨论内容包括分析受教育者可能从事的工作岗位、列出每个专业岗位必须履行的职责、详细分析每一职责所包含的工作任务，以及这些职责和任务在实际工作中出现的频度。经过这一系列的讨论和分析，顾问委员会最终会形成 CBE/DACUM 表，该表集中反映了具体、切实的专业培养目标。值得注意的是，在这一过程中，社区学院不介入决策，会议主持人也无权发表意见或参与讨论，保证了顾问委员会的独立性和专业性。这种方式确保了教育内容的适应性和针对性，使其能够满足职业岗位的实际需求。

（三）制定教学任务表

在 CBE 模式中，第三个步骤是制定教学任务表。一旦 CBE/DACUM 表得到确认，社区学院需要对该表进行教学可行性分析，以确定实现培养目标所需承担的教学任务，并据此制定教学任务表。

社区学院将组织新的顾问委员会，由本院的教育专家和部分之前的顾问委员组成，负责执行这一任务。这个顾问委员会以 CBE/DACUM 表为基础，综合考虑学院现有的教育条件，确保各项培养目标能够得到有效实施。如果发现某个专业方向无法满足所有培养目标，委员会可能会选择结合多个专业方向，或通过延长学习时间、增加教学内容等方法来弥补。

同时，委员会还需考虑学院的教材资源和师资力量是否足以支持这些培养目标。如有不足，须制定相应的措施，如开发新课程、调整或补充教材、优化师资配置等。经过这些措施的实施，形成的方案将提交给原顾问委员会进行复议和认定。

通过复议和认定之后，新的顾问委员会将重新对 CBE/DACUM 表进行详细分析，并据此形成教学任务表。由于所需的教学任务通常涵盖多个学科和专业领域，这些任务会被整合成一个教学任务群表。一旦经社区学院确认，这个教学任务群表将作为学校教学和管理部门执行的工作依据。这一过程确保了教育的目标与社区的需求紧密对接，也提高了教育计划的适应性和实效性。

（四）教学实施

在 CBE 模式中，教学任务的实施是一个关键环节。社区学院会依据制定好的教学任务表按时间顺序安排教学的各个环节。在这一过程中，教师和学生都持有一份 CBE/DACUM 表，通过在表上涂色的方式来标示已经完成的教学进度及相应的教学活动目标，使得教学和学习过程都十分明确。

学生在校的学习时间是根据其所需完成的教学量来确定的，不同专业因教学量不同而学习时间各异。在执行教学任务过程中，学院采用先进的管理手段进行信息交流和反馈，以确保教学活动的效率和有效性。

（五）测评和考核

测评和考核环节包含多种类型的评价，旨在全面检验和确认学习者的能力掌握情况。首先是诊断性评价，这一评价主要在学习者入学时进行，用以测试他们的基础水平，以便于制订合适的学习计划。其次是形成性评价，这种评价贯穿整个学习过程，为学习者提供即时反馈，帮助他们了解自己的进步和需要加强的地方。再次是终结性评价，通常在课程或学习模块结束时进行，用以检验学习者是否已经完全掌握了必要的技能和知识。最后，还需要进行一个全面的评价，以检验培训材料、培训过程、教师和培训者的适宜性，确保所有教学活动和资源都能有效支持学习者的成长。

此外，笔试测验也是测评过程的一部分，它主要用于评估学习者对与技能相关的重要概念的理解程度。这种测验有助于确认学习者是否已经在理论上掌握了与实践技能相对应的知识框架。

（六）反馈与调整

反馈与调整则是根据测评结果对教学策略和材料进行修正和优化。开发学习包是这一阶段的重要活动之一，即根据测评中确定的专项能力需求，开发出能指导学生掌握各项技能的具体学习材料。此阶段还包括对学习指导材料的试验和改进，解决教学中出现的问题和困难，确保教学内容的实效性和适应性。

进一步的反馈与调整还包括开发和完善学习管理系统，使学生能够根据自己的实际情况灵活安排学习计划，自主调整学习的步骤和节奏。要根据教学实践的需要，不断地实施和评估课程方案，调整方案内容，并对学习成果进行持续评估，以确保教育能够有效地支持学习者的职业发展和技能提升。

二、美国 CBE 模式的启示

（一）结合本地实际，突出职业教育特色

长期以来，我国许多地方高等职业学校在业务上接受上级教育行政部门的领导，并试图通过实行普通高等教育的机制——如统一招生、统一教材、统一教学计划和大纲、在统一的时间内完成专业培养、统一颁发毕业证书及生源分配——来提升自己的地位。但职业学校往往难以与普通高等教育机构竞争。这促使人们反思并达成一个共识：必须坚定不移地走职业教育特色之路。

北美 CBE 模式强调教育应紧密结合地方的经济需求和社会发展，这给出一个启示：职业学校需要从本地实际出发，探索适合自身发展的教育模式。这意味着职业学校不仅要依托地方政府，还需要深入研究地方的经济结构和文化特点，在专业设置、培养目标及教学内容等方面充分反映出地方职业特色。这种做法将帮助学校突出职业教育的独特性，更

好地培养学生的实际操作能力和动手能力，从而更有效地支持地方经济和社会的发展需求。

（二）加强政府调控作用

美国CBE模式给出的另一个启示是地方政府在人才培养中的关键作用。在长期的教育实践中，一些地区高等职业教育与本地人才需求存在脱节。这种脱节导致一些用人单位不依赖本地的高等职业教育资源，而是更倾向于追求高学历和名校毕业生。此外，有些确实需要职业大学毕业生的单位，由于人才管理政策不明确和生产管理水平低下，也会对聘用这些毕业生持谨慎态度。这些因素给职业教育带来了重重困难，也不利于地区经济的发展。

因此，地方政府应积极参与到人才培养中来，广泛了解社会尤其是产业界对人才的需求，掌握人才应具备的知识和技能需求。政府可以制订科教振兴计划，以当地经济的高效运转为目标，选择表现良好的企业作为合作伙伴，深入细致地研究这些企业的人才需求，并采取有效措施确保职业教育的培养目标与地方需求紧密对接，从而确保职业学校能够真正为地方经济和社会发展服务。

政府的这种参与不仅是市场经济发展的必然结果，也是教育体制改革的重要内容。政府与教育行政部门的相互配合，可以建立具有中国特色的高等职业教育体系，充分发挥高等职业教育的优势，为改革和发展做出新的贡献。这样的合作是为了更有效地结合地方政府的资源和职能，共同推动地方人才培养和经济发展。

第五节 日本"官产学合作"模式

一、日本"官产学合作"模式的内涵

在日本,校企合作通常被称为"产学合作",并在政府的主导下形成了一种独特的"官产学合作"模式。这种合作模式是在 20 世纪 50 年代日本经济高速增长的背景下迅速发展起来的,与美国基于市场驱动、自下而上的合作模式不同,日本"官产学合作"模式强调政府在职业教育中的宏观调控和管理作用,由企业协会、科技协会以及学术协会等中介机构执行。这些机构以其规范的组织结构、严密的管理体系、细致的分工和明确的任务在促进企业、学校、学生及社会之间的沟通与协作中起到关键作用,不仅促进了科技成果的应用,还加强了职业教育与行业需求的对接。

为了支持和规范"官产学合作",日本政府制定并实施了一系列相关的法律和政策。例如,为了促进大学科研成果的产业化,1986 年日本制定了《研究交流促进法》;面对全球化和信息化的挑战,1995 年日本颁布了《科学技术基本法》,明确了中央和地方政府在科技振兴方面的职责。此外,1998 年通过的《大学技术转让促进法》旨在促进大学技术研究成果向民营企业的转让,而 1999 年的《雇佣——能力开发机构法》以及 2006 年的《中小型企业劳动力确保法》进一步加强了职业教育的法律框架,鼓励更多企业参与职业教育的过程。通过这些措施,日本的"官产学合作"得以稳固发展,为职业教育的持续改进提供了法律和政策保障,也促进了经济和技术的持续发展。

日本高职教育特别重视与企业的合作,推动了"产学研"合作模式,并大力实施"实习生制"。这一制度旨在扩展学生在校学习期间的职业体验机会,与其所学专业直接相关,以此创建一种新的产学联合教育体系。通过"实习生制",学生不仅可以获得宝贵的企业工作经验,还能接触最新的专业技术知识,从而提高他们分析和解决问题的能力,增强职业适应性。

"实习生制"已成为日本职业教育的标志性形式之一。学生能够将在企业中获得的研究成果转化为硕士或博士学位的研究项目,这大大激发了学生的实习积极性。同时,企业在与高等教育机构的合作过程中,实现了技术的交流和共享,促进了双方的共同发展。这种紧密的"产学研"合作模式有效地连接了教育与行业需求,为学生的职业发展和行业的技术进步奠定了良好的互利基础。

此外,日本高职教育正逐步向终身教育模式转变,这一转型以终身教育为突破点,从传统的终结型教育模式过渡到终身学习体系。在这一体系中,日本设置了专门的终身教育机构,包括面向在职或脱产人员的高职研究生院和主要面向成人学习者的高等技术专科学校。

企业对员工的终身职业能力开发给予了高度重视。一些大企业为满足自身的人才需求,设立了专门的成人高职培训学校。同时,部分企业还通过实施"能力开发补助金"等政策来支持员工提升职业技术水平。如今,终身学习已经成为日本推动高等职业教育发展的核心理念,这种教育模式的转型不仅促进了个人职业技能的持续发展,也满足了社会和经济发展对高技能人才的不断需求。

二、日本"官产学合作"模式的启示

对我国职业教育系统,日本高职教育的多元功能提供了重要启示,我国职业教育可以汲取经验和灵感。

(一)平衡职业教育就业和升学功能

高职教育首先应重视其在帮助学生就业方面的作用。这不仅包括直接促进学生就业,还包括解决行业间的结构性失业问题、支持无业人员的自主创业等。此外,应通过职业生涯指导帮助学习者树立正确的就业

观念，从而提高就业质量和满意度。

随着高等教育的普及和终身学习的推广，高职教育不仅要满足直接就业的需求，还应为有意深造的学生提供走向本科及更高层次教育的途径。这要求高职院校开设与本科教育衔接良好的课程，并提供相关的升学指导和支持。

（二）探索职业教育的贯通

当前我国正致力构建一个更加完善的高职教育体系，该体系旨在实现纵向的"中高职贯通"和"专升本通达"，以及横向的"普职渗透"和"教育与培训的融合"。然而，要真正落实这一理想架构，仍需大量的支撑体系和基础性工作的完善。

第一，从纵向发展的角度看，我国需要进行一些基础性的工作。在高职教育初期，虽然注重了机构的建设和规模扩张，却相对忽略了职业分类和专业的系统建设。参考日本高职教育的发展经验，明确和完善职业分类体系是基础性前提工作。各专业的建立和发展应严格依据职业分类的标准进行，这不仅能确保毕业生的就业对口率，还能清晰地制定培养目标。因此，对我国高职教育而言，建立一个完备的职业分类体系，并根据这些分类推进专业建设，是当务之急。

第二，从横向整合的角度看，实现"普职渗透"的前提是确保普职教育与职业教育在社会地位上的等值。只有在实现了两者平等的基础上，才能谈及深度融合。因此，提升职业教育的社会地位，使之与普通教育平起平坐，依然是一个重大而艰巨的任务。此外，要实现"教育与培训的融合"，必须将职业教育与职业资格证书紧密结合，这需要教育和劳动部门之间建立良好的协作机制，确保两者的有效对接。

通过这些措施，我国的高职教育将能更好地适应快速变化的经济需求，为学生提供更加多样化的发展路径，同时促进社会整体的职业技能提升。这不仅有助于解决就业问题，也有利于推动经济和社会的全面发展。

第四章　国内职业教育的教育模式

第一节　我国职业教育的课堂教学模式

经过几年的探索和发展，不管是中等职业教育，还是高等职业教育，我国职业教育都已经摸索出一些适合本国国情的课堂教学模式，下面介绍一下应用较多的三种模式，分别是情境教学模式、任务型教学模式以及模块化教学模式，如图 4-1 所示。

图 4-1　我国职业教育的课堂教学模式

全角度解析：职业教育理论与企业文化建设实践

一、情境教学模式

（一）情境教学模式的内涵

情境教学主张创建类似真实环境的教学场景，并基于具体的案例和问题进行教学。那何为"情境"呢？章兼中在其著作《外语教育学》中将"情境"定义为影响学习新语言知识、技能以及听说读写能力的各种环境。[①] 傅道春在《情境教育学》中阐述了对"情境"的理解，认为"情境"是由外部环境、景观、事件和人物等因素组成的特定教育背景，是教育现象的一个集合，涵盖教育中的关键元素，如教师、学生、教育中介以及元素间的联系、教育实施过程、时间和地点，还包括多种形象化和典型的教育场景，这些情境可以通过文字、音频、视频等多媒体形式来展示。[②]

具体而言，情境教学中的"情境"指的是具体的自然或社会环境，用于进行信息交流的社会语言环境。在这种环境中，人们通过语言和非语言手段（如实物、图像、手势等）进行交流。这种环境涵盖4个主要方面：首先，它是基于现实的，可以通过具体物体和视觉手段创建；其次，它定义了知识输出活动的范围，包括知识输出的功能、话题和相关的语言点；再次，它涉及交流过程中的参与者、参与者的角色以及他们在交流中的相互关系；最后，它考虑了交流的形式，如口头或书面形式、对话、提问或叙述等。

就教学而言，情境教学法要求依据教学大纲或者教材要求，在教授知识的同时，设计并运用与实际情境类似的或基于案例和问题的教学环境，综合运用实物、图画、手势和语言等元素，让学习者置身于一个丰

---

① 章兼中：《外语教育学》，福建教育出版社2016年版，第253页。
② 傅道春：《情境教育学》，黑龙江教育出版社1996年版，第83页。

富的、自然或半自然的学习环境中。学习者在这些近似真实或模拟的情境中接触并吸收知识，使用相似的知识运用方式来表达自己的社会认知、客观事实及个人情感，并通过这种表达与模拟建立认知或情感的联系，进行沉浸式学习，以此巩固所需掌握的知识、技能。这种教学模式融合了生动性、形象性和趣味性，不仅能增强学习者的学习动力，还能激发他们的思维和创造力，有效提升学生的综合语言应用能力。

（二）情境教学模式的理论基础

情境教学模式并非无源之水，它的创设和建立有深刻的理论基础，具体来说，有以下三种，如图4-2所示。

图4-2　情境教学模式的理论基础

1.情境认知理论

情境认知理论强调了学习的情境依赖性。这一理论指出，知识并非孤立的抽象概念，而是与特定的情境、活动和文化背景密切相关的。在这种观点下，知识的学习和应用应当在有意义的真实或模拟情境中进行，确保学习活动深植于具体背景之中。这种方法不仅强调了知识的实用性和实践性，也促进了学生对知识的深入理解和长期记忆，使他们能够在未来的实际应用中更有效地利用所学知识。

此外，情境认知理论还特别强调了情感在学习过程中的重要性。理论认为，学习不只是一个认知过程的产物，它也深受学习者的情感状态和环境因素的影响。情感,无论是喜悦、愤怒、悲伤还是快乐,都是人的心理状态的一部分,这些情感状态可以作为学习的动力,增强或抑制学习过程。情境认知理论提倡在教学中创造积极的学习环境,使学生在学习各项技能时,能够体验到情感的正向影响,从而激发他们的学习动机和情感体验,进而提高学习的积极性和效率。

2.图式理论

图式理论是一个复杂的认知心理学理论,它提供了对个体如何接收、处理和存储信息的深入理解。该理论由英国心理学家弗雷德里克·巴特莱特(Frederick Bartlett)首先提出,并由后来的学者,包括美国的人工智能专家大卫·鲁梅哈特(David Rumelhart)进一步发展。图式被定义为大脑中预先存储的知识结构,这些结构帮助个体理解和响应新信息,包括对对象、事件、情况或关系的认知表征,是大脑中有组织的知识单位,它们如何存储和连接影响了个体如何理解世界,包含了个体的预期、经验和理解,形成了个体处理信息的框架。当遇到新信息时,个体会自动搜寻与这些新信息匹配的现有图式。如果新信息与现有的图式相吻合,理解和学习就会以比较快的速度发生。如果不吻合,个体可能需要调整现有图式或构建新图式。图式理论认为,学习是现有图式的修改和新图式的创建过程。记忆是通过图式的激活实现的,这意味着记忆中的信息是通过关联现有的图式来回忆的。

在职业教育的情境教学中,图式理论强调利用学生之前的经验和已有知识来帮助他们理解新的职业技能或知识。例如,一个学生可能已经拥有与某种机械设备相关的图式,包括其组件、功能以及维修过程。当教师在教学中引入这些设备的操作或故障排除时,这些已存储的图式便能帮助学生更快地理解和掌握新知识。

图式理论还指出,人们在接收和处理新信息时,会自动寻求与大脑中已有的知识和经验相匹配的信息。这种知识的背景结构越丰富,个体理解新信息的能力就越强。这对职业教育尤其重要，因为这种教育领域通常涉及具体的技能和操作，需要学生将理论知识与实际操作紧密结合。因此，实施情境教学法，可以快速唤醒学习者的旧图式，加速学习进程。在实施职业教育的情境教学时，教师可以设计与学生已知职业背景相关的具体情境，如模拟工作环境、创建任务驱动的项目或案例研究。通过这样的设计，学生的既有图式被激活，使得新的学习内容更容易被吸收和理解。例如，在教授电子技术课程时，可以设置一个修理或组装电路的实际情境，让学生在实践中学习和应用电子学的原理和技巧。

此外，图式理论也强调在学习过程中不断更新和扩展现有的图式。教师应鼓励学生通过探索新的职业技能和知识，不断地调整和扩充他们的知识框架。这不仅增加了学生的学习动力，也促进了他们在未来职业生涯中的适应性和创新能力。

3. 社会文化理论

社会文化理论在职业教育中的应用强调学习是一个社会互动过程，这一理论由苏联心理学家列夫·维果茨基（Lev Vygotsky）提出。维果茨基认为，个体的认知发展是在特定的文化、历史和社会背景下通过与他人的交互发生的，个体的认知能力是通过社会参与和文化工具（如工具、符号系统）的使用在社会互动中形成和发展的。

在职业教育的情境下，社会文化理论特别强调学习者与更有经验的人之间的合作和对话。这种互动不仅促进了知识的内化，也促进了认知的发展。例如，在教授一个新的技能时，学生可以通过与经验丰富的教师或同事合作的项目，进行实习或以工作坊的形式学习。这种互动学习环境使学生能够在实际的工作环境中应用和实践新知识，增强了学习的实用性和深度。

社会文化理论还提出了"近端发展区"（Zone of Proximal Development，ZPD）的概念，指学生在独立完成任务和需要帮助之间的认知区域。这是学生在成人指导或与更有能力的同伴协作下能够完成的任务与他们独立完成的任务之间的差距。在职业教育中，教师可以通过识别学生的"近端发展区"，并提供适量的支持和挑战，引导学生通过实践和交流逐步掌握更复杂的职业技能。

例如，在电子工程课程中，教师可以设置一系列由易到难的项目，让学生在完成具有挑战性的电路设计或系统调试任务时，接受来自同伴或导师的协助。这不仅帮助学生建立必要的技术知识和技能，还通过社会互动来加深对这些技能的理解。

社会文化理论在职业教育中的应用强调，教学不仅是知识的传递过程，还是一个社会互动的过程。教师和学生之间的互动、学生与工作场所环境之间的互动都是学习过程的重要组成部分。通过这种互动，学生不仅能够学到具体的职业技能，还能在社会文化的语境中进行实践，更好地理解和应用新知识。这种学习方式有助于学生适应快速变化的工作环境，提高他们的职业竞争力和适应能力。

（三）情境教学模式的特征

情境教学模式有独特的优势，归纳来说，情境教学模式的特征有以下几个，如图 4-3 所示。

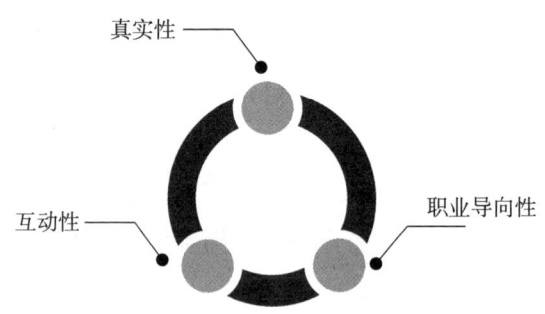

图 4-3　情境教学模式的特征

1. 真实性

情境教学模式中的真实性主要指教学活动与真实世界情境的高度一致性。模拟实际工作环境或生活情境，使学生在近似真实的环境中学习和应用知识，这种教学方式能够增强学生的学习兴趣和动机，使他们能更好地理解和吸收知识。在职业教育中，真实性尤为重要，因为它能确保学生所学的技能直接适用于其未来的职业生涯。例如，通过实习、模拟经营、案例分析等方式，学生可以直观地理解和练习专业技能，如同置身于真实的工作场景中。真实性的教学环境还帮助学生建立理论与实践之间的联系，强化他们解决实际问题的能力，这对培养学生的职业素养和实际操作能力至关重要。

2. 互动性

情境教学模式通过创设一个近似真实的环境让学生进行学习，在这样一个环境下，互动是必不可少的。在真实的情境中，学生之间、学生与教师之间以及学生与教学内容之间会进行动态交互。这种交互性不仅增强了学习过程的参与感，还促进了知识的深入理解。在这种模式下，教师角色转变为引导者和协调者，而学生则在学习过程中扮演更为积极的角色。通过小组讨论、角色扮演、协作项目等活动，学生能够在交流和讨论中构建知识，这种互动性使学习过程更为生动和具有吸引力。同时，它培养了学生的沟通能力和团队协作能力，这些是职业发展中不可或缺的技能。

3. 职业导向性

职业导向性是情境教学模式的一个关键特征，它通过在教学中设计与实际工作环境紧密相连的学习任务，引入与未来职业相关的真实情境，来提高学生的职业技能并做好职业准备。这种教学模式直接对学生未来的职业生涯进行铺垫。例如，商业专业的学生可能会参与到模拟公司的运营中，工程专业的学生则可能在类似真实的工程项目中应用技术知识，这种教学模式让学生在安全且受控的环境中尝试犯错误，他们能够积累处理实际工作中可能遇到的具体问题的经验。这样的经历为学生未来的职业生涯提供了坚实的基础。当学生在未来的工作中遇到类似情境时，他们可以迅速调用在课堂上通过实践活动获得的知识和技能，有效地应对和解决问题。此外，情境教学模式的职业导向性还帮助学生建立起理论知识与实际应用之间的桥梁，加深他们对专业知识的理解，提升其在专业领域内的适应能力和竞争力。通过这种方式，学生不仅掌握了必要的职业技能，还培养了解决复杂问题的能力和批判性思维技能，为他们的职业生涯奠定了坚实的基础。

（四）情境教学模式的实施步骤

情境教学模式的实施整体上来说可以分为3个步骤——情境导入、情境操练、情境运用，如图4-4所示。

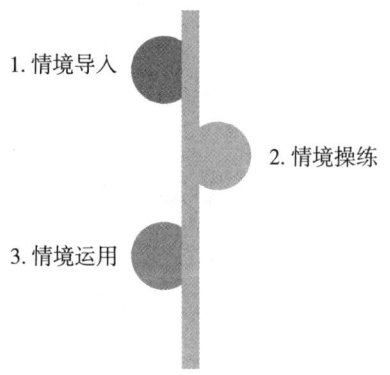

图4-4　情境教学模式的实施步骤

1.情境导入

在职业教育中，情境教学模式的实施第一步是情境导入，关键在于通过创设情境来为学生的专业学习引入背景和激发兴趣。这一步骤通过与学生未来职业生涯相关的情境来吸引他们的注意力，为深入学习做好准备。

具体来说，情境导入可以这样进行：第一，创设情境。教师首先需要构建一个与学生未来职业直接相关的实际工作情境。例如，在教授电子设备维修课程时，教师可以设置一个故障诊断的场景，描述一个常见的设备故障情况，如一台电脑无法启动。第二，情境模拟。利用多媒体工具如视频或动画展示故障设备的现场，包括顾客的反馈信息和设备的状况，模拟真实的工作环境。这种视觉和听觉的结合可以更生动地引入专业背景，让学生感受到紧迫性和实际应用的重要性。第三，提问和互动。在展示完情境后，教师可以引导学生讨论可能的故障原因，鼓励学生提出初步的诊断思路。这不仅帮助学生投入具体的职业角色，也激发他们解决问题的思维。第四，关联学生经验。如果可能，教师应该引导学生将所观察到的情境与他们自己的经验或所学的相关知识进行连接。例如，询问学生是否遇到过类似的技术问题，以及他们是如何观察和分析问题的。

通过以上步骤，情境导入不仅引入新的学习内容，还通过创建一个与学生将来职业生涯直接相关的实际情境，为后续的专业技能教学和知识讲解打下基础。这种方法有助于提高学生的学习动机和参与感，使他们能够更好地理解和吸收即将学习的专业知识和技能。

2. 情境操练

在职业教育中，情境教学模式的第二步是情境操练，即学生通过实际操作来练习和巩固所学专业技能。这一步骤主要聚焦于让学生在已创设的专业情境中进行具体的技能操作，以加深对专业知识的理解和应用。

在情境操练阶段，教师的任务是引导学生在真实或模拟的工作环境中进行实际操作。例如，在机械工程课程中，学生可能需要在机械车间的模拟环境里，按照实际的操作流程来组装或维修机械设备。教师会提供必要的指导，确保学生理解每一个步骤的技术要求和安全规范。

此阶段的关键在于实践的反复和深入。学生通过反复操作，不仅可以熟练掌握各项技能，还能在实践中发现问题并学习如何解决。例如，学生在电气装配练习中，可能会遇到电路连接错误的问题，需要诊断问题并重新配置电路。这种问题的解决过程是学习的重要部分，能够有效增强学生的临场应对能力和批判性思维。

同时，教师会根据学生在操练中的表现提供即时反馈信息，帮助他们理解操作中的不足之处，并指导他们进行改进。这种基于反馈的学习机制不仅提高了学习效率，也增强了学生的学习动力。

3.情境运用

在职业教育的情境教学模式中，第三步是情境运用，主要目标是让学生将课堂上学到的理论知识和技能应用于模拟的职业情境中。这一步骤的教学活动设计要求既具有教育意义又富有挑战性，以便学生在类似真实的工作环境中实践所学的知识，同时在一个安全的课堂环境中检测所学的知识并且改正错误。

在这一步骤中，教师要创设与学生未来职业相关的模拟情境。例如，如果是在机械工程课程中，教师可能会模拟一个机械装配线的环境，学生需要根据给定的设计图纸组装一台机器。这种模拟不仅要求学生应用他们在课堂上学习的机械原理和操作技能，还需要他们解决装配过程中可能遇到的任何技术问题。教师还可以引导学生通过角色扮演来增加情境的真实性，如扮演工程师、技术员或质量控制员。在这些角色中，学生不仅要完成技术任务，还要学会如何在职场中有效沟通和协作。此外，这一步骤强调问题解决和批判性思维的运用。在面对项目的具体挑战时，学生必须动用他们的知识和技能来找出解决方案，这一过程不仅提升了他们的技术能力，也锻炼了他们的创新思维。

最终，通过这种模拟的职业情境训练，学生能够将课堂理论与实际操作相结合，不仅增强了对专业知识的理解，还提高了解决实际问题的能力，为未来的职业生涯做好了充分的准备。这一步骤的教学，通过精心设计的模拟活动和实时反馈，确保学生可以在学习过程中持续进步并取得成功。

（五）情境教学模式的实现方法

情境教学模式可以通过不同的方法和途径实现，从实际教学来看，主要有以下几种方法，如图 4-5 所示。每种方法并不是单一、独立的，在教学过程中，教师可以根据教学需求进行选择和有机组合。

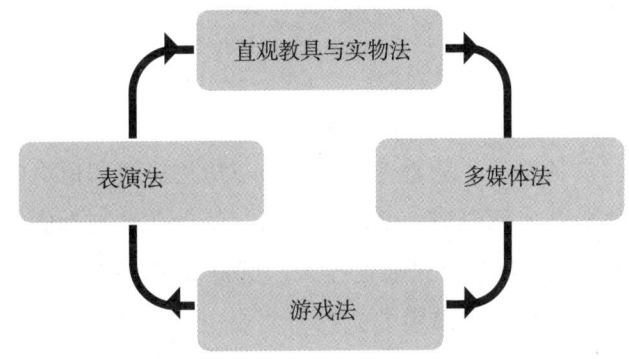

图 4-5　情境教学模式的实现方法

1. 直观教具与实物法

直观教具与实物法是通过教具、模型、实物工具、设备等具体的物品来教授知识和技能的方法，强调通过直观的、可操作的教学材料来增强学生的学习体验，使抽象概念更加具体化和现实化，可以极大地增强学生的学习体验和技能掌握程度，使学生能够在接近现实的环境中操作和练习，从而深化理解并加强记忆。例如，在汽车技术课程中，教师可以提供一个真实的发动机模型供学生分解和重组。这种在真实模型和教具上亲手操作的过程使学生能够直观地看到每个部件的功能，理解其工作原理，以及学习如何诊断和解决具体问题。同样，在电气工程课程中，使用电路板和各种电子元件，学生可以实际组装和测试电路，通过实践活动理解电流和电压的概念及其在电路设计中的应用。在建筑或木工课程中，使用各种建筑材料作为教学工具，学生在构建框架或装配结构时能够实际感受到材料的特性和工具的使用方法，这样的经验使他们更好地理解结构的稳定性和设计的可行性。

直观教具和实物提供了可见、可触的学习资源，帮助学生更好地理解抽象概念。物理对象的使用可以刺激学生的感官体验，从而提高信息的记忆率。看到和触摸到的物品比仅通过听或读得到的信息更容易被记住和回忆。此外，使用具体的教具和实物能激发学生的兴趣和好奇心，使学习过程比单纯理论引入更加吸引人。具体的物品和操作过程可以增加学习的互动性和参与感。

2.表演法

表演法，顾名思义，是通过让学生参与角色扮演和情境模拟进行表演，以提升他们在实际语境中的应用能力。学生在参与具体的角色扮演和情境模拟中，通过身体和情感的投入，更容易记住使用的语言和概念。并且学生必须在模拟的情境中实时思考并响应，这样能检测他们对知识的掌握程度，锻炼他们快速反应能力和解决问题的技能。例如，在高职英语教学中，表演法可以用于模拟商务谈判、客户服务交流或工作面试等情境。教师可以设计一个情境，其中学生需要模拟在国际贸易展览会上与潜在客户的谈判。学生扮演不同的角色，如销售代表、客户经理，或客户本身。通过这种模拟，学生不仅需要使用英语进行有效沟通，还需要运用谈判技巧，解决突发问题，以及展示产品知识。通过这些具体的教学活动，表演法不仅使学生的英语能力得到加强，也使他们能够更好地理解和准备将来可能遇到的职业挑战。这种方法有效地将语言学习与职业技能培养结合起来，为学生应对职业生涯和全球化工作环境的挑战做好准备。

3.游戏法

游戏法是一种在教学过程中引入游戏元素和机制，通过设计寓教于乐的游戏活动，将学习内容转化为吸引人的游戏体验的教学方法。这种方法利用游戏的竞争性和趣味性来激发学生的学习兴趣和参与度，通过与同伴的互动和游戏中的挑战来加深对学科知识的理解和应用，可以极大地提高教育的效果和增强学生的学习体验。

这种方法可以增强学习动机,因为游戏的趣味性和互动性可以显著提高学生的参与度和学习动机,使学习过程更加愉快和吸引人。通过游戏,学生积极性被调动起来,积极参与解决问题和完成任务,这有助于提高他们的主动学习能力。此外,许多游戏需要团队合作或竞争,这不仅有助于培养团队精神,还能在竞争中学习如何制定策略和应对挑战。同时游戏法提供的视觉、听觉和动手操作,多模态感官的调动和刺激,可以使知识的掌握更加牢固。在职业教育中,游戏法可以被应用于各种学科和专业领域,提高学生的专业技能和理论知识。例如,在职业教育的财务管理专业教学中,可以设计一个模拟公司运营的游戏,学生需要管理一个虚拟公司,做出投资决策,解决市场变化带来的挑战。这种游戏不仅让学生实践经营策略,还能在实际操作中学习财务管理、市场营销和人力资源管理等商业概念。通过这些具体的游戏设计,学生不仅能够在实践中学习专业知识,还能在游戏的挑战和互动中发展关键的职业技能,为未来的职业生涯做好准备。

4. 多媒体法

在情境教学模式中,多媒体法是通过综合运用计算机技术与多种媒体元素如文字、声音、图像、视频等不同媒介,为学生创造一个丰富多彩且接近现实的学习环境。这种教学方式利用现代化手段,突破了传统教学的局限,还帮助学生通过多感官的参与和刺激更好地理解和吸收新的知识点,激发学生的学习兴趣和创造力,有效地提升了教学效果,并增强了学生的学习体验。多媒体教学中视觉与听觉同步,例如,在高职英语教学中,教师可以使用多媒体工具展示英语国家的文化短片,让学生不仅学习到语言本身,还能深入了解该语言背后的文化背景,从而开阔视野和增进理解。此外,通过观看真实场景的模拟,如机场登机、餐厅点餐等视频,学生能够在类似真实的情境中练习语言,这不仅为学生提供一个全面、高效和动态的学习环境，增加了学习的趣味性，还提高了语言技能的实际应用能力，有效地提升了教学质量。

在实施多媒体教学时，教师也可以利用各种在线资源和软件工具来制作教学内容，如动画、模拟演示、互动游戏等，这些都能极大地吸引学生的注意力并提高他们的参与度。

二、任务型教学模式

（一）任务型教学模式的内涵

任务型教学模式是一种以完成实际任务为核心的教学策略，不仅适用于语言教学，更可扩展至其他学科领域。这一模式起源于20世纪80年代，最初作为交际教学法的发展形式而出现，并很快在全球教育界引起广泛关注。它强调通过"实践中学习"的方法，促进学生在真实语境中的学习和应用能力的发展。

任务型教学的核心理念：学习发生在学生参与具体、实际的任务时，通过这些任务，学生能够在实践中学习和使用新的知识或技能。这种教学策略不仅关注知识的传递，更强调知识的实际应用，使得学习过程与现实生活紧密相关。例如，在语言教学中，任务可能包括安排一次旅行、设计一个项目提案，或者参与一场辩论等。这些任务要求学生运用语言进行交流、解决遇到的问题和培养批判性思维，从而在真实或仿真的环境中发展语言能力。在非语言学科的应用中，任务型教学同样重视通过具体任务的完成来学习科学、数学、社会科学等领域的知识。例如，一个科学课的任务可能是设计并执行一个实验来测试一个科学假设，或者在数学课上解决一系列的实际问题以掌握某个数学概念。通过这样的方法，任务型教学能够调动学生的积极性，鼓励他们应用课堂外的知识，并在解决实际问题的过程中提高其批判性和创造性思维能力。

在实践中，任务型教学模式鼓励教师设计与学生的实际生活或未来职业需求相关的任务，这种关联性使得学习内容更加具有吸引力和实用性。教师的角色在这种模式下转变为设计者和引导者，他们设计任务，提供必要的资源和支持，然后引导学生通过合作和探究来完成任务。这种模式强调学生的主动性和自主性，学生在完成任务的过程中，不仅学到了知识，还学会了如何学习、如何与他人合作，以及如何在实际情境中应用所学的知识和技能。

任务型教学的评估方式也与传统教学有所不同。它强调对学生完成任务过程中表现的评估，而不仅是最终的结果。这种评估方式更能体现学生在学习过程中的活跃参与和进步，更符合终身学习和综合能力发展的教育目标。

（二）任务型教学模式实施的原则

任务型教学模式的实施过程中需要遵循一定的原则，以保证教学效果。具体来说有以下几个原则，如图4-6所示。

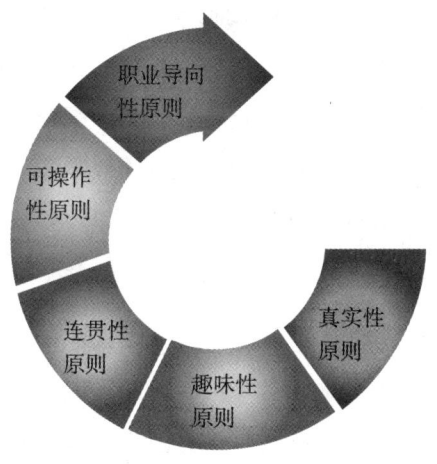

图4-6 任务型教学模式实施的原则

1.真实性原则

在职业教育中，真实性原则至关重要，它要求教学活动、教材和教

学情境尽可能地接近或反映真实工作环境的复杂性和多样性。这一原则的核心目标是确保学生在学习过程中所接触的技能和知识可以直接应用于真实世界的职业场景中，从而提升教育的有效性和实用性。

在职业教育的任务型教学中，真实性原则要求教师使用真实或高度模拟的材料和情境，使学生能在一个接近现实的环境中学习和实践专业技能。例如，使用真实的工作订单、技术图纸、客户反馈或行业软件，而不仅是理论上的教科书或传统教材。这种教学设计不但反映了专业领域的实际需求，而且使得学习材料和任务更贴合行业的实际操作和文化背景。

进一步，真实性原则还要求任务的设计和执行能模拟真实的职业情境。例如，可以让学生参与模拟的项目管理流程、客户服务交互或故障排查操作。这些实际操作不仅有助于学生掌握必要的职业技能，还能提升他们解决问题的能力和团队协作能力。通过这样的实践，学生能够更好地理解并应对未来职场中可能遇到的挑战。

此外，遵循真实性原则也极大地增强了学生的学习动机和兴趣。当学生认识到所学的技能和知识可以直接应用于解决真实的职业问题时，他们对学习的投入和满足感通常会显著提高。因此，真实性不仅关乎教学内容的选择和任务设计，更关乎如何通过教学激发学生的学习热情和参与度，使其成为学习过程的积极参与者。

2.趣味性原则

在任务型教学模式的实施中，趣味性原则的应用同样至关重要，它强调任务设计应具有足够的吸引力和创新性，以激发学生的学习兴趣和动机。遵循趣味性原则意味着教师需要创造一个活跃和充满创意的学习环境，使学生在参与和互动中享受学习过程，从而提高学习效果和学习愉悦感。

为了增强任务的趣味性，教师可以设计一系列创新和多样化的教学活动，如模拟实习、工作坊、团队建设游戏、实际项目挑战等。这些活动不仅使学习过程变得更加生动和有趣，还能促进学生的主动参与和合作学习。例如，在工程课程中，教师可以安排学生参与设计和构建一个小型机械模型，这种任务不仅涉及技术知识的应用，也包括团队合作和创新思维的培养。

此外，趣味性原则还要求教师在任务执行过程中注意学生之间的互动和情感交流。鼓励学生在完成任务过程中进行充分的交流和合作，不仅可以增强他们的专业实践能力，还可以提升他们的社交技能和团队协作能力。例如，在医护教育中，通过角色扮演模拟护理病人的情境，学生可以在互动中学习到如何在实际工作中对病人提供专业的人文关怀。

教师在设计任务时应充分考虑学生的兴趣和偏好，设计既具有教育意义又能激发学生兴趣的任务。这种方式不但使学习更加具有吸引力，而且有助于学生在轻松愉快的氛围中积极地学习，从而提高他们的专业技能和职业适应能力。遵循趣味性原则，可以有效地提升学生的学习动力，使他们更加积极地参与学习和实践，为他们的职业生涯打下坚实的基础。

3. 连贯性原则

在职业教育中，连贯性原则强调各个教学任务之间以及任务的不同阶段应该相互关联和支持，确保教学活动在内容和过程上的一致性和流畅性。这一原则的核心是通过系统地安排教学任务，形成一个紧密相连的学习体系，从而促进教学目标的实现。此外，教师需要确保每个步骤都能无缝衔接，形成一个整体的学习框架。这要求教师在教学设计时考虑任务的顺序、内容的深度和广度，以及学生的学习需要和能力。

例如，在职业教育中，如果教学目标是提高学生的机械维修技能，那么教师可以设计一系列相关的任务，如基础机械原理讲解、实际机械操作演练、故障诊断模拟等。这些任务在技能上相互补充，在内容上相互关联，共同构成了一个连贯的学习过程，使学生能够逐步建立和巩固机械维修的相关知识和技能。教师应在不同的任务之间以及任务的不同

步骤之间设立桥梁,如通过讨论、反馈和综合活动,使学生能够将先前的学习经验应用于新的任务中,从而加深对知识和技能的理解和掌握。这种方法不仅加强了学生的认知连贯性,也提高了他们解决复杂问题的能力。

连贯性原则的遵循还有助于提高学生的学习动力和参与度。当学生看到不同任务之间的内在联系和逻辑关系时,他们更容易理解学习材料的意义和目的,从而更积极地投入学习过程,最终能更好地准备进入复杂的职业环境,提高他们的职业适应能力。

4.可操作性原则

在职业教育中,可操作性原则关注任务的实用性和可行性,确保设计的教学活动不仅符合教学目标,还符合实际的教学环境和学生的能力水平。这一原则旨在通过确保任务的实际可执行性,提高教学的效率和目标的明确性,从而提升职业教育的整体教学质量和效果。

在遵循可操作性原则时,职业教育的教师应避免设计过于复杂或环节过多的任务,以免学生感到困惑或挫败。相反,任务应该是清晰、具体且易于操作的。学生应能够清楚理解任务的目标和所需步骤,并能够根据这些步骤进行实际操作。例如,在进行机械维修的任务设计时,教师可以分步骤明确每个阶段的具体要求,如故障诊断、零件更换、系统测试及最终的性能验证等,每个步骤都应具有明确的操作指南和支持。

为了增强任务的可操作性,教师可以提供示范或模板,帮助学生理解任务的具体要求和执行流程,指导他们如何步步为营地完成任务。在职业技能的教学中,提供现场操作的演示或通过模拟活动进行实践,都是增强理解和掌握技能的有效方法。例如,在电子工程课程中,教师可以通过演示电路板的组装过程来帮助学生理解复杂的电子原理,同时提供实际的电路板让学生操作,从而提升他们的实操能力。

通过实现任务的可操作性,职业教育不仅能提高教学活动的效率,还能确保学生在实际工作环境中应用所学的技能,增强他们对专业知识的理解和应用能力。这种针对实际操作的教学方法有助于学生更好地适应复杂的工作环境,提高他们的职业竞争力。

5.职业导向性原则

职业导向性原则是任务型教学模式在职业教育中实施的关键原则之一。这一原则强调教学活动和任务设计必须紧密结合行业需求和职业标准,确保学生所学技能和知识直接对应于他们未来职业角色的具体要求。

遵循职业导向性原则的首要目标是使教学内容与工作实际高度相关,确保学生通过学习获得的技能能够直接应用于职业生涯。这需要教师深入了解相关行业的最新动态、技术进步和职业技能要求,从而设计出真实、具体且实用的教学任务。例如,在医疗护理专业职业教育中,任务可能包括模拟急救情境、病患护理计划的制订和使用医疗设备的操作练习,这些都直接模拟了护士在医院的日常工作。

此外,职业导向性原则还要求教育过程不仅关注专业技能的培养,也要涵盖必要的职业素养和行为规范。这包括教授学生必要的职业道德、培养学生团队协作能力、解决问题的技巧以及如何在职业环境中有效沟通等。通过这种全面的职业导向教学,学生能够为进入复杂的工作环境做好全方位的准备。

在遵循职业导向性原则时,教师还应利用行业合作机会,引入企业项目、实习经验和专业人士的讲座,这样可以使教学内容不仅停留在理论和模拟操作层面,还与实际工作场景紧密结合。例如,技术教育可能包括与当地企业合作的项目,学生可以在真实的工作环境中应用他们的技术知识,解决实际问题。

总之,职业导向性原则确保了职业教育的实用性和目标性,通过与行业标准和实际需求的紧密结合,有效地增强了教育的针对性和实效性,帮助学生顺利过渡到职业角色,增强其职业竞争力。这种教学原则不仅提高了教育质量,也促进了学生的职业发展和个人成长。

（三）任务型教学模式实施的步骤

任务型教学模式在具体的实施过程中可以按照任务准备、任务呈现、任务实施、任务评价的步骤来实施，如图4-7所示。

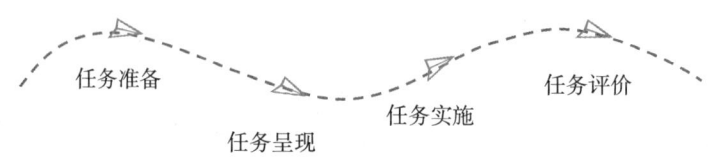

图4-7 任务型教学模式实施的步骤

1.任务准备

任务准备是实施任务型教学模式至关重要的第一步，尤其在职业教育领域中，这一阶段的有效执行对整个学习过程的成功至关重要。在这个启动环节中，教师的主要目标是激活学生的已有知识和经验，调动学生学习兴趣，让学生的思维模式与即将学习的专业技能和知识相匹配，为他们接下来的学习活动打下坚实的基础。

在职业教育中，任务准备应着重于将学生带入一个与其未来职业生涯直接相关的学习环境。教师需要设计与行业实践紧密相关的预备活动。例如，通过实例分析、案例研究、行业专家访谈或实地考察等方式，学生能够理解并吸收与他们专业领域相关的核心概念和操作技能。

此外，学生应被鼓励主动参与学习过程，通过阅读专业资料、参与小组讨论、执行初步的实践操作等多种方式来搜集和处理相关信息。这不仅有助于他们深化对特定职业领域的理解，还能增强他们的技术技能和问题解决能力。例如，在工程技术教学中，学生可能需要研究最新的工程材料或技术，以准备一个设计项目。

在进行任务准备时，教师还应特别注意材料的真实性和与实际工作环境的相关性，确保学生能够在实践中有效地应用所学的知识和技能。

第四章 国内职业教育的教育模式

同时,任务的难度应与学生的实际能力相匹配,确保任务既具有一定的挑战性,又不至于过于困难,避免学生感到挫败。例如,在汽车维修教学中,初学者可以从基础的车辆检查开始,逐渐过渡到更复杂的故障诊断和修理任务。

通过这种精心设计的任务准备,职业教育中的任务型教学模式能够更有效地促进学生的职业技能发展,为他们将来进入竞争激烈的职业市场奠定坚实的基础。

2. 任务呈现

任务呈现是任务型教学模式中至关重要的一环,特别是在职业教育领域,这一步骤对确保学生明确理解即将面对的学习挑战和目标具有决定性作用。在此阶段,教师的主要职责是详细介绍任务的目的、具体要求、步骤以及在执行过程中必须掌握的技能和知识。在职业教育中,任务呈现不仅包括对任务目标的阐述,还将任务与学生未来的职业实践直接联系起来。教师需要清楚地展示任务如何与实际工作场景相符合。例如,如果是机械工程课程,教师可以通过展示一个特定机械设备的组装过程,来介绍每个步骤的技术要求和操作技能。此外,为了提高学生的学习动力和参与度,教师应当在任务呈现时创设一个符合学生认知水平和兴趣的学习环境。这可以通过使用多媒体工具,如视频演示、互动软件或虚拟现实技术,来模拟真实的工作环境。这样的技术应用不仅使学习内容生动有趣,还能帮助学生更好地理解复杂的概念或操作过程。

在任务呈现时,教师还应强调任务完成过程中的关键技能,如团队合作、问题解决和创新思维。例如,在建筑管理课程中,教师可以通过团队项目的形式,让学生在设计一座建筑的过程中,学习到如何协调不同的建筑元素和工程需求。通过这种方式,任务呈现不仅是对学生即将进行的学习任务的简单介绍,还是一个激发学生学习热情、展示职业技能应用和促进认知发展的过程。这一步骤的成功完成,为学习任务的有效执行和学生职业技能的实际应用奠定了坚实的基础。

3. 任务实施

任务实施是任务型教学模式最关键的一步，它直接影响学习效果的实现和学生能力的提升。在职业教育中，这一阶段尤为重要，因为它涉及将理论知识转化为实际技能的过程。在任务实施过程中，教师的角色转变为辅导者和支持者，学生则通过参与各种实际操作和活动来深化理解和掌握技能。

在具体实施任务时，教师需要根据学生的实际能力、学习情况来合理安排和调整任务难度。例如，在技术职业教育中，如果一个任务是让学生实际操作焊接设备，教师必须确保任务的复杂度既能挑战学生，又不至于让他们感到特别困难和挫败。适宜的任务难度可以激发学生的学习兴趣，增加他们的参与感和成就感。

此外，多样化的活动形式对增强任务实施的效果极为有益。小组活动是提升学生间交流、合作及团队协作能力的有效方式。在设计小组活动时，应确保团队任务与个人学习目标相结合，每位学生都能在团队中发挥独特作用，同时达成个人学习目标。教师在这一过程中应充当观察者、指导者和协助者的角色，通过及时的反馈和指导帮助学生克服学习难题，确保任务的顺利进行。

教师与学生之间的积极互动是任务实施的另一重要环节。通过参与学生的小组讨论和活动，教师不仅能够增进与学生的关系，也能更深入地了解学生的学习进展和问题。这种直接的参与和互动有助于营造平等和谐的学习氛围，同时使教师能够更有效地调整教学策略和活动设计，以适应学生的实际需求。总之，任务实施阶段是一个动态的过程，需要教师灵活调整教学策略，精心设计学习活动，并通过有效的师生互动确保学生能够积极参与并成功完成学习任务。这种精细的管理和调整是提升学生职业技能和实际操作能力的关键。

4. 任务评价

任务评价是任务型教学模式的最后一个且非常重要的步骤，它为整个学习过程提供了必要的总结和反馈，是对教学、学习成果的深入反思和评估，并指导未来的学习和职业发展。

在任务完成后，学生通常需要在课堂上汇报他们的成果，这可能通过个人或小组展示的形式进行。这种评价方式让学生有机会总结和分享他们在执行任务中的发现、成就和所遇到的挑战，同时为全班同学提供了互学和讨论的机会，增加了学习过程的互动性，使学生能从同伴的经验中学习，同时获得教师的直接反馈。

在任务评价这一步骤中，教师的角色转变为评估者和指导者。他们需要全面评估学生的表现，这不仅包括任务的最终成果，还包括学生在过程中如何协作、解决问题，以及如何运用创新思维来克服困难。评价应该是全面而公正的，能够肯定学生的努力和成就，同时明确指出他们的不足和改进的方向。这种全方位的反馈不仅帮助学生认识到自身的优势和弱点，还能激发他们的学习热情，促进其全面技能的发展。

此外，同伴之间的互评也是任务评价步骤的一个重要组成部分。互评鼓励学生从不同角度观察和分析问题，有助于培养他们的批判性思维和自我反思能力。通过互评，学生可以在相互尊重和理解的基础上，进行坦诚和建设性的反馈，这不仅有助于个人能力的提升，也促进了团队精神和协作能力的发展。

在职业教育中，任务评价不仅应关注技能的掌握程度，还应涉及职业行为、工作态度，以及与特定职业相关的交际能力和文化理解等方面。这种综合性的评价方式能够全面满足学生的学习需求并支持他们的职业成长，更加符合任务型教学的实用性和职业导向性特点。

三、模块化教学模式

（一）模块化教学模式的内涵

模块化教学是一种现代的教育教学方法，旨在通过将学习内容划分为若干个相对独立但又相互关联的小单元或模块，以提高教学的灵活性和效率。这种教学模式强调在教学设计中整合课程的结构，使其更加符合学生的学习需求和节奏，从而提升学习的个性化和自主性。

模块化教学模式的基本特点是将大的教学内容分解为一系列较小的、完整的学习单元，每个单元都围绕一个具体的主题或技能进行设计。每个模块都有明确的学习目标、教学活动、学习材料以及评估方式。学生也可以根据自己的学习进度、兴趣和需求，选择学习特定的模块，或者向教师进行反馈，调整教学的内容和进度。

模块化教学模式的内涵并不局限于教学内容的组织方式，它还体现了一种教育理念的转变。在传统教学中，学生往往需要按照固定的课程进度一步步前进，而模块化教学则提供了一种更为灵活和个性化的学习路径。学生可以依据自己的学习能力和实际情况，选择合适的学习模块进行深入学习，也可以跳过他们已经掌握的内容，或者重复学习需要加强的部分。教师可以根据行业发展的最新需求，快速更新或调整教学模块，使教育内容始终保持现代性和实用性。同时，这种方法支持采用多样化的教学策略和技术，如在线学习平台、虚拟实验室等，这些工具可以丰富教学形式，增加学习的互动性和趣味性。在评估方面，模块化教学允许更为灵活和多元的评价方法。每个模块的完成都可以独立评估，学生的学习成果可以即时反馈，这能帮助学生更好地理解自己的学习进度和成效，也为教师提供了调整教学策略的依据。

（二）模块化教学模式的实施步骤

模块化教学模式的实施步骤如图4-8所示。

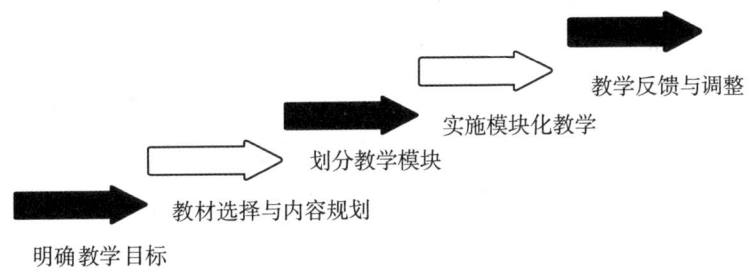

图4-8　模块化教学模式的实施步骤

1.明确教学目标

在模块化教学中，明确教学目标是整个教学设计的基石，它不仅为教学活动指明方向，也确保教育过程与学生的职业发展需求紧密相连。这一步骤要求教育者深刻理解教学内容的本质、学生的具体需求以及行业的发展动态，从而制定出既具前瞻性又具实用性的教育目标。这些目标应确保学生在完成学习后，其知识和技能能够满足当前社会和职场的具体要求。

在设定教学目标时，教育者需要进行全面的行业需求分析，探索目标行业的最新趋势和市场动态。这包括确定行业所需的关键技能和知识，如专业知识的掌握、实践技能的应用、创新思维和问题解决能力的培养，以及沟通和团队协作技巧的运用。例如，在高职英语教学中，教育者应考虑到学生将来可能需要在多语种的国际职场环境中使用英语进行有效沟通和协作。

此外，教学目标还应综合考虑教育的全人发展理念，注重学生的个人成长、道德素养和社会责任感的培养。这种全面的目标设定不仅关注学生的专业能力提升，也强调培养学生成为具备良好人文素质的社会成员。

在确定了教学目标之后，教育者需要将这些宽泛的目标细化为具体、可操作的教学目标。这些教学目标应清晰具体，易于理解和执行，且能够通过量化的方式进行评估。例如，教育者可以将一个较大的教学单元分解为若干小的教学单元，每个单元都有明确的学习成果和评估标准，这有助于在教学过程中进行持续的监控和必要的调整。通过这种系统的目标设定和细化过程，模块化教学模式能够更有效地响应教育者和学生的需求，为学生未来的职业成功和个人发展奠定坚实的基础。

2.教材选择与内容规划

在确定了教学目标之后，紧接着的步骤是进行教材选择以及内容规划，这一步骤对确保教学效果和提升学习效率具有决定性作用。选择恰当的教材对实现教学目标、提升学生的学习效率以及激发学生的学习兴趣至关重要。

教材的优质与否直接影响教学的效果。在选择教材时，教材的内容不仅应涵盖必要的理论知识，还应包括与具体职业技能相关的实际操作指导和能力培养。此外，教材应反映该学科领域的最新研究成果和发展趋势，同时融入创新的教学理念和方法，确保教育内容既具有前瞻性又具有实用性。在选择教材的过程中，教育者需要考虑到教材的科学性、系统性和适宜性。科学性确保教材内容准确、权威，符合学科发展的最新标准；系统性要求教材的结构合理、内容层次分明，能够全面系统地覆盖所需的学习领域；适宜性则强调教材应适合学生的认知水平和学习需求，易于学生理解和掌握。

内容规划是教材选择的自然延伸，涉及如何有效地将选定的教材内容组织成一系列连贯、逻辑性强的教学模块。在这个过程中，教育者需要将教材内容细分为多个独立的学习单元或模块，每个单元或模块都应围绕一个核心主题或关键技能进行深入教学。同时，进行内容规划时还应注意保持模块之间的内在联系和逻辑连贯性，以确保学生在逐步学习的过程中能够构建起完整的知识体系。

通过精心的教材选择和系统的内容规划,教育者能够为学生提供一个科学、有序且高效的学习环境,这不仅有助于学生实现深度学习,还促进了学生技能的全面发展,使他们能够更好地适应未来的职业挑战。这种教学策略的实施,是模块化教学模式成功的关键因素之一。

3. 划分教学模块

在教材选择和内容规划之后,下一个步骤是划分教学模块,这是实施模块化教学模式的关键环节。这一步骤主要涉及将整体的课程内容根据教学目标和学生的学习需求划分为更小的、可管理的学习单元或模块。通过这种方式,每个模块都集中于一个具体的主题、知识点或技能,使学生可以更加专注和系统地进行学习和掌握。

在划分教学模块时,关键在于同时确保每个模块的独立性和完整性。独立性确保每个模块可以作为一个单独的学习单元存在,提供清晰定义的学习目标和专门的学习内容。完整性则要求每个模块不仅包括学习内容的引入,还需涵盖相关的教学活动、实践练习和评估环节,形成一个闭环的学习过程。

此外,划分教学模块的过程还需要注意模块之间的逻辑性和连续性。这是为了确保学生在完成一个模块的学习后,能够自然而然地过渡到下一个模块,从而在学习的各个阶段之间建立知识的桥梁,促进深度理解和综合应用。

在具体的操作中,教学模块的划分应充分考虑学生的学习进度、认知水平以及兴趣爱好。例如,在高职英语教学中,可以根据语言学习的各个技能——听、说、读、写和翻译来划分二级模块。每个技能模块可以进一步细分为更具体的学习任务,如听力理解、日常对话练习、学术阅读、商务写作等。在更具有技术性或专业性的课程中,模块划分可以依据理论学习、实践操作和技能应用等方面进行,每个方面都设计成可以单独完成的模块,从而让学生在理论与实践中找到平衡,增强学习的针对性和有效性。

全角度解析：职业教育理论与企业文化建设实践

合理的模块划分不仅使教学内容更加清晰有序，还帮助学生以更系统的方式组织和规划自己的学习过程，极大地提升了学习效率和教学效果。通过这种精心设计的模块化教学结构，教育者可以为学生提供一个更加灵活和响应性强的学习环境，更好地满足他们的个性化学习需求。

4. 实施模块化教学

实施模块化教学是将前期的规划和准备转化为具体教学活动的关键步骤。在这个过程中，教育者需要根据已经制订的教学计划和模块安排，组织并执行各种教学活动，以确保学习目标的实现。实施模块化教学的过程是复杂且需要细致操作的，它要求教育者在确保教学质量的同时，也要注重学生的个体差异和具体需求。通过精心的实施，模块化教学模式能够提供一个科学、系统且富有成效的学习环境，极大地促进学生的全面发展和深入学习。

在实施模块化教学模式时，教育者应侧重于如何有效地传递每个模块的核心内容，同时激发和促进学生的主动学习与参与。为了达到这一点，教育者需采用多样化的教学方法和技术。这些方法包括讲座、讨论、案例分析、小组工作、实验以及实践活动等，每种方法都针对不同模块的具体需求和学习目标进行优化。例如，在理论导向的模块中，讲座和案例分析可能更为适用；而在技能培训模块中，实验和实践活动则更为关键。

此外，教育者应积极利用现代教育技术来增强教学的互动性和实践性。使用在线学习平台、虚拟实验室和模拟情境等工具，不仅可以提供更加灵活的学习方式，也能创造出接近真实的应用环境，这对学生理解复杂的概念和技能尤为重要。

在教学实施的过程中，教育者还需要密切监控学生的学习进展和理解情况。这可以通过定期的观察、问答、测验和其他评估手段来实现。这种持续的监控和评估不仅有助于评价学生对模块内容的掌握程度，也允许教育者根据学生的反馈信息及时调整教学策略和方法，确保每个学生都能在学习旅程中取得最大的进步。

5.教学反馈与调整

教学反馈与调整是模块化教学模式确保教学质量和持续改进的关键步骤。这一步骤涉及收集和分析来自学生、教师及其他利益相关者的反馈信息以评估教学实施的效果和整体影响。教育者需定期从多个角度收集反馈信息,包括学生对学习过程的满意度、学习成果的具体表现、教学活动的实际效果以及教材的适宜性等方面。

获取这些反馈信息的方法多样,可以通过问卷调查、个别面谈、课堂观察以及对学习成绩的综合分析等方式进行。收集到的数据为教育者提供了一个实证基础,以便对教学过程进行全面的评价。

基于这些反馈信息,教育者应深入分析以识别教学过程中可能存在的问题和挑战,并据此制定出具体的调整策略。这些调整可能包括更新或修改教学内容、采用新的教学方法、优化课程结构、调整教学资源的分配,甚至重新设计评估标准等。

通过这种持续的反馈和调整机制,教育者能够不断提升教学质量,更精确地满足学生的学习需求。这不仅有助于提高学生的学习效果和满意度,还能促进教育者在教学实践中的专业成长和创新能力提升。

建立有效的反馈与调整机制是模块化教学成功的关键。它确保教学活动能够持续优化,适应不断变化的教育需求和环境。通过这样的系统,模块化教学模式能够实现提高教学效率和教育质量的初衷,最终达到促进学生全面发展的目标。

第二节 我国职业教育的实践教学模式

我国职业教育的实践教学模式主要有以下几种,如图4-9所示。

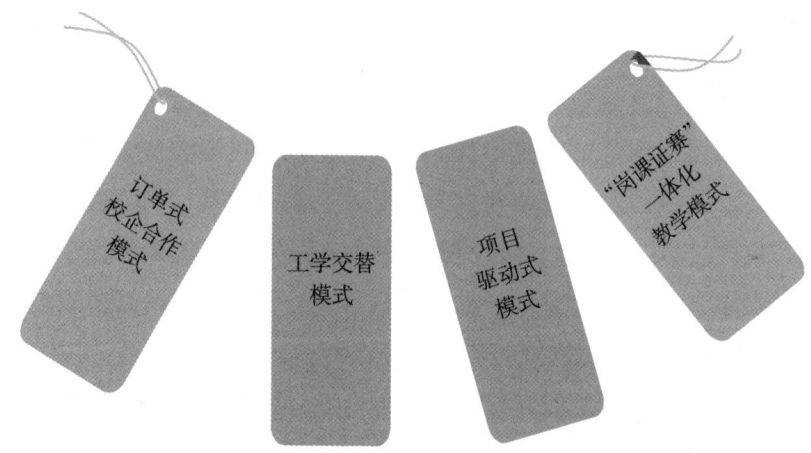

图 4-9 我国职业教育的实践教学模式

一、订单式校企合作模式

（一）订单式校企合作模式的内涵

订单式校企合作模式的名称来源于企业与教育机构之间的合作关系，类似于企业向供应商下达订单一样，企业向学校"下达"人才培养的需求，学校则按照这些具体需求，直接根据企业的实际需求，来定向进行课程设计和开展培训计划，确保教育培养的目标与企业需求高度一致。

订单式校企合作模式是对传统教育模式的有效补充，它通过紧密的校企合作，使教育更加贴近市场需求，使职业教育更能适应快速变化的职业环境，为社会培养出更多具备即战力的专业人才。

（二）订单式校企合作模式的优势

订单式校企合作模式通过教育与产业界深度整合，建立了一个多方共赢的合作生态。

对职业院校而言，这种模式使得职业院校能与企业紧密合作，深入理解行业需求，进而精确定制课程与制订培养计划，不仅提高了教育的

第四章 国内职业教育的教育模式

应用性和目标性，也保障了教育内容的现代性，显著增强了学生的职业能力及就业质量，从而促进了学校教育品质的提升以及学校声誉与品牌力的提升，吸引了更多优秀学生和企业的关注，形成了教育的良性循环。

对企业来说，订单式校企合作模式允许企业直接参与人才培养，根据自身需求定制培养方案，使得毕业生能迅速适应企业文化及工作环境，减少了企业对新员工的培训时间，节约了人力资源培训成本。此外，企业通过此模式能进行更精准的人才选拔，提升员工整体素质及工作效率，从而支持企业的长期发展。

对学生而言，学生在订单式校企合作模式下，可以获取与实际岗位密切相关的专业知识和进行技能训练，并通过实习及项目实训等方式，提前适应职场，积累实践经验。这不仅增强了他们的就业竞争力，也为其职业生涯打下坚实的基础。学生可以根据个人兴趣和职业规划选择适合的岗位，实现从学业到职业的顺利过渡，有利于他们实现个人价值和职业目标。

对教育体系而言，订单式校企合作模式在促进教育模式创新与改革方面发挥着核心作用。在该模式下，学校与企业共同参与到课程的开发、教学实施等全教学流程中，强化了课程内容的实践性与应用性，使得教育内容与企业最新的技术需求和行业动态保持同步。学校可以根据企业的实时反馈调整课程设计，确保教学内容不但反映当前行业标准，而且预见未来趋势。这种动态更新机制推动了教育内容的持续创新，使教育体系更加灵活和适应性强。通过校企合作，学生能够直接参与到企业的实际工作中，这种教学方式加强了理论与实践的结合，为教育体系的实践能力教学提供了新思路。

对社会而言，订单式校企合作模式有效对接教育资源与社会需求，迅速缓解人才供需不均问题，为社会培养大量高素质、实用型专业人才。这种高效的人才培养机制加速了知识与技能的转化，推动了经济结构的优化及创新驱动发展。同时，校企深度合作还扩展至科研、技术研发、管理咨询等多个领域，这不仅提升了职业院校的研究与创新能力，也为企业带来了前沿科研成果和技术支持，进一步促进了社会知识的转移与技术创新。

（三）订单式校企合作模式的类型

订单式校企合作模式根据参与主体的合作方式不同，主要分为直接订单模式和间接订单模式两种，如图4-10所示。

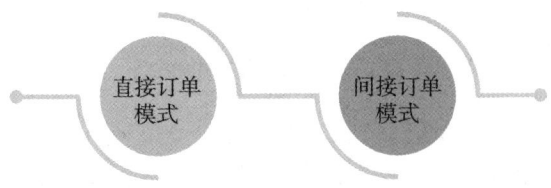

图4-10 订单式校企合作模式的类型

1.直接订单模式

直接订单模式指的是教育机构与企业之间建立直接合作关系，不经过第三方，以定制化方式培养符合企业具体需求的专业人才。在这种模式下，双方直接签订合作协议，共同设计课程内容，安排实践训练并构建相应的评价体系。

直接订单模式依据合作实施的时间节点，主要分为学前订单、学中订单和毕业季订单三种形式。学前订单主要发生在学生入学前或刚入学的阶段。在人才培养实施之前，企业就已经参与到学生的选拔和培养过程中，按照自身人才需求提前与教育机构建立合作关系。这种早期介入允许企业为学生定制培养方案，确保从教育的初期就将学生的学习内容与企业的实际需求紧密结合，有利于学生尽早明确自己的职业方向，提高职业教育与职业发展的相关性。

学中订单则是在学生已经完成一定的基础教育后，在学习过程中的某个阶段实施的。在这个阶段，企业和教育机构将共同筛选符合企业需求的学生，并为他们提供更为精准的培训和指导。这种模式强调理论与实践的结合，学生在掌握了必要的基础理论后，通过定向实习和校企合作项目直接接触工作环境。这不仅有助于学生适应实际的工作条件，也提升了学生解决实际问题的能力，为学生未来职场生涯奠定坚实的基础。

毕业季订单主要针对即将毕业的学生。在这一阶段，企业根据自身的人才需求，从学校中直接挑选适合的应届毕业生，并为他们提供具有针对性的岗前培训。这种合作模式的优势在于企业能够快速获得适应岗位需求的人才，大幅缩短人才培养与适应周期。对学生而言，这样的合作模式能够确保他们在学业完成之际顺利过渡到职场，显著减少毕业后就业的不确定性和适应期。

2.间接订单模式

另外一种订单式校企合作模式是间接订单模式，它提供了一种与直接订单模式不同的合作路径，引入了第三方机构作为教育机构和企业之间的桥梁。这种模式通过职业中介、培训机构或其他合作企业，实现了学校和企业的间接联系，使得双方能够通过第三方机构来传递和落实人才培养的具体需求和目标。在间接订单模式中，学校不直接与企业进行接触和签订契约，而是通过与第三方机构签订合作协议来进行。这份协议详细界定了学校与第三方机构的责任和合作的具体内容。基于市场的需求以及合作企业对人才的具体需求，第三方机构向学校明确提出了培养目标，包括所需的专业技能、知识水平及岗位需求。学校根据这些定向需求设计相应的教学计划和培养方案，并执行教育教学活动。

在学生培养过程中，第三方机构不仅提供课程设计的建议，还参与实训基地的建设和实习的安排，与教育机构共同确保教育培养的品质和成效。当学生完成学业后，第三方机构负责进行企业的匹配和就业推荐，帮助学生平稳过渡到职场。

这一模式的显著优势在于其灵活性和广泛性。通过第三方机构的介入，学校可以接触更多的企业和行业，从而为学生提供更广泛的就业机会和选择。此外，第三方机构的专业性和对市场动态的敏感度，使其能够帮助学校更准确地把握行业趋势和人才需求的变化，进而调整和优化人才培养方案。

通过这种分工合作的模式，学校可以集中资源用于教育质量和人才培养的提升上，而企业则可以专注于核心业务的发展和创新。这不仅节约了双方的资源，还提升了人才培养和就业流程的效率与协同性，为经济社会的发展注入新的活力。为了确保间接订单模式的有效实施，必须严格筛选和管理第三方机构，保障合作的有效性和教育培养的质量。只有优化合作机制和加强监管，间接订单模式才能真正成为教育与经济社会需求之间的重要桥梁，为学生就业和职业发展打开更多可能性。

（四）订单式校企合作模式的实施步骤

订单式校企合作模式的实施步骤如图 4-11 所示。

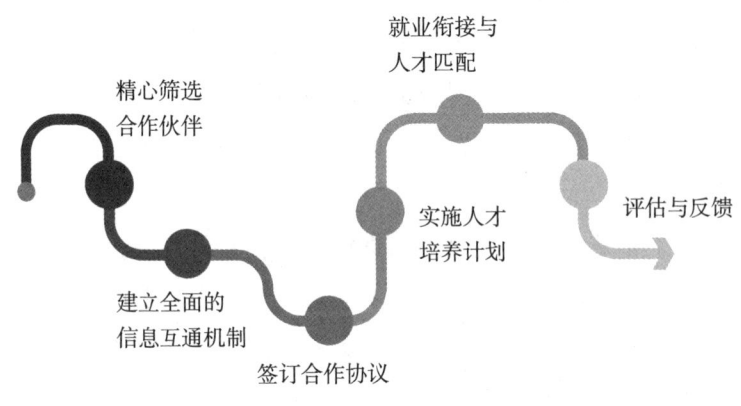

图 4-11 订单式校企合作模式的实施步骤

1. 精心筛选合作伙伴

实施订单式校企合作模式的首要步骤是精心筛选合作伙伴，选择合适的企业伙伴可以保证教育输出与市场需求之间的精准对接，确保校企合作的持久性和互利性，同时保证学生未来的职业发展和顺利就业。成功的合作伙伴不仅要有能力提供实质性的教育资源和支持，还需在课程设计、实习机会、评价标准和企业文化等多个层面与教育机构保持一致，确保双方在资源共享和教育目标上的同步进展。

为了达到这个目标，教育机构必须运用一套严格的评估机制，对潜在的企业合作伙伴进行全面的调研。这一过程不仅要考虑企业的管理模式、创新能力和技术实力，还需评估企业的社会责任感、行业地位、发展前景、市场份额、对人才的具体需求、信誉和合作意愿等方面。此外，确立合作关系还需考虑双方文化和价值观的兼容性。教育机构应评估潜在合作伙伴的企业文化是否能与学校的教育理念及学生的学习需求相协调。这种文化上的契合不仅促进了教育项目的顺利实施，还加强了双方的理解和信任，为合作关系的稳定打下坚实基础。通过基于共同价值和深入了解的合作选择，学校与企业之间能够建立起互惠互利的伙伴关系，这不仅为学生提供了具有针对性和实用性的教育体验，也为企业塑造了即战力强的高质量人才，实现了教育与产业需求的高效对接。这种深度合作关系确保了培养方案的高效执行和教育质量的持续提升，为学生的职业发展和社会的人才培养做出了重要贡献。

2. 建立全面的信息互通机制

建立全面的信息互通机制是实施订单式校企合作模式的第二个关键步骤，它旨在建立一个高效的、平等的信息桥梁，以促进教育机构与企业之间的深入沟通和理解。

通过信息交流，教育机构要对合作企业进行全方位的介绍，包括企业的历史背景、发展战略、企业文化、市场地位、核心技术及未来的发展方向等。企业也应在该机制下主动展示价值观、经营哲学、管理模式，以及员工发展计划等方面的信息。学生也能够直接向企业提出关于薪资结构、职业发展机会、工作条件、员工福利等问题。这种双向的信息流通、详尽的展示有助于学生全面了解企业的实际情况和职业发展潜力，更早地了解并适应企业的工作环境和文化，从而使学生能够根据自身的兴趣和职业规划做出更加明智的选择，也可以使学生在实习或就业时能

够更快地融入企业。

同样,全面的信息互通机制还应提供一个互动渠道,企业也能通过这个渠道了解学生的期望、兴趣和专业技能,对学生进行全面的了解和综合性的衡量,这对企业在招聘过程中做出更加精准的人才选择至关重要。

为保证信息的及时性和透明度,教育机构和企业应定期更新交流平台的内容,涵盖最新的行业趋势、企业新闻、就业市场分析等。及时更新的信息可以帮助学生和企业把握行业动态,更好地做出职业或招聘决策。

3.签订合作协议

一旦学校与企业的负责人就合作的具体事宜达成一致,便需要签订一个详尽的人才培养合作协议。这份协议要基于资源共享、互利共赢、平等协商和共同发展的原则,目的是确保合作双方在整个合作过程中的权利与义务都得到明确的界定。

当学校与企业协商,就各种合作细节达成共识后,便需将这些细节落实为合作条款,确定下来,并正式签订人才培养合作协议。协议内容首先应明确合作期限和培养目标,确保双方对合作的目的和期望有共同的理解。接下来,详细规定学校与企业各自的责任和义务是必要的。其中,学校的责任如下:根据企业的需求,选择和确定合作的专业方向,以确保培养的人才符合企业的实际需求;为合作项目专门开设班级,组织专班,确保学生集中学习相关专业知识;与企业共同开发教学计划和课程大纲,确保课程内容紧跟行业发展和企业需求;负责教学计划的具体实施,安排教师授课,确保教学质量;安排学生到企业进行实训,指导学生在企业中的实际操作和学习,确保他们能将理论知识应用于实际工作中;确保学生在实训期间遵守企业的规章制度;根据企业的反馈信息,不断优化和改进教学内容和方法,提升教育质量,等等。而企业的责任如下:清晰表达对人才的具体需求,包括所需的专业知识、技能、工作态度和职业素养;与学校共同制订教学和实训计划,确保培养内容符合企业实际需求;为学生提供实习和实训的岗位,确保他们有足够的实践机会;派遣经验丰富的员工、技术人员指导学生实训,帮助他们熟悉工作流程和岗位要求;对学生在实训期间的表现进行评估,并提供反馈信息,帮助学生改进和提高;提供必要的设备和资源支持,协助学校提升教学水平;定期向学校反馈学生的表现和合作中遇到的问题,双方共同探讨改进措施,优化人才培养效果,等等。

在间接订单模式中,学校和企业的合作往往还涉及第三方机构。在这种模式下,第三方机构充当协调者和管理者的角色,确保企业和学校之间的需求和资源得到有效的匹配和调整。第三方机构的具体责任如下:对接企业,分析市场和企业的人才需求,并将这些需求传达给学校,协助其调整和优化教育计划;促进学校与企业之间的沟通和合作,确保双方在合作过程中保持良好的互动和协作;协调并管理学校和企业提供的资源,确保其有效利用,提高合作的整体效率;监督学生的学习和实训过程,确保培养方案与企业需求高度匹配,并向学校和企业提供反馈意见;在必要时为学生提供职业指导和就业服务,帮助他们顺利过渡到职场。

通过这样的合作协议,学校、企业及第三方机构能够确保人才培养计划的顺利执行和高效管理,同时为学生提供一个规范且明确的学习和实习环境。这不仅有助于学生更好地适应企业文化和职场环境,实现顺利就业,也确保企业能够获得符合其需求的优秀人才,从而实现教育和产业的共赢。

4.实施人才培养计划

在签订了人才培养合作协议之后,接下来的关键步骤是组织和精确地实施人才培养计划。这一阶段是一个涉及多个环节的综合过程,它确保学生能够顺利地融入企业环境,掌握必要的职业技能,最终顺利就业。为了实现这些目标,学校和企业需共同履行责任,联合成立专业建设指导委员会,共同参与人才培养方案与专业发展规划的制定。双方还可以邀请行业专家及相关研究人员,共同制订既符合教育部门要求又能满足

全角度解析：职业教育理论与企业文化建设实践

企业实际需求的专业人才培养计划。

学校和企业需要协作设计一个科学合理的课程体系，这是实施人才培养计划的基础。这一课程体系应围绕"实际操作、实用性强、实践为本"的教学原则，侧重技术应用能力和职业素质的培养，强化实践课程的比重，确保教学内容紧密对接企业的实际需求。为此，建立和优化教学实训基地显得尤为重要。校内的仿真实训中心应配备必要的设备和设施，模拟真实的工作环境，使学生能够深刻理解企业文化和工作流程。同时，校外实训基地作为校内实训的重要补充，通过安排学生进入企业进行顶岗实习，不仅可以巩固他们的理论知识，还能锻炼他们的实际操作能力和解决问题的技巧，为学生的职业生涯打下坚实的基础。

特别是将合作企业作为实习和实训的场所，不仅是将学生的理论知识转化为实践技能的关键环节，而且学生能在实际工作中迅速应用所学知识，这有助于加速他们职业技能的提升。在整个实施过程中，校企合作订立的教学计划、课程大纲及考核标准都应清晰体现培养方案的具体要求，确保理论学习和实践应用有效结合，有效提升学生的职业技能和综合素质。

通过这样的综合策略，订单式校企合作模式不仅能有效满足企业的即时用人需求，还能促进学生的全面发展，实现教育与产业的深度融合。这种合作模式最终旨在为企业培养出即战力强、符合现代职场要求的优质人才，同时为学生的职业发展提供清晰和具体的方向。

5.就业衔接与人才匹配

在定制化人才培养模式中，学生接受系统的专业训练后，其技术能力和职业知识得到了显著提升，这为他们顺利进入职场奠定了基础。然而，人才培养的过程并不限于此。确保学生按照合作协议顺利就业，并在所属行业内稳定发展，是衡量校企合作成效的关键指标。在这一过程中，学校与企业共同肩负起引导学生从学术环境向职业领域过渡的责任。

为了使学生的就业潜力最大化，职业院校在设立"订单班"时，可能会适当扩大招生规模，以便通过动态的激励和考核机制，在培养过程中筛选出表现杰出的学生。这种做法不仅激发了学生的学习积极性，还为企业提供了更广泛的人才选择，从而确保能挑选出最符合岗位需求的优秀毕业生。

确保优秀人才的培养及其就业成为高校的优先任务，这包括了严格的考核和评价过程。根据合作协议中的评价体系，并结合企业对学生实际表现的综合评估，高校应公正、准确地确定学生的最终成绩，并向企业推荐那些理论基础扎实、专业能力突出、态度端正的毕业生。推荐过程应基于双方认可的评价标准，并采用公正、透明的选拔方式，确保每位被推荐的毕业生都符合企业的具体需求。

企业根据合作协议，为这些符合条件的毕业生提供相应的职位。这一阶段的顺利实施不仅展示了企业对教育成果的认可，也标志着订单式校企合作模式成功落地。通过这种方式，毕业生能够顺畅地从学习过渡到工作，企业也能获得所需的专业人才，实现了教育与产业的共赢。

6.评估与反馈

在订单式校企合作模式中，建立一个全面的评估与反馈机制对提升教育和培养效果的持续性至关重要。这一机制涉及对人才培养各阶段的深入评估，其目的在于发现并解决问题，总结经验，并及时调整改进策略。有效的评估与反馈体系需要覆盖校企合作的全部环节，包括合作伙伴的选择、人才培养计划的制订、课程体系的构建、实训基地的建设以及毕业生就业的安排。

收集来自学生、教师、企业导师等各方的反馈信息，这些多角度的评价信息能为经验总结提供丰富的数据基础。确立的反馈机制应保障信息的及时交流和处理，比如通过校企合作论坛、工作坊等渠道定期公布人才培养的进展和效果评价，促使行业专家和公众参与讨论，共同探索人才培养模式的改进途径。

学校和企业应基于经验总结和反馈结果共同制定改进措施，调整人才培养计划，优化课程设计，加强实训内容的实操性。同时，学校应持续跟踪评估人才培养的质量，通过分析毕业生的就业状况和职业发展，评价培养模式的长效性和适应性。评估与反馈不应只在培养周期结束时进行，而应定期实施，以确保教育质量和教学进展达到预期目标。

动态的评价机制应持续监控学生学习成果、教学内容和方法、实训效果及企业的满意度等方面。这种机制可以帮助学校和企业及时发现并解决问题，分析原因，并采取适当的调整措施，确保培养过程的效率和目标实现。中期考核反馈能助力学生识别自己的学习优势和劣势，改进学习方法，加强知识和技能掌握。企业根据评价结果提出实训指导建议，帮助学生更好地适应工作环境，提升实践技能。

此外，评估和反馈还应包括对教师教学效果的评估，这对提升教学质量、促进教师的专业成长极为重要。教师能根据反馈调整教学策略和方法，采用更有效的手段激发学生兴趣，提升教学成效。

通过建立和完善这样的经验总结与反馈机制，订单式校企合作模式能够持续优化和进化，更好地满足经济社会发展的需求，培养出符合市场需求的高素质技能型人才。这不仅有助于提高教育质量和效率，还有利于深化校企合作关系，推动职业教育与产业发展的紧密结合和可持续增长。

二、工学交替模式

（一）工学交替模式的内涵

工学交替模式，是一种创新的教育培养模式，主要目的是培养学生成为在理论知识与实际能力上都具备竞争力的复合型人才。工学交替是指学生的教育过程在学校与企业之间进行交替，学生半工半读，在学校理论学习与企业实际工作之间多次切换，从而更全面地发展自己的能力。

在具体操作中，工学交替模式将每个学年明确划分为理论学习学期和实践工作学期两部分。在理论学习学期，学生主要在校内通过课堂学习、实验等方式掌握必要的专业知识；而到了实践工作学期，学生则转到企业中，进行顶岗实习。这种实习不仅使学生能够将课堂上学到的理论知识应用到实际工作中，还能通过实际操作深化对专业领域的理解。此外，工学交替模式中的实习通常是有薪的，实习所得的工资可以用来支付来年的学费，这种安排实现了教育与经济效益的双重优化。

在工学交替模式下，企业和学生的角色经历了显著的变化，对企业而言，它们不再仅仅是提供实习机会的场所，而是变成了教育过程的核心参与者和推动者。在工学交替模式中，企业承担着共同设计和实施培养计划的责任。这不仅包括提供实习岗位，还涉及制定实践项目、提供专业指导以及评估学生的职业技能和素养。企业的这种深度参与，使得教育内容能更好地与实际工作需求对接，提高了教育的实用性和目标针对性，确保学生获得的是市场紧缺且高度相关的技能和经验。

同时，学生在这一模式下的角色发生了转变，他们不仅是理论学习的学生，也是企业的实习员工。这种双重身份的设定使学生能够将课堂上学到的理论知识直接应用于实际工作场景中，从而增强其解决实际问题的能力。在企业的实际操作中学生不仅能够深化对专业知识的理解，还能直观地体验行业的运作模式和职场文化，从而更好地理解行业需求，提高职业适应性和竞争力。此外，通过实际工作，学生可以积累对未来职业生涯极为重要的经验和技能，这些经验将直接影响他们的就业前景和职业发展潜力。

（二）工学交替模式的特征

工学交替模式有不同于其他模式的几个显著特征，具体而言，包括以下3个，如图4-12所示。

图 4-12 工学交替模式的特征

1. 双重性

在工学交替模式中,双重性体现在多个层面,例如,学生角色、企业角色以及学习场所都具有双重性。

第一,学生角色具有双重性。在工学交替模式中,学生既是学习者又是企业员工。这种角色的双重性让学生能够在学习期间获得理论知识的同时,通过实际工作来应用这些知识。学生在企业的实践活动中不但可以加深对所学专业知识的理解,而且通过处理实际工作中的问题,可以提升解决实际问题的能力。这种双重角色让学生更好地为将来的职业生涯做准备,增强其就业竞争力和职业适应能力。

第二,企业角色具有双重性。企业在工学交替模式中扮演双重角色,既是实习机会的场所,又是实践教育过程的课堂。这种双重角色让企业能够直接影响教育内容的设计和实施,确保教育内容与行业需求保持一致。企业通过参与课程设计,可以直接传授给学生最新的技术和工作方法,这不仅增加了教育内容的相关性和实时性,还提高了学生的实践技能。此外,企业可以通过这种合作模式评估潜在员工的能力和适应性,为未来的招聘提供决策支持。

第三,在工学交替模式中,学习场所也具有双重性,即学校和企业。学校提供理论教育的环境,而企业提供实际工作的场景。这种场所的双重性使得学习和实践可以无缝对接,学生可以在实际工作环境中立即实践在学校学到的理论知识。这不但加深了学生对专业知识的理解，而且提高了学生的操作技能和问题解决能力。此外，这种模式通过实际工作经验，帮助学生更早地了解行业环境和职业要求，从而更好地规划自己的职业发展路径。

2. 实践性

实践性是工学交替模式的突出特征，体现在学生教育过程中的理论与实际工作紧密结合。在这种模式下，学生的学习不限于课堂内的理论授课，而是延伸到企业中，参与实际的工作流程，处理现实的职业任务。这种教育模式通过在学校学习和企业实践之间的有机交替，使得学生能够将课堂上获得的理论知识直接应用于实际工作中，从而有效地增强了他们的职业技能和操作能力。

此外，实践性特征使得学生能够在学业起始阶段即深入行业实践，这不但能帮助学生尽早适应将来的工作环境，而且帮助他们明确未来的职业路径。这种提前接触实际工作环境的机会极大地提升了学生的就业竞争力，并为他们的职业生涯打下坚实的基础。当学生在未来的职业生涯中遇到挑战和问题时，他们可以利用在学校期间学到的理论知识来找到解决问题的办法，展示出较强的实践能力和问题解决技能。

3. 经济性

通常情况下，工学交替模式开始时会获得政府的经济支持，尤其是对贫困地区的学生，政府往往会提供首个学期的经费援助。随后，通过学校与企业的合作，学生能够在实习期间赚取工资，这部分劳动收入可以用来支付学习期间的学杂费、生活费及其他相关费用。这种自我资助的经济模式不但让学生通过实习获得经济独立，增强了学生的独立性和自主性，而且推动了教育的公平性，使经济条件有限的学生也能够接受高等职业教育。这一机制对许多家庭而言，可以有效减轻由高昂教育费用产生的经济压力。学生也可以借此减少对家庭的经济依赖，实现一定程度的经济独立，树立财务管控意识。

此模式的经济性表现不限于学生和家庭层面，企业也从中获益。在工学交替模式中，企业直接参与学生的实践教育，对学生进行培训和实践指导，这样做不仅允许企业从学习阶段开始就培养学生的专业技能和企业文化认同，还使企业能够在实习期间对学生的职业技能和工作态度进行观察和指导。这种早期介入和指导帮助企业更有效地评估和塑造学生的职业技能，减少了后期招聘和培训的不确定性和风险。同时，企业减少了对新员工进行大量基础培训的需求，从而降低了人才引进和培养的总成本。

因此，工学交替模式的经济性不仅帮助学生减轻了经济负担，还为企业提供了一种减少人力资源成本、提前培养和筛选人才的有效方式，显示了其在教育与职业训练整合中的重要价值。

（三）工学交替模式的注意事项

在实施工学交替模式的过程中，有以下几点需要注意，以保证该模式的有效性，如图4-13所示。

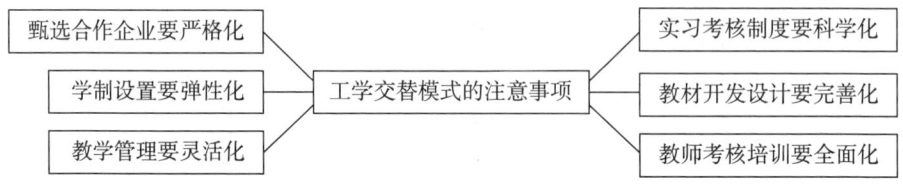

图4-13　工学交替模式的注意事项

1.甄选合作企业要严格化

在工学交替模式中，严格选择合适的合作企业是确保培养计划成功的关键一环。挑选合作企业时，需要全面考虑多个因素，以确保企业能够支持学生的职业发展和技能提升。

首先，对企业的合法性和规模进行细致审查是合作成功的基础。合作企业必须具备合法的注册和经营资格，这是评估其稳定性和可靠性的首要条件。此外，企业的规模和在行业中的影响力也是重要的考量标准。较大规模的企业通常具有更健全的组织架构和更强的财务实力，能够提供更多元化和专业化的实习机会。这类企业往往拥有先进的技术设施和研发能力，可以让学生在实习期间接触行业前沿的技术和工作流程。

其次，检查企业提供的实习岗位是否与学生的专业紧密相关至关重要。合作企业应提供与学生所学专业对口的实习岗位，确保实习内容与学生的课程学习紧密相连，这有助于学生将理论知识与实际操作有效结合，进而提升其职业技能和就业竞争力。同时，企业还应视学生为潜在的长期发展人才，而非仅为了解决短期的劳动力需求，应为学生的职业成长提供持续的支持和指导。

再次，企业提供的专业培训和设施支持的质量对学生技能提升极为关键。企业应具备提供专业技能培训的能力，并提供必要的实操平台，使学生有机会使用行业内的先进设备进行实际操作练习。专业培训应全面涵盖学生需掌握的核心技能，包括操作技巧、问题解决能力及项目管理等，并由经验丰富的专业人士提供面对面的实践指导。

最后，检查企业的管理和保障制度也是确保实习效果的重要组成部分。企业应建立完善的实习生管理体系，包括明确的工作职责、绩效考核标准和职业发展路径，并制定有效的监督与反馈机制。同时，企业还需要提供良好的工作和生活条件，保障学生的健康与福利，通过组织文化和团队建设活动，丰富学生的社会经验，增强其团队协作和交往能力。这些措施将为学生的职业生涯打下坚实的基础，提高实习的整体质量和效果。

2.学制设置要弹性化

在工学交替模式中，设置弹性化的学制是关键的第二步。由于学生需要在企业中进行顶岗实习，学校必须灵活调整学生学习与实习时间的分配，甚至适当延长整体学习周期来适应这种需求。

具体来说,学校可以在维持原有学制结构的基础上,通过重新整合和优化学生的寒暑假,制订更为紧凑的学习与实习计划。这种做法既确保了学生有足够的时间完成必要的理论学习,又能充分利用假期让学生深入企业进行实际工作,获取实践经验。这种弹性调整的优点在于,它既保留了学校的学籍管理和传统的教学班级制度,又增加了对企业季节性和周期性用工需求的适应性,提高了人才培养的效率。

此外,为了确保学生能充分完成理论学习和实际操作,学校还可以考虑在必要时适当延长学制和毕业年限。通过延长学习周期,学校能够更加从容地安排教学内容,逐步推进教学计划,这有利于学生对知识的深入理解和对实践技能的掌握。尽管这可能会增加教学管理的难度和培养成本,但是从长远来看,这对学生的职业发展更为有利,能为他们的未来工作生涯打下坚实的基础。

在实施这种弹性化学制时,学校应详细规划学生学习和实习时间的分配,充分利用寒暑假安排更加紧凑和有效的学习与实习计划。例如,可以将部分理论课程集中在学期内进行,而将实习或实践课程主要安排在假期。这样的安排有助于学生在不减少理论学习的前提下,获得更充分和深入的实习体验,同时满足企业的季节性和周期性用工需求。

3.教学管理要灵活化

在工学交替模式中,灵活的教学管理是保证培养模式成功的关键环节。这种教学管理方式需适应企业的不连续生产需求和学生对实践技能的提升需求,以确保教育质量和实习效果的最优化。

首先,教学模块化是灵活教学管理的一个重要策略。在这种模式下,传统的课程被拆分成多个独立的模块,每个模块专注于某一特定的技能或知识点,并且独立计算学分。这样的课程设计允许教育机构根据学生的实习安排和学习进度,灵活调整和选择教学内容。例如,某些模块可以安排在学生即将进入或刚刚结束实习期的时间,以强化他们的理论基

第四章 国内职业教育的教育模式

础或反思实习中的学习。模块的长度可以根据需要灵活设定,以使学生能在校园学习和企业实习之间顺畅过渡。

其次,灵活的学籍管理对适应学生的个性化学习路径至关重要。学校应实施一种灵活的学分制度,允许学生根据自己的实习经历和学业进展自主选择课程和安排学习计划。在这种制度下,学生可以在规定的学制年限内,根据个人的需要和实习安排,自由组合模块完成学业。此外,学校应提供适应不同学习进度的多样化课程和支持,确保学生即便在复杂的实习与学习周期中也能持续进步。

再次,教学组织的灵活性也是关键因素。学校应根据学生选择的模块进行教学班级的灵活组织,而不是固定地按照年级或专业进行分班。这种灵活组织可以更好地适应不同学生的学习需求,使教育更加个性化,也便于教学资源的优化配置。

最后,为了更好地适应企业需求和市场变化,教学内容和课程安排需要保持高度的时效性和前瞻性。学校应与合作企业保持紧密联系,定期更新教学内容以反映最新的行业技术和操作标准,同时应依据企业反馈信息调整教学计划,以确保学生的技能和知识与企业需求一致。

通过上述措施,工学交替模式下的灵活教学管理能够为学生提供一个结构化而又适应性强的学习环境,帮助他们在理论与实践中都能获得最大的学习成效,最终达到提升职业技能和就业竞争力的目标。

4.实习考核制度要科学化

在工学交替模式中,建立一个科学和完善的顶岗实习管理及考核系统是确保实习效果与质量以及达成人才培养目标的关键因素。这种系统必须考虑学生在顶岗实习期间的特殊情况——既是学校的学生,又是企业的一员。这一双重身份为管理和考核带来了复杂性和挑战,因此需要科学的管理方法来确保实习的有效性和实践目标的实现。

明确管理和考核的具体目标是建立此系统的基础。管理系统的主要目的是确保学生在实习中能够安全并有效地完成既定的学习任务和工作职责；而考核系统的目标则是评估学生的实习表现和学习成果，保证他们能够实现既定的教育和职业发展目标。这些目标的设定需要学校和企业共同参与，结合双方的需求和条件来明确和实施。

为了达成这些目标，学校和企业需要建立起联合管理机构或合作框架，便于对实习生进行有效的日常管理和监督。这种机构或框架将成为双方沟通和解决问题的重要平台，确保实习活动能够顺利进行，并及时处理实习过程中可能出现的问题。

在此基础上，应制定详细的管理和考核规程，涉及实习生的选拔、培训、日常管理、安全保障、表现评估和奖惩等方面。管理规程应明确规定实习生在日常行为、工作态度、职业道德和技能应用等方面的具体要求。同时，必须建立完善的安全教育和操作培训机制，确保实习生了解并遵守相关的安全规定和操作流程，以减少实习过程中的安全风险。

考核系统则应能够全面评价实习生的工作表现和学习效果。这包括制定具体和公正的评价标准和方法，如实习日志、项目报告、现场表现评估和导师评价等。考核应重点关注实习生的实践能力和职业技能的培养成果，同时评估其学习态度、问题解决能力、团队协作和创新能力。根据评估结果，应实施奖惩制度，对表现优异的学生给予表彰和奖励，对表现不佳或违反规定的学生进行必要的惩戒和指导。

此外，将实习表现与学生的毕业资格和学位授予紧密关联，可以有效激励学生认真对待实习。这种做法有助于提高学生的责任感和积极性，使他们更加重视实习机会，积极参与实习工作，从而在实践中深化理论知识，提升职业技能。

综合来看，建立一个科学、完善的顶岗实习学生管理及考核系统，在工学交替模式中具有重要意义。这不仅需要学校和企业之间的紧密合作和协调，也依赖于明确的管理目标、全面的规程制定、有效的日常监督，以及科学合理的考核评价机制。这样的系统可以为实习生创造一个

第四章 国内职业教育的教育模式

安全、有序且富有成效的实习环境，促进其专业能力和职业素质的全面提升，为他们未来的职业发展打下坚实的基础。

5. 教材开发设计要完善化

在工学交替模式下，教材的设计和开发应综合考虑理论与实践的结合、行业需求的对接、教学内容的灵活性和时效性，以及教材的持续更新和改进。教材的设计需要紧密结合行业和企业的实际需求。在此模式中，教材不仅需要提供必要的理论知识基础，还应深入介绍与实际工作相关的操作技能和流程。

第一，教材开发者需要与企业深入沟通，了解企业的具体岗位要求、技术规范和工作流程，确保教材内容能够反映行业的最新发展趋势和企业的实际需求。因此，教材应包含丰富的案例研究、实际操作指南和技术分析，这样可以有效提升学生的实践操作能力和问题解决能力。

第二，教材的设计还应具有高度的灵活性和模块化结构。灵活性体现在能够根据教学进度和学生的实习经历调整教学内容和顺序，使教材能够适应不同学生的学习节奏和实习安排。模块化的设计意味着教材被分割成独立的单元，每个单元专注于某一特定主题或技能，便于根据实际需要进行选用和组合。这种结构不仅方便教师根据课程要求和学生的进度进行教学安排，也便于根据行业变化及时更新或调整相关模块。

第三，保持教材内容的时效性和前瞻性也至关重要。随着技术进步和行业发展，教材应定期更新，以反映最新的技术标准、工作方法和市场需求。这需要教材开发团队与企业保持密切合作，定期收集和分析行业动态，了解行业的最新技术发展，确保教材内容能够及时反映这些变化。此外，教材的更新不应仅包括内容的添加，还应包括对现有内容的修订和优化，以确保信息的准确性和教学的连贯性。

第四，教材的开发应是一个包容性的过程，涵盖教师、行业专家、学生和其他利益相关者的意见和反馈信息。教师的实践经验和对学生学习需求的深入理解是设计高效教材的重要资源。同时，学生的反馈可以

提供关于教材实用性和可理解性的直接信息,有助于不断调整和改进教材。行业专家的参与则可以确保教材内容的专业性和实用性,使之能够真正符合职业培养的要求。

第五,教材的设计和开发过程应注重质量保障和持续改进。这包括建立严格的质量控制体系,对教材的每个环节进行审核和评估,确保其内容的准确性、适宜性和教学效果。同时,应建立有效的反馈和改进机制,鼓励教师和学生积极参与教材评价,及时调整和优化教材内容和结构,以满足不断变化的教学和学习需求。

6.教师考核培训要全面化

在工学交替模式中,建立合理的教师绩效考核与培训机制至关重要,这对提升教师的专业水平、确保教学质量和实现人才培养目标具有关键性作用。为此,学校需着重构建全面的培训计划和科学的绩效考核体系,并持续支持教师的专业发展,以适应工学交替模式的教学要求,有效引导学生的实践学习,推动该模式的顺利实施和人才培养目标的达成。

首先,学校应重视教师的专业发展和培训计划。这包括引入有实际行业经验的企业专家和技师充实教学队伍,使他们成为兼职教师或导师,直接参与专业课程的教学。这种做法不仅将最新的行业技术和实践经验引入课堂,还能提供更贴近实际的学习体验。同时,学校还应组织专职教师到合作企业进行实地观摩和培训,让他们直接了解并掌握岗位的具体操作和技术要求,从而提升他们的实践教学能力。

其次,教师的绩效考核机制应覆盖教学效果、实践指导能力、学生反馈、与企业的合作效果等多个方面,确保全面、科学地评估教师的工作表现。考核结果应用于指导教师的个人发展,包括提供进一步的培训机会、职业晋升和薪酬调整等激励措施。学校还应设立清晰的奖励机制,激励教师积极参与培训和实践教学,提高教学质量和指导效果。

再次,学校需要建立连续的教师专业发展体系,提供持续的学习和发展机会。这包括定期的工作坊、研讨会、学术会议和行业交流活动,鼓励教师不断更新自己的专业知识和技能。教师还应被鼓励参与相关的研究和项目，促进理论与实践的结合，增强教学内容的实际应用性。

最后，为了确保教师绩效考核与培训机制的成功实施，学校管理层需要提供明确的政策支持和充足的资源投入，包括时间、资金和技术资源等方面的支持，以促进教师专业成长和教学质量的持续提升。

三、项目驱动式模式

（一）项目驱动式模式的内涵

项目驱动式模式是一种以学生为中心的教学模式，强调通过实际项目的设计和实施，让学生在教师的指导下，围绕一个项目中心主题或问题，进行深入探索，应用并且综合多学科的知识与技能解决项目中的复杂问题，从而来推动学生的学习和理解。这种教学模式不仅注重知识的传授，还强调能力的培养，尤其是解决问题、批判性思维、合作与沟通能力的发展。这种方式鼓励学生主动探究，通过实践活动进行学习，从而更好地理解和吸收知识。项目通常需要多方面的综合能力，涉及多个学科领域的知识和技能，要求学生在项目执行过程中，展示出高度的自主性和创造性。

（二）项目驱动式模式的特征

项目驱动式模式的特征有以下几点，如图4-14所示。

图 4-14 项目驱动式模式的特征

1. 学生中心

项目驱动式模式的首要特点是以学生为中心的教学理念。在这种模式下，教师的角色从传统的知识传授者转变为辅导者和促进者，学生则成为学习过程的主体。这种转变不仅改变了教学的形态，也极大地激发了学生的学习积极性。学生被赋予了更多的自主权和选择权，可以根据自己的兴趣和需求选择项目主题，探索对他们来说有意义的问题。

在学生中心的教学环境中，学生需要自我管理，计划并推进项目的进展。在这一过程中，他们不仅要学习如何独立完成作业，还要学习如何作为团队的一部分与他人协作。这种教学方式强调学生的主动参与和责任感，使学习过程变得更加深刻和持久。教师在此过程中扮演的是指导者的角色，以学生为中心，提供必要的支持和资源，帮助学生在遇到挑战时找到解决策略，确保学生能在项目中实现自我成长和知识技能的提升。

2. 问题导向

项目驱动式学习的另一个核心特点是问题导向。每一个项目都是围绕一个核心问题展开的，这个问题往往是复杂的、多层次的，需要学生进行深入分析和探讨。这种以问题为中心的学习模式促使学生从实际问题出发，思考并应用跨学科的知识来寻找解决方案。

第四章　国内职业教育的教育模式

问题导向的学习不仅提高了学习的相关性和实用性，还强化了学生的批判性思维和创新能力。通过解决实际问题，学生可以看到学术知识与现实世界的直接联系，了解理论在实际操作中的应用，从而更深刻地理解课堂上学到的概念。此外，问题导向也鼓励学生从多角度和多方面考虑问题，培养他们的综合思维能力，这对今后解决更加复杂的问题是非常重要的。

3. 过程导向

在项目驱动式学习中，过程同样重要，甚至比最终的项目成果更加重要。这种过程导向的特点强调学习过程中的探索、尝试和反思。学生在项目中不断试错、调整策略，通过实践活动掌握知识和技能。在这一过程中，学生的个人能力、合作能力以及解决问题的能力都得到了锻炼和提升。

过程导向的教学不仅关注学生的知识吸收，还重视他们如何应用知识解决问题的能力。在项目的每一个阶段，学生都需要进行自我评估，教师也会提供反馈信息，帮助学生识别他们在学习过程中的强项和弱点。这种持续的评估和反思使学生能够从错误中学习，优化学习策略，最终达到更好的学习效果。

4. 实践性强

项目通常与真实世界的情境紧密相关，使学生能够在解决实际问题的过程中应用所学的知识。这种紧密联系现实的学习方式不但使学习内容更加生动有趣，而且增强了学习的针对性和有效性。

通过实践应用，学生能够看到自己的学习成果如何转化为实际操作，这种成就感和实用性是传统课堂学习难以比拟的。此外，实践中遇到的问题往往更加复杂多变，需要学生动用全部的知识和技能来解决，这对培养学生的综合能力和适应能力极为有益。

（三）项目驱动式模式的实施步骤

1. 项目的呈现

项目驱动式模式的第一个步骤是项目的呈现。在此阶段，教师需提前根据学生的认知水平和教学目标，把课程内容分解为多个模块，做好教学计划安排，把每节课的教学目标巧妙地融入设计的项目中，激发学生的求知欲。通过这种方法，学生在完成具体项目的同时能够自然达到预设的教育目标。例如，教师设计一个复合性和实际性兼备的学习项目，如开发一个新市场推广计划。此项目不仅要求学生介绍自己的公司和产品，还要求学生分析目标市场，制定市场进入策略，并预测潜在的市场反应。这样的项目设定促使学生运用并整合课程中的关键知识点，比如市场分析、产品定位，以及交流策略等，从而更全面地激发学生的学习兴趣和内在驱动力。教师还可以从实际问题或日常生活现象出发，提出一个引人入胜的学习项目，这种项目可以精心设计，引发学生的认知冲突，增强他们的学习动机，促使他们产生自我驱动的学习动力。此外，教师还需评估所需材料和资源，如教科书、案例研究、实际数据等，确保这些资源的时效性和相关性，以支持学生能够在真实或仿真的环境中应用所学知识。

2. 项目分析

项目驱动式模式的第二个步骤是项目分析，这一阶段至关重要，因为它涉及对项目的深入了解和评估，以确定学生将要学习的关键内容和技能，以及如何有效地将这些内容整合进教学过程中。

在项目分析阶段，教师的主要任务是解构项目的各个组成部分，明确项目的学习目标，评估所需的资源，以及预测可能遇到的挑战。这一过程要求教师具备高度的专业判断能力和对学科内容的深入理解。例如，在一个关于国际市场分析的项目中，教师需要识别出项目中包含的关键商业概念、必须掌握的数据分析技能和必需的语言表达能力。在分析过程中，教师要扮演引导者的角色，引导学生进行项目的解构和分析，指导学生明确执行项目的框架。在分析过程中，一定要围绕项目的核心任务和学习目标进行展开。

此外，项目分析阶段还应包括对项目时间线的规划。教师需要设定明确的时间表、每个阶段的目标，以及如何分配课堂时间和学生的自学时间，确保项目的连贯性和学习效果的最大化，使得整个教学过程目标更加明确。

3. 项目完成

在项目驱动式模式中，第三个步骤是项目完成，这是一个关键环节，旨在将学生学到的知识和技能转化为实际成果，并通过实践活动深化理解和应用。在这个阶段，教师的角色依旧是引导者和促进者，而学生则成为学习的主体，通过合作和实践来完成项目任务。以国际商务模拟课程的商品推介为例，这个项目要求学生通过实际操作来展示他们的学习成果。

首先，教师会将全班学生分成几个小组，每个小组负责研究一家公司的基本信息和产品。这种分组合作的方式不仅能促进学生间的交流，还能通过集体智慧帮助学生补充知识的不足和完善问题解决的方法。

其次，在小组合作的过程中，教师需要积极引导学生高效地查找和筛选信息。这包括教授学生如何利用网络资源、行业报告和市场分析等工具来获取最新和最相关的数据。同时，教师需要监督学生的研究进度，确保每个小组都能按时完成信息的收集和分析工作。

再次，教师应该为学生提供足够的时间和空间来思考和整合收集到的信息。这一阶段，教师的任务是帮助学生将信息转化为有说服力的商务介绍，包括教授他们进行有效的演讲和商务交流。在这个过程中，学生不仅要学会展示公司和产品的优势，还要学会回应潜在客户或合作伙伴的问题和关切。

最后，学生在课堂上进行实际的演示。每个小组都将有机会向全班展示他们的研究成果和商务推介。这不仅是对学生学习成果的一次展示，也是一次重要的反馈和评估机会。其他学生和教师可以提供反馈信息，指出演示中的亮点和需要改进的地方，这对学生来说是极具价值的学习经验。

4. 项目评价

项目驱动式模式的最后一个步骤是项目评价，这一环节对学习过程的完整性和有效性至关重要。项目评价不仅涉及对学生学习成果的评估，还包括对整个教学过程的反思，以便不断改进教学方法和提升学生的学习体验。

第一，项目评价应当围绕既定的学习目标进行。这意味着评价的标准需要与项目初期设定的教学目标紧密对应，确保评价过程能够全面考察学生是否达到了这些目标。例如，在国际商务模拟项目中，评价标准可能包括学生的专业知识掌握程度、英语语言能力、商务谈判技巧，以及团队合作能力等。

第二，评价方法可以多样化，包括但不限于自评、互评、小组评议以及教师的终结性评价。自评和互评促使学生参与到评价过程中，增强他们的自我反思能力和批判性思维；而小组评议可以提供团队合作的反馈意见；教师的终结性评价则提供专业的视角和指导。

第三，在实施项目评价时，应采用多元化的评价工具以确保评价的全面性和公正性。这些工具可能包括项目报告、演示文稿、实际操作表现，以及参与过程中的表现记录等。每种工具都应针对不同的评价目标和内容设计，以获取关于学生在各个方面的表现信息。

第四，项目评价还应该包括对项目实施过程本身的评估。这涉及项目设计的合理性、资源的充分性、时间管理的有效性，以及教学方法的适宜性等方面。教师需要根据这些反馈信息调整教学策略，优化未来的项目实施。例如，如果发现时间管理不足，教师可能需要在未来的项目中调整时间安排或优化项目结构。

第四章　国内职业教育的教育模式

第五，为了提高评价的效果，教师应鼓励学生进行开放式反馈，让他们表达对项目的看法和体验，包括他们认为成功的地方和需要改进的地方。这种反馈可以通过问卷调查、讨论会或一对一访谈进行。开放式反馈有助于教师获得深入的见解，了解学生的真实感受和需求，从而更好地调整教学内容和方法。

四、"岗课证赛"一体化教学模式

（一）"岗课证赛"一体化教学模式的内涵

"岗课证赛"一体化教学模式是职业教育中一种创新的教学策略，旨在紧密结合实际工作需求和专业教学，以提升学生的职业技能和理论知识。该模式涵盖了岗位实践（岗）、专业课程（课）、资格认证（证）和技能竞赛（赛）四个互补的部分，形成了一种全面的教育体系。

在这种模式中，岗位实践指的是将学生安置在实际的或模拟的工作环境中，使学生能够在真实的职业场景中应用所学知识，从而增强其职业适应能力和实际操作能力。专业课程则涉及专业的核心课程，这些课程是培养学生专业技能的基石，不仅提供理论知识，也强调实际应用，帮助学生深入理解概念、原理。资格认证强调为学生提供必要的职业资格证书培训，如相关领域人员必须具备的各种认证，这不仅提升了学生的职业资格，也增强了他们的就业竞争力。技能竞赛则是通过实际操作和团队合作的比赛，让学生在竞争中锻炼和展示自己的专业能力，这些竞赛通常由国家、省市或大学等级别的机构举办，既能测试学生的实际操作能力，又能激发其学习和创新的热情。

整个"岗课证赛"一体化教学模式不仅关注学生的知识和技能培养，也强调教学内容的实用性和与行业标准的对接。通过这一模式，教学设计（包括课前学情分析和教学内容安排）和教学实施（包括课堂教学和实际操作）得到了优化，同时，考核评价体系确保了教学质量和学生表

现的有效监控。通过将课程内容与岗位需求紧密联系，学生能够更好地为将来的职业生涯做准备，顺利地进入职场，并为未来的发展奠定坚实的基础。这种教学模式不仅提升了教学的针对性和效率，也能显著提高人才培养的质量和学生的就业率。

（二）"岗课证赛"一体化教学模式的实施路径

1. 以岗定课

在"岗课证赛"一体化教学模式中，以岗定课强调根据具体职业岗位的需求来设计和调整课程内容，确保教育培训与实际工作需求高度匹配，从而提高教育的针对性和实用性。这种以就业为导向的课程设计原则能显著提高职业教育的针对性和实践性。

以岗定课需要教育机构与业界进行广泛的沟通和合作，了解各类岗位的具体技能要求和工作内容。这可能涉及与企业、行业协会及专业团体的合作，通过调查研究、实地访问和行业咨询等方式收集信息。

收集到的数据将为课程设计提供实证基础，帮助教育者明确哪些技能和知识是学生就业所必需的。这一过程需要识别出行业中的常用技术、工具、工作流程以及必须遵守的行业标准等元素。

基于这些信息，课程开发团队将设计或调整现有课程，使之能够覆盖所有必要的职业技能。这可能包括制定新的课程大纲、教学方法以及评估标准。例如，如果行业反馈显示需要更强的项目管理能力，课程中将增加相关的案例研究、实际操作和项目管理工具的使用。

在课程设计阶段，还需要确定合适的教学资源和材料，包括教科书、软件工具、在线资源等，确保这些教学资源能够支持新的课程目标和内容。此外，也需要设计互动和实操环节，如模拟练习、实习项目等，以增强学生的实际操作能力。

教师培训也是以岗定课步骤中不可忽视的一部分。教师需要了解新

第四章 国内职业教育的教育模式

课程的核心内容和教学目标,并掌握新的教学技巧和方法。因此,教育机构可能需要为教师提供专门的培训,帮助他们适应课程改革,确保教学质量。

实施阶段需要对课程内容进行试教和评估,确保课程设置符合教学目标和学生学习需求。通过学生的反馈和成绩表现,教育者可以对课程进行必要的调整和优化,以达到最佳的教学效果。

2. 以证融课

在"岗课证赛"一体化教学模式中,以证融课强调将职业资格证书的要求与课程教学内容进行有机结合,以提高学生获取职业资格证书的可能性,同时确保他们掌握必要的专业技能。这个步骤的核心在于使课程内容与职业资格认证的标准紧密对接,从而促进学生的专业成长和就业准备。

第一,教育机构需要详细了解和分析各种职业资格证书的考试内容和标准。这涉及收集相关职业资格认证机构提供的详细考试大纲、评分标准和合格要求。这一信息将成为调整和设计课程内容的基础,确保教学内容能够覆盖所有必要的知识点和技能。

第二,课程开发团队应当根据职业资格证书的要求,调整现有的教学大纲和课程内容。这可能包括增加特定的课程模块、调整课程结构,并引入具有针对性的教学活动,如模拟考试、案例分析等,这些都是为了模拟职业资格考试的情境,帮助学生更好地理解和掌握考试要求的内容。

第三,为了增强课程的实用性和针对性,可以将职业资格认证的准备工作与常规课程的评估相结合。例如,一些课程的评估可以直接以职业资格考试的模拟测试来进行,这不仅能够减轻学生的考试负担,还能实时反馈学生的学习状况和准备水平,从而及时调整教学策略。

第四,教师在这一过程中发挥着至关重要的作用。他们不仅需要掌

全角度解析：职业教育理论与企业文化建设实践

握教学内容和方法，还应该对职业资格证书的考试流程和评分标准有深入了解。因此，教师的专业发展和持续培训也是以证融课不可或缺的一部分。教育机构应为教师提供定期的培训和更新，确保他们能够有效地支持学生获取职业资格证书。

第五，为了全面提升学生的参与度和学习动力，教育机构可以探索创新的教学和评估方法，如以证书获取代替传统的期末考试，或为已经取得特定成就的学生提供免考的机会。这样的策略不仅可以减少学生的学习压力，还能激发他们对专业学习的兴趣和热情。

通过这样系统而周到的步骤实施，以证融课能够极大地提高教育的实用性和效果，为学生顺利进入职场并成功启动职业生涯提供坚实的基础。

3. 以赛促课

以赛促课是通过职业技能竞赛推动课程内容和教学方法的优化，确保学生所学技能与行业标准高度一致。职业技术竞赛不仅为学生提供了一个展示其专业技能的平台，也成为教育者评估和调整教学效果的重要工具。通过参与这些竞赛，学生能够将课堂知识应用于实际情境中，深化对专业知识的理解和技能的掌握，而这种实践经验是极具价值的。

在实施以赛促课的过程中，教育机构需密切关注行业发展趋势和技术进步，将这些新知识和技术融入课程设计中。竞赛的内容和标准可以指导教学大纲的更新，使课程内容始终保持前沿性和实用性。例如，如果竞赛强调某一新兴技术或工作方法，那么相应的教学计划应及时调整，确保学生能够在竞赛中表现出色，同时为将来的职业生涯做好准备。

教师在这一过程中扮演着至关重要的角色，他们不仅需要更新自己的专业知识和教学技能，还要有效地将竞赛要求转化为教学内容。此外，教育机构应加强与企业的合作，共同设计和评估教学内容，确保教育与行业需求紧密对接。这种校企合作不仅能为学生提供实际的工作经验，还能确保教育内容的实时更新和有效性。

第四章 国内职业教育的教育模式

同时,通过建立完善的实习基地和实训设施,学生可以在接近真实的工作环境中练习和提高自己的技能。这种设施的建设和维护需要教育机构的持续投入,但这对提高学生的实操能力和就业准备是必不可少的。在评估体系方面,将技能竞赛的表现作为课程评价的一部分,可以更准确地反映学生的学习成果和技能掌握程度,激励学生更加积极地参与到学习和实践中。

只有进行多方面的共同建设,以赛促课才能够有效地提升教育质量,使教育与行业需求保持一致,同时为学生的职业发展提供坚实的基础,促进教育内容的持续创新和改进。

第三节 我国职业培训模式

促进就业一直是经济发展中的一项重要议题,全球各国都面临着失业问题,这不仅关乎个体的经济福祉,也影响国家的经济稳定与社会和谐。特别是在我国,由于人口基数大,就业形势尤为严峻,如何有效地促进特定群体如青年和中高龄失业人员的就业,成为社会关注的焦点。近年来,劳动者的技能与岗位需求之间的不匹配日益明显,尤其是在城市化快速发展的背景下,农村富余劳动力大量涌入城镇,对就业市场形成了压力,同时带来了需求侧和供给侧的挑战。

在这种情况下,加强职业培训显得尤为重要,它是解决就业结构性矛盾的有效途径。职业培训可以提升劳动者的职业技能和素质,使劳动者更好地适应经济发展和技术进步带来的新要求。通过职业技能培训,劳动者可以获得更多就业机会,增强其就业竞争力和职业发展的可持续性。此外,职业培训还有助于提升劳动者的社会流动性,特别是对那些从事低技能工作的人群,他们通过培训能够转型到更有发展前景的行业,从而提升其生活质量和改善其经济状态。

一、连带管理模式

在高等职业教育中,就业培训的一种常见模式是连带管理模式。这种模式将就业培训整合为高等职业院校日常教育管理的一部分,而不是将其单独设立为一个独立的系统。连带管理模式的主要优势在于其简便性和易于实施的特点,使得多数高等职业院校能够轻松地将就业培训纳入现有的教育管理体系中,确保培训活动的组织和管理能够与学校的其他活动协调一致。

在这种模式下,就业培训通常被设计为课程的一部分,与专业技能教学同步进行,强调理论与实践的结合。学校可以通过整合内部资源,如利用现有的教师队伍和教学设施,来提供必要的职业技能培训。此外,这种模式也便于监控和评估学生的培训进展,因为它是学校日常管理的一部分。

然而,连带管理模式也面临一些挑战。由于就业培训的独立性不强,会导致学校和学生对这一模块的重视程度不足,特别是在资源分配和课程更新方面缺乏足够的灵活性和及时性。此外,这种模式难以充分满足企业和社会对特定职业技能的需求,因为课程内容比行业最新需求滞后一些。

为了克服这些局限性,高等职业院校需要探索与企业和行业组织更紧密的合作,通过建立校企合作平台,使企业直接参与课程设计和实施过程,以确保教育内容与职场实际需求更加吻合。同时,加强对就业培训部分的专项资源投入,提高这一区块的独立运作能力,有助于提升培训的针对性和有效性。通过这些改进措施,连带管理模式可以更好地适应快速变化的职业教育需求,有效地支持学生的职业发展和就业准备。

二、集团化模式

集团化模式是一种现代化的较新的就业培训模式,它通过多校合作的方式进行，已在我国多地实际应用并取得了显著成效。在这种模式下，多所高等职业院校联合出资、出力，共同建立专门的就业培训基地，这些基地作为共享资源，被各参与学校轮流或共同使用以进行学生的就业培训。这种模式的主要优势在于资源共享和专业性提升，它能有效弥补单一学校在资源配备和专业训练方面的不足。

通过采用集团化模式，参与的学校能够整合各自的优势，如教师资源、教学设施和行业联系，共同构建一个功能强大的职业培训平台。这一平台不仅加强了培训的专业性和规范性，还促进了教育水平的均衡发展。更重要的是，就业培训基地成了学校与社会、企业交流的桥梁，使得培训能够根据市场的最新需求进行及时调整和更新。这对促进校企合作、共建产业学院等具有重要作用，有助于学生获取更符合市场需求的实际操作技能，从而增加其就业竞争力。

尽管集团化模式带来了许多好处，但在实施过程中面临着一些挑战。由于参与合作的各院校可能在条件、资源、管理模式及办学理念上存在差异，合作过程中可能会出现利益分歧和矛盾，这需要各校之间进行充分的沟通和协调。此外，建立和维护一个高效运作的就业培训基地需要时间和精力的投入，通常需要3—5年时间来完全发挥其功能，在这期间可能需要解决众多的实际问题，如资金投入、设施建设及运营管理等。

为了克服这些问题并充分发挥集团化模式的优势，建议各参与学校建立一个明确的合作协议和管理机制，明确各方的权利和义务。同时，应定期评估合作效果，及时调整合作策略和培训计划，确保培训内容始终符合行业发展的最新需求。通过这些措施，集团化模式有望成为高等职业教育中就业培训的一种高效和可持续的模式。

三、就业服务模式

就业服务模式是一种广泛应用于职业培训的方法，不但在职业教育中发挥作用，而且在整个社会就业培训体系中都占据着重要位置。这种

模式特别强调与社会服务的结合，通过与企业、行业协会及其他相关机构的合作，为学生提供实时的就业指导和市场信息。

在就业服务模式下，教育机构不单独承担所有培训和就业指导的责任，而是通过建立合作网络，利用社会资源来共同完成这一任务。这种模式的核心在于服务的提供，教育机构与人才市场、人才需求企业以及职业指导中心等机构进行密切合作，这些合作伙伴提供必要的就业数据、行业趋势和职位信息，帮助教育机构调整培训课程以更好地符合市场需求。

通过这种模式，学生可以获得更加具有个性化和目标导向的培训，以及实时的就业市场信息，从而增加他们的就业准备和市场适应性。例如，高等职业院校可以依托行业伙伴的支持，为学生提供实习机会、职业讲座以及职业规划服务，使学生在完成学业的同时，能够掌握必要的职业技能和行业知识。

然而，这种模式也给学校带来了不小的挑战。由于就业服务模式要求学校与多个社会实体进行广泛合作，这不仅增加了协调和管理的复杂性，还可能导致资源分散，特别是对那些资源有限的高等职业院校来说，单靠自身的力量难以满足合作伙伴的各种要求。此外，这种模式的成功很大程度上依赖外部合作伙伴的有效参与和支持，这可能会使得教育机构在实施过程中承担较大的不确定性和风险。

为了有效实施就业服务模式，高等职业院校在制定合作策略时，应明确各方的责任和利益，建立稳定、可靠的合作机制。同时，教育机构应加强内部管理，优化资源配置，确保能够有效地整合和利用外部资源，提高服务质量。此外，学校可以考虑与其他院校共建共享资源，通过集团化办学等方式来降低成本和风险，共同提升培训效果和就业服务的广度与深度。通过这些措施，就业服务模式能够更好地适应社会和市场的需求，为学生的职业发展提供有力支持。

四、社区服务模式

社区服务模式是在就业培训领域中逐渐流行起来的一种创新模式，特别是在成人职业教育中显示出其独特的效益。这种模式主要由社区主导，高等职业院校通常扮演辅助和资源支持的角色。该模式的实施充分利用了社区的地理优势和社会联系，使得就业培训更加贴近居民的实际需求，从而提高培训的参与率和实效性。

社区服务模式的核心在于将就业培训项目直接引入社区，通过社区组织来管理和执行这些项目。这样做不仅便于居民接受培训，还可以根据社区的具体需求来定制培训内容，确保培训项目与当地劳动市场的需求高度匹配。例如，如果一个社区在特定行业如建筑或护理行业有较大的就业机会，培训项目就可以侧重于这些领域的技能提升。

对高等职业院校来说，虽然这种模式主要提供专业知识和教学资源，但社区服务模式的实施，可以显著增强院校与社区的联系，促进校园资源的社会化。这种合作不仅有助于院校优化自身的职业教育体系，也能提升其社会服务的形象和责任感，增强社会认可度和影响力。

此外，社区服务模式还有助于形成校社合作的良性循环。通过这种模式，高等职业院校可以获取来自社区的直接反馈，了解培训效果和市场需求的变化，这些信息对院校调整课程设置、优化教学方法及内容都极为宝贵。同时，社区居民通过参与这些培训项目不仅能提升个人技能，还能增进与高等职业院校的互动，促进了解和交流。

尽管社区服务模式带来了诸多优势，但实施过程需要注意资源的合理分配和持续投入。高等职业院校与社区应建立稳固的合作关系，确保资源有效利用，同时还需持续监控培训质量和就业成果，确保培训活动真正满足社区居民的需求，促进其成功就业。通过这些措施，社区服务模式不仅能够提升职业培训的质量和实效，还能为社区发展贡献力量，形成互利共赢的局面。

第五章 职业教育文化

第一节 职业教育文化概述

一、职业教育文化的内涵

在中国历史文明中,"文化"这一概念自古便有记载,起初"文"和"化"是分开使用的,《说文解字》解释"文"为"错画也,象交文",而"化"字涵盖"化生""化育""造化"等概念,其字形形态由两个相对的"人"字组成,象征两个实体在接触之后发生的相互作用,这种交互作用可能导致其中一方或双方在形态或性质上的变化和转化。① 随着时间的推移,这一概念被进一步扩展,用于描述教化的过程,以及在改变个体的观点和思想方面的作用。二者一起出现,最早见于古代典籍《周易·贲卦·象传》的记载:"观乎天文,以察时变;观乎人文,以化成天下。"这里虽然"文"与"化"二字是分开使用的,但已具备了后来"文化"一词的基本含义。这句话的意思是,古人通过观察和理解社会人文现象,推动社会道德的秩序,确保人们遵循文明礼仪并将这种正面影响扩散至

---

① 陈炯:《中国文化修辞学》,江苏古籍出版社2001年版,第13页。

第五章 职业教育文化

整个社会，实现社会效益的最大化。在这一语境中，"文"与"化"分别代表了"文治"和"教化"的概念。

在《现代汉语词典》中，"文化"被定义为："人类在社会历史发展过程中所创造的物质财富和精神财富的总和，特指精神财富，如文学、艺术、教育、科学等。"而《辞海》则提供了更为详尽的解释：广义指人类社会的生存方式以及建立在此基础上的价值体系，是人类在社会历史发展过程中所创造的物质财富和精神财富的总和。狭义指人类的精神生产能力和精神创造成果，包括一切社会意识形式：自然科学、技术科学、社会意识形态。

职业教育文化，是一种深植于职业教育系统中维持师生稳定的思维和行为模式。这种文化体现了职业院校的独特性格和气质，反映职业领域的需求和特征，培育学生形成正面的职业理想，同时强化职业道德的教育，使学生能够在职业生涯中展现出高标准的职业行为，表明了职业教育的态度和人文理念。

职业教育文化的发展与构建应依据院校的办学理念和培养目标。这种文化不仅要渗透职业教育的各个环节，还是塑造教师与学生精神面貌、提升院校核心竞争力的关键因素。

此外，职业教育文化还需要融合企业文化、区域文化和品牌文化的特色，以丰富和扩展教育内容和方式。核心价值观应坚持"使学生掌握一技之长、服务于社会"的原则，不断优化实践教学环境，打造有利于高技能人才成长的职业环境，营造一个积极、健康的职业教育氛围。通过这种多维度的文化建设，职业教育才能更有效地为社会培养具备高素质和高技能的专业人才。

二、职业教育文化的分类

职业教育文化是一种多维的文化体系，它包含多个层面的体系，具体而言，可分为物质文化、精神文化、活动文化和制度文化四个层面，

这些层面相互交织，共同构成了职业教育的独特文化景观。每一层面不仅反映了职业教育的现实存在，也是历史沉淀的结果，同时指向未来发展的趋势。

物质文化在职业教育中占有基础性的地位。它主要体现在教育的物质条件上，如校园建筑、教学设施、实验室、实训基地等。这些物质资源不仅是教育发生的空间，也是文化传递的物理媒介，每一处建筑和每一件设备都反映了职业教育的特定价值和理念。例如，现代化的实训设备反映了对高技能人才培养的重视，绿化校园和艺术装置则展示了校园文化的人文关怀。

精神文化是职业教育文化中的核心，涵盖了教育理念、价值观念、道德规范、校风、教风和学风等。这些精神元素指导着职业教育院校的日常运作和长远发展，形塑了师生的思想行为和道德情操。例如，校训和价值观念激励着学生追求卓越，培养了学生的职业道德和责任感，而优良的教风和学风则促进了学术的严谨和创新。

制度文化则体现在职业教育的规章制度及组织形式上。它包括但不限于教学管理、学生管理、质量评估和人力资源政策等方面。这些制度不仅确保了教育的有序进行，也反映了职业教育的治理理念和行为规范，是维护教育公正性和效率的重要保障。

活动文化则是职业教育中最为动态的部分，它通过各种教育和文化活动展现出来，包括课堂教学、实习实训、科研创新、社会服务及各类校园文化活动等。这些活动不仅是知识和技能传递的平台，也是精神文化内涵的实践场所，通过这些活动，学生能够将理论知识转化为实际技能，同时培养了团队合作精神和社会责任感。

总之，职业教育文化通过这四个层面的有机结合，不仅塑造了教育机构的全面形象，也为学生的全面发展提供了丰富的资源和强大的支持。这种文化的构建和发展是一个持续的过程，需要所有教育参与者的共同努力和不断的创新。

三、职业教育文化的功能

职业教育文化的功能如图 5-1 所示。

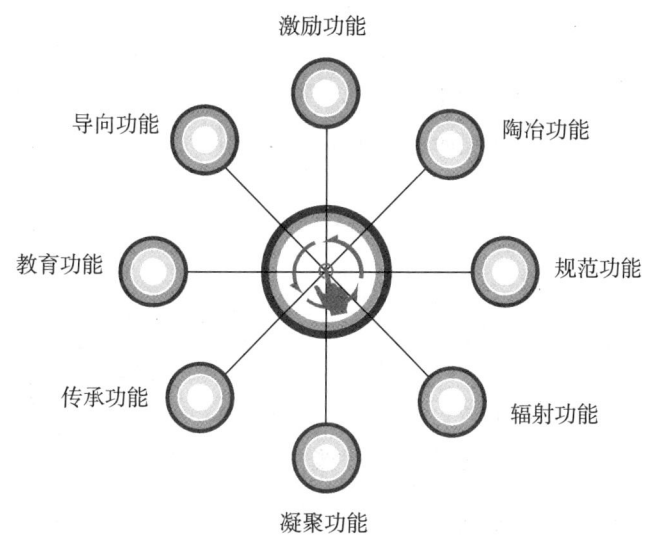

图 5-1 职业教育文化的功能

(一) 导向功能

职业教育文化起着明确方向和目标的作用。它不仅引导职业院校确立办学方向和目标定位,强化职业教育的本质属性,帮助这些机构理解并强化与经济社会的互动关系,也塑造了学校的独特性和差异化竞争优势,通过这种文化的作用突出每所职业院校的独特特色,从而确保其教育服务与市场需求和社会发展紧密对接。例如,某职业学院的文化可能会强调创新技术的应用,这一文化导向帮助学校在相应领域建立权威和独特性,从而吸引合作伙伴和学生,朝着职业教育文化内涵所示的方向发展。

（二）教育功能

职业教育文化作为一种潜移默化的教育手段，还具有隐性的教育功能，能够在无形中塑造学生的价值观和职业行为。这种沉浸式的文化环境不仅培养学生的专业技能，也强调诚信、责任感等职业道德的养成。通过日常的教学活动、师生互动和学校政策的实施，学生逐渐吸收这些价值观，内化为自己的思维模式和行为模式，为其人文素养发展以及将来的职业生涯奠定坚实的基础。

（三）传承功能

职业教育文化的传承功能确保了职业教育的连续性和稳定性。通过一代代师生的教学和学习，职业院校特有的价值取向、教育理念及专业知识得以延续。这不仅有助于保持教育质量，还提升了学校的品牌，使得教育质量和特色得以保存和强化。例如，长期的技艺传授和实践操作让某些职业技得以保存并发展，成为学校的标志性教育内容，确保了职业教育的稳定性和长远发展。

（四）凝聚功能

职业教育文化通常包含了明确的教育目标和核心价值观，这些目标和价值观被所有校园成员共同认同和追求，构成了职业院校的核心精神。一旦职业院校的办学思想和教育理念被全校师生接受并转化为共同的信念，这些理念便会深刻影响每位师生的价值观、期望、态度和行为，并贯穿于校园的各类活动中。这种文化不仅体现在口号或标语中，还真正落实到师生的日常互动和学校的教育实践中，使得核心价值观成为塑造全校师生思想、情感和行为的强大力量。例如，许多职业学院强调实用性和就业导向，这种共识有助于统一师生的努力方向，增强他们对学校使命的认同感。

此外，职业教育机构往往拥有自己独特的文化符号，如校徽、校训、特定的校园节日和仪式等。这些符号和传统不仅加深了校园成员对学校文化的理解和感情，还促进了他们之间的情感联系，从而增强了组织的凝聚力。

一旦学校文化演化成为一种传统，它就会转变成一种潜在的力量，这种力量无形中影响和指导着师生的思维模式、生活态度、心理倾向和行为风格。学校文化如同一块强大的磁铁，能够吸引并凝聚师生员工，使他们紧密团结。同时，它像一个熔炉，能够迅速将新加入的成员融入这一文化传统之中，使他们成为学校这个大家庭的一部分，强化了学校的内部凝聚力。

这种文化的凝聚力不仅提升了教职工和学生的满意度和忠诚度，也促进了校内外的积极交流和合作。健康的学校文化使得学校能够在教育市场中保持竞争力，吸引更多资源和关注。

（五）辐射功能

职业教育文化不限于校园内部，它还能向社会广泛传播，影响其他教育机构和社会整体。学校的教育理念、教学成果和文化活动可以通过各种渠道如学术会议、社会服务和媒体发布等向外界展示，从而对外部社会产生积极影响，提升学校的社会声誉和影响力。这种辐射效应有助于形成良好的教育生态和社会认可度，为学校的进一步发展提供支持。

（六）规范功能

职业教育文化在职业院校中扮演着重要的规范角色，它通过制度和文化氛围对校园成员的思想、心理和行为产生约束和指导作用。一方面，学校文化通过明确的规章制度和机制，调适和约束师生员工的行为，确保行为的一致性和协调性；另一方面，校园文化通过其传达的价值观、理想情操和道德规范，以非正式但有效的方式影响每个人的价值取向和

行为模式。这种规范作用形成一个秩序井然、道德高尚的教育环境,促进学校的和谐与效率。

(七)陶冶功能

职业教育文化的陶冶功能体现在其对校园成员的全面人文关怀和心理塑造上。学校文化中浓郁的学术氛围、团结民主的作风、和谐的人际关系等元素,无形中对每个人的思想观念、行为准则和心理状态进行"春风化雨"式的熏陶。这种文化影响使校园成员不仅在知识和技能上得到提升,也在价值观、文化意识和文化品格上与集体趋于一致,实现了精神、心灵和性格的高度塑造和升华。

(八)激励功能

职业教育文化还具有显著的激励功能。学校文化中的各种元素,如办学理念、价值观念、校风、学风、教风及校园人际关系等,不仅为校园生活提供了指导,也深刻影响着校园成员的思维和行为方式。这种文化环境激发每个人内在的动力,促使他们主动完善自我,追求卓越。特别是在职业教育中,这种激励作用可以较大地提高学生的学习动力和职业技能的掌握水平,帮助他们为未来职业生涯做好准备。

第二节 职业教育的物质文化

一、职业教育物质文化的内涵

职业教育的物质文化是其基础设施和其他有形资产的总和,这些资源不仅支撑教学活动的日常需求,也承载着学校的文化价值和教育理念。在职业教育中,物质文化的重要性特别突出,因为这种教育形式强调实践技能的培养和专业知识的应用。职业院校内的物质文化不仅体现在具体的教学硬件和设施上,包括但不限于校园建筑(如教室、图书馆、宿舍和食堂),以及专门的教学和实训设施(如实验室、工作坊、视听教室)等,还包括各种可见和可感知的文化景观(如校园设计、装饰艺术,以及与特定职业培训相关的设备和工具)。这些物理元素的设计和布置通常反映了学校的教育目标和办学理念,对学生的学习体验有着直接的影响。例如,现代化的实训设施不仅提供了必要的职业技能训练环境,也通过其高科技感和实用性强化了学生对所学专业的认同感和职业荣誉感。此外,校园中的公共空间和文体活动场所也是物质文化的一部分,它们为师生提供了互动和休闲的场所,有助于营造积极和谐的校园氛围。总之,职业教育的物质文化不仅是学校教育的物理基础,也是其文化身份和教育理念的有形表达。每一处设施和每一件设备都在无声地传达着职业教育的意义,对师生的教育体验和心理感受产生着深远的影响。

二、职业教育物质文化构建和设计的原则

在设计和构建职业教育物质文化时,应遵循几个基本原则,以确保职业教育校园环境和建筑既反映出时代特色,又承载文化遗产,同时提供一个有益于学术和社会活动的空间。具体来说应该遵循以下几个原则,如图5-2所示。

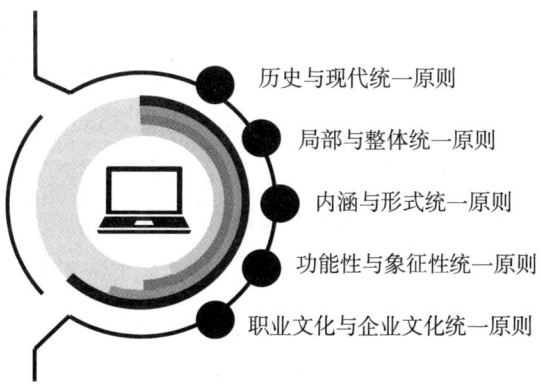

图5-2 职业教育物质文化构建和设计的原则

(一)历史与现代统一原则

设计职业教育物质文化时,必须平衡历史性与时代性,实现二者的有机结合。这意味着在尊重和保留学校的历史遗迹和传统文脉的同时,还应融入现代设计元素和技术,使职业教育校园既有历史的深度,又紧跟时代的发展,不失现代的活力。在具体操作上,设计者可以优先考虑对现有建筑进行内部改造。例如,引入多媒体教学场所、设施建设,更新教室功能,提升各种设备设施使用效率,同时保持其历史风貌,确保新旧元素之间的和谐共存。

(二)局部与整体统一原则

职业教育院校建筑的设计应注重与周边环境的和谐融合。这不仅涉及建筑物或者局部物质本身的空间组合、形态、线条、色彩和装饰的协调,还包括与周围的建筑群、自然景观的相互作用。设计时应采取措施确保校园建筑与自然和城市环境形成视觉和功能上的互补,如通过使用本地材料或者参照周围环境的色彩和质感,加强建筑的地域联系并提升建筑的美学价值。

(三)内涵与形式统一原则

在职业教育校园物质文化的设计中,形式与内容的统一同样重要。随着科技的发展,建筑材料和工艺的革新为校园建设带来了新的可能性,使得建筑能够更好地体现时代特征。然而,设计不应仅仅追求表面的华丽或者时尚,更应深入建筑的文化内涵和功能性。例如,一所学校的礼堂外观不仅要庄重典雅,而且在设计上应避免过分豪华,以符合教育机构的本质和精神。设计时应考虑如何通过建筑形式和材料的选择,传达学校的核心文化、核心价值观念和教育理念。

第五章 职业教育文化

(四) 功能性与象征性统一原则

在职业教育校园物质文化设计中，功能性与象征性的统一原则强调在校园环境中融入具有实际功能和深刻象征意义的元素，以增强教育环境的艺术氛围并传达学校的教育理念和特色。校园中的艺术景点，如雕塑、水榭、长廊、草坪和花园，是这一原则的典型体现。这些元素不仅美化校园环境，提供休闲与思考的空间，也承载着丰富的文化和教育意义。特别是校园雕塑，它们常常成为校园的视觉焦点和文化标志。

校园雕塑大致可以分为以下几类：一是具有纪念意义的人物塑像，这类雕塑通常用来纪念对学校历史有重大影响的人物，如清华校园内的闻一多像和朱自清像，以及南京工业职业技术学院的黄炎培像，它们激励学生继承和发扬这些先辈的精神和价值。二是代表学校特色的象形雕塑，这类雕塑通过具体的形状如齿轮，直观地表达了学校的学科特色和教育方向，使得外来者能一目了然地理解学校的核心领域。三是反映学校精神或教育理念的抽象雕塑，如青岛职业技术学院的鲁班和齿轮雕塑，以及浙江金融职业技术学院的大方鼎、算盘与计算机雕塑，这些作品通过抽象的艺术形式传达学校的创新精神和教育追求。

通过这种设计原则的实施，校园艺术不仅美化了教育环境，而且通过其功能性和象征性的统一，加深了学生对职业教育价值的认识和理解，从而在无形中塑造了学生的职业观和价值观。这些艺术元素的存在，使得校园文化更为丰富多彩，更能体现职业教育的深层次教育目标。

(五) 职业文化与企业文化统一原则

在职业教育院校物质文化的设计中，职业文化与企业文化的统一原则是至关重要的。这一原则指导学校在校园环境中创造出既体现职业教育特色又融合企业精神的物理空间和文化氛围。通过这种设计，学生能在日常学习和生活中不断接触并体验相关职业领域的实际工作环境。

首先，校园内的建筑和设施设计应重点反映职业教育的需求，如配备宽敞适用的实验室、实训车间和教学工厂。这些设施不仅支持专业技能的培训，还模拟了真实的工作环境，有助于学生更好地过渡到职业生涯。

其次，职业教育院校中的标志和装饰应体现企业文化，强化职业特色。例如，可以以企业名称命名教学楼宇、图书馆等，或者在校园中设置展示企业成就和历史的展览区。这些物质文化建设，可以增强学校的职业教育氛围，也使学生能够沉浸式浸润在职业教育的文化氛围中，持续接触并吸收相关职业以及企业的文化和价值观，这有利于学生树立正确的职业观念。

最后，课程内容和教学材料的选择也应与企业的实际需求和文化相结合，采用最前沿的专业书籍和行业报刊，确保教育内容的时效性和实用性。

通过这样的设计原则，职业院校不仅能够为学生提供一个富有职业特色的学习环境，还能有效地将企业文化融入学生的教育过程中，从而培养出具备高素质、高技能的应用型人才。这种职业文化与企业文化的有机统一，有助于学生明确职业目标，增强学习动力，树立正确的职业理念和职业道德。

第三节 职业教育的精神文化

一、职业教育精神文化的内涵

职业教育的精神文化主要体现在校训、校风、教风、学风和人文精神等方面，是学校文化中最核心的层面，涵盖了学校的历史传统、全体师生共同认同的思想观念、价值体系、文化产品和道德准则等，每个方面都是学校文化的直接表达，凝结着学校的教育理念和办学目标，引导师生的行为方式和思维模式，集中体现了学校的本质特征、个性和精神风貌，是学校精神和文化身份的直接反映。例如，校训通常简洁地概括了学校的核心价值和追求，是全体师生行动的指南。校风和教风则展现了教育机构的日常运行方式和教学态度，影响着教育质量和学生的学习体验。学风描述了学生的学习态度和行为习惯，直接关联到其个人成长和职业发展。

职业教育的这些精神文化的形成和发展是学校历史和发展阶段的积累结果，经过长期的沉淀和积累，成为指导学校教育、影响师生行为的重要力量。精神文化在职业教育中尤为重要，因为它不仅塑造了教育机构的内在品质和外在形象，还深刻影响了教育过程和教育成果。

职业教育的精神文化还包括科学精神和人文精神的培养，这些都是职业院校教育质量的重要组成部分。科学精神强调理性思考和创新能力，人文精神则强调道德修养和社会责任感，两者共同为学生的全面发展提供支持。通过这些精神文化的培育，职业教育能够不仅致力于传授专业知识和技能，还注重培养学生的综合素质，为其未来的职业生涯和社会生活打下坚实的基础。

二、职业教育精神文化的外在表现形式

（一）办学理念

办学理念是职业教育精神文化的重要组成部分，在内容上涵盖了学校的基本理念、教育目的、教师理念，以及治校理念等，这些部分共同构成了学校的教育框架和发展蓝图，为学校的所有活动提供方向和依据。这些理念深刻影响着学校的决策和行动，指导学校解答"为什么办学""办什么样的学""如何办学"这三个基本问题。这些问题的答案不仅定义了学校的性质和角色，也明确了学校的长期发展目标和战略方向，体现了学校的教育理念、教育目的、教师角色观念以及学校管理哲学，

确保了学校的教育具有明确的方向性和目的性，使学校能够在复杂多变的教育环境中保持自己的办学特色，使得学校区别于其他教育机构，从而保持清晰的发展轨迹和独特优势。

办学理念作为职业教育精神文化的表现形式之一，特别强调服务导向和就业为本的教育方针，强调坚持为地方经济建设和社会发展服务的理念。在具体实践中，这种理念要求并指导学校所有工作都必须围绕企业和学生的需求展开。教学活动从以教师为中心转变为以学生为中心，学校管理从以内部运作为中心转变为以服务为导向。此外，专业建设必须紧密结合行业发展和企业需求，不断引入新技术和新工艺，保证教育内容和技能训练符合行业前沿。

在人才培养模式上，职业院校的这种精神文化强调校企合作和工学结合，提倡基于典型工作任务的课程体系建设，这些模式都是为了提高学生的实际操作能力和职业适应性。例如，南京工业职业技术学院的办学理念"手脑并用、学做合一"就非常强调理论与实践的结合，青岛职业技术学院的"教学以致用"则突出了知识应用的重要性，而唐山工业职业技术学院的"融入发展、服务需求、创造和谐"则体现了学校在社会发展中的积极角色。这些办学理念的实施不仅形成了学校的教育特色，也极大地提升了学校在职业教育领域的竞争力和影响力，有效地促进了学生的全面发展和职业技能的提升。

（二）校训

校训作为职业教育精神文化的一个核心表现形式，是对学校办学原则和教育目标的高度概括，通过其简洁而深刻的总结凝聚了学校的办学哲学和核心价值，它承载着学校的教育理念和历史文化传统，不只是一句口号，而是学校精神的象征和集中表达，时刻影响着师生的行为准则和思维方式，指导着学校的所有教育活动和行政决策。通过校训，学校传达给学生和教师应遵循的行为标准和道德准则，从而塑造了学校的公共形象和社会认同。

作为精神文化的一部分，校训的功能远超过简单的教育和指导。它还具有激励和劝勉的作用，能够鼓舞在校师生追求卓越，坚持道德和学术标准，即使学生离开学校多年后，校训仍旧能在其心中发挥影响，成为其行为和决策的一部分。校训对师生的个人成长和职业发展具有持续而深远的影响。

此外，校训在向外界传达学校的教育品质和文化特色方面发挥着关键作用。它是学校面向社会的精神标志，通过校训，外界可以快速理解学校的核心理念和教育目标，这对学校的品牌建设和社会影响力扩大至关重要。

在设计校训时，院校应确保其反映学校的整体形象和办学理念，同时与时代和产业发展保持一致。校训应随着形势和环境的变化适时更新，以保持其相关性和激励性。这种动态的调整不仅反映了学校的灵活性和前瞻性，还能确保教育目标与社会需求的一致性。

（三）校歌

作为职业教育精神文化的一种表现形式，校歌不仅是一首简单的歌曲，它还是学校精神文化的核心象征，承载着学校的历史、精神和特色，是学校精神的音乐化表达，具有深厚的情感和强烈的号召力。校歌通过旋律和歌词，传达学校的核心价值和教育理念，激发师生对学校的归属感和自豪感。

校歌通常包含对学校历史的赞颂、对校园生活的描绘以及对未来展望的憧憬，通过其独特的歌词和旋律传递学校的传统和现代价值观，这些内容共同塑造了一种强烈的学校文化认同，同时激励着整个学校社区向着共同的目标努力。通过校歌，学校的办学精神得以在每一次集体活动中得到重申和强化，特别是在重要的校园活动如入学典礼、毕业典礼和其他庆典中，校歌的演唱往往能够激发师生的激情，培养团结协作精神。

全角度解析：职业教育理论与企业文化建设实践

此外，校歌的创作和传唱也是一种精神遗产的传递方式。它不仅是对过去的回顾，也是对未来的期待和承诺。学校通过校歌传递出的信息，不断鼓励学生和教职工追求卓越，勇于创新，坚持不懈地为个人发展和社会进步贡献力量。

在实际应用中，校歌因独特的文化和情感价值，成为职业教育精神文化中不可或缺的一部分。通过校歌的共同歌唱，学校社群能够感受到更紧密的社会联系和文化连续性，这对培养学生的团队精神和社会责任感尤为重要。

（四）校史

校史是职业教育精神文化中重要且基础的组成部分。作为学校成立、发展及成就的翔实记录，校史不仅是对过去事件的记述，还是学校精神和文化的具体体现，反映了学校的教育理念和历史传统。校史具有多重功能。

首先，它是连接过去与现在的桥梁，使得当前的学生和教职工能够了解学校的发展轨迹和历史沉淀，从而加深对学校文化的理解和认同。通过校史，学校的办学理念、教育目标以及历史上的重要决策和变革得以清晰呈现，帮助全校师生更好地把握学校的发展方向和教育宗旨。

其次，校史是一种有效的教育工具，具有显著的育人功能。通过对校史的学习，学生不仅能够获得知识，还能从中汲取精神营养，增强学习动力和归属感。校史中的故事和人物可以激发学生对学术的兴趣和职业热情，特别是那些描绘校友成就和贡献的篇章，能够激励学生模仿先辈的优秀品质和职业精神。

最后，校史的编纂和传播还有助于塑造学校的公共形象，加强学校与社会的联系。通过出版校史书籍、设置校史博物馆或在校园网站上展示校史，学校可以向外界展示教育成果和文化积淀，增强社会认可度并吸引潜在的学生和教职工。

第五章　职业教育文化

因此，校史不应仅仅被视为历史资料的堆砌，还应被当作一门重要的校本课程积极开发，用以培养学生的道德情操和职业能力。它是传承学校精神和文化、促进师生发展的重要资源。在校史的帮助下，学生可以更加深刻地理解学校的价值观和办学理念，同时学习到如何将这些理念应用于实际生活和职业实践中，为他们的未来奠定坚实的基础。

（五）校徽

校徽作为职业教育精神文化的重要符号，承载着学校的历史、核心理念以及精神追求。它不仅是学校身份的象征，也是学校价值和传统的视觉表达。校徽的设计往往经过精心的考虑，蕴含深厚的文化意义和教育寓意，通过图案和色彩的结合传递学校的核心理念和教育目标。

校徽通常由具有代表性的符号和图案组成，这些元素反映了学校的办学特色和文化精神。例如，一个校徽可能包含代表学科特色的符号，如书本、齿轮或原子模型，表明学校在特定学术领域的优势。颜色选择也不是随意的，每种颜色都可能代表学校的某种属性或理念，如蓝色通常象征智慧和稳重，绿色象征生机和成长。

校徽的设计和使用不仅在于学校的日常运营中，如文具、制服和标识等，还深入学校的对外交流和品牌建设中。通过校徽，学校能够在公共场合和国际交流中立刻被认出，增强了学校的识别度和影响力。此外，校徽也常被用作校友之间的联结符号，增强校友对母校的认同感和归属感。

因此，校徽不仅是学校的"徽章"，还是一种文化策略，通过精心设计的视觉元素向外界传达学校的教育理念、历史传承和未来愿景。通过校徽，学校的精神和价值得以在每一代学生和校友心中生根发芽，持续传承下去。

（六）校风

教风、学风、干部作风共同构成了校风。这种校风不仅是各种风格的简单叠加，还是它们在实现学校教育和社会目标中的有机结合和相互促进。良好的校风能够创建一个正面、健康、具有高度职业道德和学术追求的教育环境，对学生的职业发展和人格形成具有深远的影响。

1. 教风

教风是教师在教育教学中的总体表现，包括他们的职业道德、工作态度、专业知识水平、教学方法和技能等方面，综合描绘了教师的教学风格和特点。教风可以直接影响教育教学的质量和效果，从而直接关联学生的学习动机、成绩以及学校整体的教学质量。

在职业教育领域，教风的重要性尤为突出，因为这种教育形式强调实用性和职业技能的培养。然而，由于历史和社会因素，职业教育在一些地区可能面临社会认可度不高的问题，这一挑战也反映在师资队伍的构成上。部分教师在教学中过于依赖传统的教学模式和方法，不够重视培养学生的创新能力和自主学习能力。这不仅限制了学生的全面发展，也影响了教育质量的提升和学校在职业教育领域的竞争力。

为了改进教风，职业院校需要加强教师的专业发展和持续教育，特别是在教学方法和技能的更新上。引入更多基于项目的学习、案例研究、实际操作和团队合作的教学方法，可以更有效地激发学生的学习兴趣和提高他们的实际应用能力。同时，教师也应被鼓励采用反思性教学，不断评估和改进自己的教学策略，以适应快速变化的教育需求和行业标准。

2. 学风

学风是学生在学习和生活中展现出来的集体或个体行为模式，反映了他们的学习动机、兴趣、学习方式、态度以及价值观念。它是职业教育精神文化的重要表现形式之一，对学生的职业发展和个人成长具有深远影响。

第五章　职业教育文化

学风的形成和发展是一个长期而系统的过程，涵盖了学生的日常学习行为和习惯。一个积极向上的学风不但能激发学生的学习兴趣和提高学习效率，而且能培养学生的自主学习能力和批判性思维，这些都是现代职业教育极为重要的素质。

在职业院校中，学风的培养通常需要教师的引导和校园文化的支持。教师不仅在传授知识和技能方面发挥作用，还要通过自身的行为和态度模式，影响学生的行为习惯和思维方式。一个健康的学风通常要求学生具备勤奋学习、严谨求实、创新思维等特质。

学风的正向发展对职业院校的教育质量和学校声誉具有直接的正面影响。学生在一个良好的学习环境中，不仅能够更有效地掌握专业知识和技能，还能在心理和情感上得到健康的发展。此外，良好的学风也有助于形成校园的积极氛围，促进学生之间的相互尊重和协作，这对培养学生的团队协作能力和社会适应能力非常关键。

为了培养和维护良好的学风，职业院校应重视学风建设，将其作为学校发展战略的一部分。通过举办各种学术活动、研讨会和技能竞赛，学校可以不断地激发学生的学习热情和创造力。同时，学校应通过规章制度来规范学生的行为，确保学风的健康发展。

3. 干部作风

干部作风也是校风的关键组成部分，它代表了学校管理层的职业道德、政治素质、政策执行水平及管理能力。作为校风的一部分，干部作风在整个学校文化体系中起着至关重要的领导和示范作用。

首先，干部作风的形成和展示是通过管理层的日常工作和决策过程实现的。管理活动，作为一种社会实践，要求管理者在认识和把握客观规律的基础上，通过决策、计划、组织、执行和控制等一系列环节，将其转化为管理对象的行动。在职业教育环境中，这意味着管理者的每一项决策和行为都应当与教育的目标和原则相一致，以确保教育质量的提升和学校的长远发展。

其次，干部作风对学校的教风和学风有着直接和间接的影响。一个正直、公正、有远见的领导团队能够通过其决策和行为标准，直接塑造教职工的教学风格和态度，间接影响学生的学习方式和行为习惯。这种从上至下的影响力确保了学校文化的一致性和目标的统一，从而促进了一个积极向上、专注于学术和职业发展的校园环境的形成。

三、职业教育精神文化的功能

职业教育的精神文化是教育质量和学校影响力的重要支柱。它通过塑造学生的个性和价值观，凝聚学校社群，以及激发学习和教学的动力，显著提升了教育的效果和学校的整体竞争力。这些功能共同作用，确保了学校能够在追求教育卓越的道路上稳步前行。

（一）激励功能

健康向上的职业教育精神文化不仅能够激发学生和教师的内在动力，还能帮助他们树立积极的人生观和价值观。例如，一所学校的校训可能强调"创新与实践"，这样的精神文化激励学生和教师在面对学术和职业挑战时，始终保持探索和实践的热情。通过这种文化的激励，学校不仅能够培养出符合社会需求的高素质专业人才，还能在学生心中种下不断进步和追求卓越的种子。

（二）熏陶功能

职业教育的精神文化为学生提供了一种独特的精神环境和文化氛围，这种氛围通过潜移默化的影响，有助于学生的全面发展。在这种文化的熏陶下，学生不仅获得必要的专业知识和技能，还通过对学校精神文化的理解和内化，得到人格和思想的深度塑造。这种教育方式强调文化价值的传承，促使学生在学习过程中吸收和反思，从而丰富他们的人生经验和提升道德层面的认识。

第五章 职业教育文化

（三）凝聚功能

职业教育中的精神文化具有强大的社群凝聚力。通过共同的校训、教风和学风，学校成员能够形成强烈的集体认同感。这种认同感使得师生在面对学校的发展目标和行为规范时，产生自然的归属感和责任感。精神文化的这一凝聚作用也促使学校成员在日常行为和决策中，更加自觉地遵循学校的价值观和道德标准，形成一种正面的、互相激励和支持的学习、工作环境。

四、职业教育精神文化建设的建议

（一）加大职业教育中德育课程的比重

职业教育的核心之一是培养学生的职业道德和责任感。为了实现这一目标，学校应开发和实施一套系统化的职业道德教育课程。这种课程不应仅包括理论讲授，还应包括情境模拟、案例分析、角色扮演等互动和实践元素，使学生能够在模拟的职业环境中学习如何面对道德困境和职业挑战。此外，职业道德的教育也应融入所有专业课程，确保学生在掌握专业技能的同时，理解和尊重其职业角色中的道德责任。通过这种全方位的道德教育，学生可以更好地准备进入复杂的工作环境，以遵守道德规范的方式行事，促进个人和社会的良性发展。

（二）加强校园文化建设

校园文化是职业教育精神文化资源的重要组成部分。学校应通过一系列有计划的文化活动和政策来加强校园文化建设，如举办定期的职业技能比赛、行业导师讲座、职业道德宣讲等。这些活动不仅能增强学生对专业的热爱和职业技能的掌握，还能通过展示行业前沿动态和优秀行业代表的经验，激发学生的职业激情和创新思维。此外，校园内的文化设施如图书馆、实验室和艺术中心等，也应得到充分利用和提升，成为学生学习和交流的核心区域，帮助学生在技术和人文知识上得到均衡发展。

（三）强化校企合作

为了确保职业教育的精神文化资源与行业实际需求相结合，校企合作显得尤为关键。学校应通过与企业的密切合作，开发实践性强、符合行业标准的教学课程和实习机会。企业不仅可以为学校提供最新的行业知识和技术支持，还可以参与课程设计和教学过程，使教育内容更贴近实际工作需求。此外，企业还可以为学生提供实习和就业机会，帮助学生更好地理解职业角色和行业环境，提早适应职业生活，从而架起学校教育与实际工作之间的桥梁。

通过这些建议的实施，职业教育的精神文化资源将得到充分发展和利用，不仅能够提高教育质量，还能更好地满足社会和行业的需求，为学生的全面发展和未来职业成功奠定坚实的基础。

第四节　职业教育的活动文化

一、职业教育活动文化的内涵

职业教育活动文化是职业教育文化资源中的一个核心组成部分，深刻影响着教育的过程和质量。具体来说，活动文化指的是在职业教育环境中师生共同参与的各类活动所承载和体现的文化价值。

职业教育活动文化不仅是简单的教育教学活动的参与和完成，也涵盖了其他非教育教学活动的设计、举办、实施，如技能大赛、职业实践、社团活动等，这些活动不仅提供了技能训练的平台，也是检验职业技能、传递职业精神和工匠精神的重要途径。所有这些形式的活动及体现的教育理念和价值观，就是职业教育活动文化的总和与内涵。

二、职业教育活动文化的形式

在职业教育的框架中,活动文化不仅包括教育教学活动,还包括一系列精心设计的课外活动,这也是职业教育的重要组成部分。这些活动旨在补充和加强主题教育,是培养学习者专业技能、增强人文素养、提升创新能力和职业竞争力的重要手段,不仅丰富了学习者的校园生活,也展现了职业教育的独特文化特色。以下是职业教育活动文化常见的几大类别。

第一,技能竞赛类活动是职业院校最为重视的一类课外活动,这类活动直接与学生的专业技能培养息息相关。例如,数控技能大赛、网页设计大赛、平面设计大赛及动漫设计大赛等,都是以提高学生专业技能为核心的,通过模拟实际工作中的技术挑战,激发学生的学习兴趣和创新思维。这些竞赛通常是跨校的,能够让学生在更广阔的平台上展示自己的技术实力,与来自其他院校的学生进行交流和竞争。

第二,文艺体育类活动包括体育文化节、文化艺术节、大学生电影节、礼仪大赛及书法绘画大赛等。这些活动旨在培养学生的审美和文化素养,提高其团队协作和组织能力。文艺晚会和舞会等活动则为学生提供了展示自身艺术才能的平台,同时增进了师生间的了解、交流与互动。

第三,人文素质类活动如演讲赛、辩论赛、歌咏比赛、知识竞赛及诗歌朗诵会等,重在提升学生的思辨能力和文化素养,不仅锻炼了学生的口头表达能力和逻辑思维能力,还激发了他们对人文知识的探求和热爱。人文大讲堂和思想沙龙则提供了一个学术交流的平台,通过邀请专家学者举办讲座,丰富学生的学术视野。

第四,文明创建类活动是职业院校培养学生文明意识、责任感和集体荣誉感的重要途径。通过文明和谐校园创建、和谐班级、文明宿舍及优秀团队创建活动,学校能够有效地提升学生的社会责任感并培养其团队协作精神,为其将来融入社会打下坚实的基础。

全角度解析：职业教育理论与企业文化建设实践

第五，职业生涯规划类活动专注于学生未来发展。职业生涯规划设计大赛、创业设计大赛及创新设计大赛等，不仅为学生提供了实际应用所学知识解决问题的机会，还鼓励他们思考未来的职业道路，提前做好职业规划。

总的来说，这些多样化的课外活动构成了职业院校独特的教育教学活动形式，不仅展现了职业教育的实践特色，还促进了学生技能、人文素质和创新能力的全面发展。

三、职业教育活动文化建设的建议

（一）注重活动质量而非数量

在职业教育文化活动的选择中，不应盲目追求活动的多样性和数量，增加职业教育的负担，相反应该遵循"少而精"的原则，专注于策划和实施与职业教育发展目标及学习者职业能力培养紧密相关的活动。

首先，职业院校应基于其对学习者职业技能和知识提升的直接影响，评估每项活动的潜在教育价值，确定其是否能够有效地补充课程内容，加强学习者的实际操作能力，或是提供必要的行业经验。例如，与本地企业合作举办的实习和实训项目，可以使学习者在真实的工作环境中学习和应用专业知识，这种类型的活动与职业技能的提升有关，因此应被视为优先级较高的活动。

其次，活动的质量也取决于其设计和执行的严谨性。高质量的活动需要有清晰的目标和预期成果，以及详细的实施计划。活动的策划者应考虑到参与学习者的具体需求和背景，设计出符合这些需求的活动内容和形式。此外，有效的评估机制也是保证活动质量的关键，通过对活动的前期评估、过程质量监控以及结果评估，确保活动达到预期的教育效果。这种对质量的重视比简单的数量积累更能带来长远的教育效益和社会价值。

第五章　职业教育文化

最后，选择与学校发展战略一致的活动也极为重要。职业院校应将支持学校长期发展目标的活动作为优先选择。这可能包括那些能够提升学校品牌影响力、提高学习者满意度，或是提升教育质量的活动。通过这种方式，活动不仅服务于学习者的学习和成长，也助力于学校整体的战略发展。

（二）突出职业教育的特色

职业院校在策划和实施校园文化活动时，活动的选择与设计应围绕和强调其职业教育的特色，围绕各专业的核心技能和实践需求，致力突出特色，不仅要能增强学习者的专业技能，还要通过这些活动的多维度影响，促进学习者的职业素养和道德观念的形成。这样的活动不仅丰富了学习者的生活，激发学习者的学习热情和职业兴趣，增强他们的专业技能，更会为他们的职业发展奠定坚实的基础。

具体而言，第一，校园文化活动应通过创新的形式和内容，充分展现职业院校的专业特色。这意味着每一项活动都应与学习者所学专业直接相关，如通过举办与专业对口的技能竞赛或实践项目，让学习者在参与中能够实际操作并运用其专业知识，从而在实践中学习和提高。

第二，这些文化活动不仅要提供技能训练的机会，还能够促进人文素质全面发展，包括陶冶情操、完善品格以及培养职业道德。通过这种方式，职业院校能够在培养学习者专业技能的同时，注重其精神文化和道德素质的提升。

第三，职业院校还应利用这些活动强化与行业的联系，如邀请企业参与或赞助活动，为学习者提供与真实职场接轨的机会。这不仅有助于学习者更好地理解职业生涯中的实际需求和挑战，也能够让学习者感受到浓厚的职业氛围。

（三）分清主次，明确活动文化建设的主体与辅助

职业教育院校在策划和实施校园文化活动时，应当明确区分活动的主次，界定主体活动与辅助活动。主体活动是指那些直接与教育教学核心任务相关联的活动，如专业技能训练等，而辅助活动则是为了丰富学习者的校园生活、提升其社会能力和文化素质而进行的活动。

首先，职业院校应将教育教学活动作为文化活动构建的核心。这包括系统的专业课程教学以及与之相关的实践活动，如企业实习、社会调查等。这类活动能让学习者在实际的工作环境中应用其学习的理论知识，更好地掌握专业技能，也有助于学习者了解和适应未来职场的需求和挑战。

其次，职业教育机构还应重视学习者的社会实践活动。定期组织学习者走出校园，深入工厂、农村、社区等，开展各种形式的社会实践，不仅可以增强学习者的社会责任感，还能让他们在服务社会的过程中学习到如何与人沟通、如何解决实际问题。这些经验是课堂教学难以提供的，对学习者的全面发展极为重要。

最后，辅助活动如校园文化节、体育赛事、艺术表演等，虽然与专业技能训练关联度不高，但它们在塑造校园文化、提高学习者的综合素质、丰富学习者的精神生活等方面发挥着不可忽视的作用。这些活动能够有效提升学习者的团队协作能力、竞争意识和创新思维，也为学习者提供了展示自我、增强自信的舞台。

总之，职业院校在文化活动的建设中，应当通过明确主次，合理配置资源，强化与专业教育的结合，同时兼顾学习者个人兴趣和特长的发展，实现教育教学活动与社会实践活动的有机结合，提升学习者的专业能力，推动学习者全面发展，培养并促进其成为社会需要的复合型人才。

第五节　职业教育的制度文化

一、职业教育制度文化的内涵

制度文化在职业教育中通过体制、机制、政策、规章等形成制度环境，包括上级法规文件和学校自行形成的规章制度，体现职业院校成员的价值取向并引导其行为。它是学校管理和运作的基础，这些制度不仅规定了学校的运作方式，还反映了学校的价值观和教育理念。高质量的制度文化不单是一套外在的规则体系，更是一种文化力量，能够淡化约束性，强化激励性，使师生认识到自己是这一体系的受益者。在这种文化的影响下，规章制度被视为达成共同教育目标的工具，而非单纯的约束。

制度文化确保了学校能够按照既定的教育目标和管理原则高效运行。文化本身具有约束力，而这种约束是实现自由和秩序的必要工具。在职业教育环境中，制度文化通过明确规定行为准则和操作标准，不仅维护了学校的教学和生活秩序，也促进了学校的持续发展和质量提升。规范的制度文化可以预防和解决学校运营中可能出现的问题，提高管理效率，增强学校整体的凝聚力和向心力。

二、职业教育制度文化的表现形式

（一）学校领导制度

学校领导制度是职业教育中一种关键的制度文化表现形式，它架构了学校的组织管理框架，并且深刻影响着学校的运作效率和教育质量。这种体制不仅是管理层面的安排，更是确保教育任务得以有效完成的基础结构。它维系了学校成员之间的协作关系，并组织开展各类教育和教学活动。

在我国，职业教育体系中的领导制度根据教育层次有所不同。高职院校通常采用与高等学校相似的体制，实行党委领导下的院长负责制。这种模式强调党委的核心领导作用与院长的执行职能，确保学校方针政策和日常管理的双轨运行。而中职学校则多采用校长负责制，强调校长在学校管理中的中心地位，校长直接领导学校的全部行政工作。这种模式更注重行政管理的效率和决策的迅速。

历史上，我国高等职业学校的领导制度经历了多次变革，从校长负责制到学校党委领导下的校务委员会制，再到以校长为首的校务委员会负责制，每一次变化都反映出教育管理思想的发展和对效率与公正的不断追求。随着时间的推移和教育环境的变化，职业院校的领导制度也需不断调整以适应新的教育目标和社会需求。

当前，随着职业院校师资队伍的加强，探索"专家治校、教授治学"的领导制度变得尤为重要。此模式主张在领导制度中引入更多的专业知识和教育经验，赋予教师更多的决策权和管理职责。这不但可以提升教育的专业性和创新性，而且有助于激发教师的积极性和创造性，从而构建一个人尽其才、各展其能的制度环境。

通过这些领导制度的调整和改革，职业院校可以更有效地响应教育改革的要求，提高教育质量，并为学生创造更优质的学习环境。同时，这种制度文化的不断完善是职业教育持续发展和适应社会变革的关键因素。

（二）学校章程

学校章程是职业教育制度文化的重要组成部分，为学校的运营和管理提供了基本的法律框架和指导原则，不仅定义了学校的基本性质和管理结构，还明确了办学的宗旨、规模、教育形式及专业设置等关键事项，确保学校的各项活动和决策能够沿着既定的目标和原则前进。

学校章程的结构通常包括若干关键部分：总则、校名与校址、办学

第五章　职业教育文化

宗旨、办学规模及教育形式、学科门类及专业设置、管理体制、经费来源、财产和财务制度以及附则。这些部分共同构成了学校的基础运作和管理蓝图，涵盖了学校运作的各个方面。其中，总则描述了章程的基本原则和学校的基本任务，是理解整个章程的关键。校名与校址提供了学校的正式名称和地理位置，这是学校法人身份的基本标识。办学宗旨明确了学校的教育目标和社会责任，是学校办学活动的灵魂。办学规模及教育形式规定了学校的教育规模和采用的教育模式，如全日制或非全日制等。学科门类及专业设置直接关系到学校的教学内容和专业发展方向。管理体制描述了学校的管理架构和决策机构，包括学校的高级管理团队和各部门的职责分配。经费来源、财产和财务制度涉及学校的财务管理和资产使用，保证学校的财务健康和透明。附则通常包含对章程修改的规则和其他必要的补充说明。

学校章程不仅是学校管理的基础，也是维护师生和其他校园成员权益的关键文件。它为学校的日常运作提供了法规依据，确保所有行政和教学活动都在一个公正、透明的框架下进行。此外，清晰的章程还有助于解决学校内部的权利与义务问题，特别是在具有二级法人单位的职业院校中，明确一级与二级法人之间的权利义务关系，这对大型教育集团或多校区运营的职业院校尤为重要。

（三）教学管理制度

教学管理制度是职业院校确保教学质量和实现教育目标的基石。它涉及从人才培养方案的设计到教学资源的配置、教学过程的执行，以及教学成效的评估等多个方面。通过制定和执行科学的教学管理制度，学校能够有效地监控和提升教学活动的质量，确保教育的效果与办学目标的一致性。

教师是教学活动的执行者，其专业能力和教学质量直接影响教育成果。因此，建立一套科学的教师资格标准与教学能力评测制度至关重要。

该制度应包括对教师学历、专业知识、教学经验和实践能力的全面评估。定期的能力评估和专业培训，可以确保教师队伍能够适应教育改革的需求，不断提升教学质量。此外，制度还应鼓励教师进行持续学习，以适应快速变化的教育环境。

职业教育特别强调实践技能的培养，因此，制定和完善实践教学质量监控制度也尤为重要。该制度应涵盖实训设施的配备、实习项目的设计、实训过程的监督以及实习成果的评估等方面。有效的监控制度不仅可以保障学生在实训过程中的安全和教学质量，还可以通过反馈机制优化教学内容和方法，提高实践教学的效果。

为适应人才培养模式的改革和满足创新型国家的建设需求，职业院校亟须改革现有的教学评价体系，建立一套符合现代标准的教学评价制度。教学评价制度应从评价理念到评价方法全面改革，引入多元化的评价主体和标准，同时建立公正、合理的评价程序。此外，设置创新激励机制，鼓励教师在教学和科研中进行创新尝试，可以极大地提高教师的积极性和教学成果的创新性。

(四) 学生服务与管理制度

学生服务与管理制度也是职业教育制度文化的有机组成部分，它涵盖从职业选择指导到日常生活和学习管理的全方位支持，对学生的职业成长和学校的教学质量都有深远的影响。这些制度不仅关乎学校的稳定与可持续发展，也是确保学生能够顺利完成学业并成功过渡到职业生涯的关键。

在学生入学前，学校应通过多种渠道如互联网、电话咨询和招生简章等，提供详尽的专业介绍和未来就业方向的信息。这种制度化的职业指导、职业规划指导制度帮助学生根据自己的兴趣和职业市场的需求，做出明智的专业选择，从而在学习期间有明确的目标和持续的动力。此外，学校还应定期组织职业规划研讨和个别咨询，帮助学生根据自身发展和市场变化调整职业规划。

第五章 职业教育文化

职业院校应建立完善的学习与生活指导体系,辅导员在这一体系中起着至关重要的作用,主要制度包括学习与心理辅导制度等。辅导员不仅负责日常的行政管理如出勤、纪律监督和物资分发,还提供心理健康支持和学业指导。通过定期的心理辅导和学业辅导,辅导员可以帮助学生应对学习压力、人际关系和职业发展中的困难,促进学生的健康成长和专业能力提升。

为了促进学生的全面发展和社交能力提升,学校应加强对学生社团和各类活动的管理与支持。通过组织多样化的社团活动和工作坊,学生可以在实践中学习团队协作、公共演讲和项目管理等职业必需的技能。学校应制定明确的社团管理规章,确保活动的质量与安全,并通过活动的组织和参与,培养学生的创新精神和职业素养。

学校还需要制定一套综合的行为和学籍管理制度,涵盖学生的日常行为规范、学籍管理、奖助学金发放、技能竞赛奖励、学生干部选拔等方面。这些规定不仅帮助维护校园的正常秩序,还激励学生在学习和个人发展上追求卓越。通过公正、透明的管理和奖励制度,学校可以促进一个积极向上的学习环境的形成,支持学生在学术和职业道路上取得成功。

(五)人事制度

职业院校的人事制度是一套涵盖教职员工引进、使用、培养、调配、考核、奖惩、晋升、分配以及淘汰等全方位的管理体系。这种制度是学校人力资源开发和利用的关键保障,对职业教育的改革与发展起着至关重要的作用。

人事制度通过规范化的流程确保学校能够吸引并保留有才能的教师和工作人员,同时通过透明的评价和激励机制,提升教职工的工作效率和教学质量。这些制度不仅为教职员工的职业发展提供路径,也为学校的稳定运营和持续发展提供支撑。

在职业教育的改革与发展中,人事制度的重要性不断凸显。随着教

育需求的变化，制度也需要进行相应的调整和优化，以适应新的教育教学改革。例如，随着课程改革的需要，高素质教师的引进就要求人事制度必须具有足够的灵活性和适应性。

在我国的教育管理体系中，人事制度的改革成为实现教育目标和提高教育质量的重要课题。学校需要在教育主管部门的政策框架内，寻求制度的优化和创新，以更好地适应教育改革的需求。通过不断优化人事制度，职业院校可以更有效地管理和激励教职员工，为学校的长期发展提供坚实的人力资源支持。这种制度不仅有助于提高教学质量，还能提高学校在职业教育领域的竞争力和影响力。

（六）后勤管理制度

后勤管理制度是整个职业教育制度的保障，能确保教学和学校日常运作顺畅，也能提高校园生活质量和教育效率。这一制度涵盖了资源的采购、建设、合理分配、使用等多方面。

后勤管理制度通常包括学校的物资供应、设施维护、环境卫生、安全监控等多个方面。这些制度的有效实施是保障教学活动能在有序环境中进行的前提。具体而言，后勤管理制度包含以下几个方面。

（1）食堂管理：确保食堂提供安全、营养、卫生的餐饮服务，满足学生和教职工的日常需求。

（2）医务室管理：提供基本的医疗服务和急救措施，维护校园成员的健康。

（3）校园环境与卫生：保持校园环境整洁有序，创造一个良好的学习和工作氛围。

（4）教室及设施管理：确保教室和相关教学设施的功能性和舒适性，支持高效的教学活动。

（5）安全管理：保证门卫的管理和监控系统的运作，保障校园的安全与秩序。

第五章 职业教育文化

（6）能源管理：合理调配和监控用水用电，确保资源的有效使用，同时减少浪费。

（7）教学设备管理：保证所有教学设备的良好运作，及时维修与更新。

（8）交通与车辆管理：合理调度学校车辆，满足校园内外的交通需求。

（9）物资采购与库存管理：规范采购流程，确保物资供应的及时性和经济性。

（10）日常维护：制定维修工作的标准操作流程，快速响应日常维护需求。

目前我国职业教育院校的后勤管理多为委托或者合作形式，即后勤社会化，将部分后勤服务外包给专业公司，这不仅可以提高服务质量，还能优化资源配置，减轻学校管理负担。这一模式是市场经济发展的产物，符合职业教育改革的方向。通过引入市场竞争机制，学校可以获得更高效、更经济、更专业的后勤服务，从而让教育教学资源更集中于提升教育质量本身。后勤社会化虽然提供了多方面的优势，但在实际操作中还面临诸多挑战，如质量控制、成本管理和服务标准化等问题。因此，学校需要在实施过程中不断探索和完善相关制度，确保所有服务都能达到教育机构的标准和期望，同时要考虑到学生和教职工的实际需求和满意度，为师生创造一个安全、高效、舒适的学习和工作环境，促进教育目标的实现和学校整体发展。

三、职业教育制度文化的功能

职业教育制度文化对确保教育质量和校园秩序具有重要影响，总体来看，其功能可以归纳为以下三项。

（一）引导功能

制度文化的引导功能主要表现在它为学校的所有活动设定方向和目标。在职业教育中，这一功能尤为重要，因为它帮助学生和教职工明确教育和职业发展的路径。例如，教育机构可以通过明确的教学大纲、职业道德规范和学术诚信政策来引导学生按照期望行事。此外，引导功能还体现在帮助教职工理解其职责和学校对其期望的职业行为。通过制定明确的教育目标和期望，制度文化确保所有人都朝着共同的目标努力，从而推动学校整体向着设定的教育质量标准和办学理念发展。

（二）规范功能

制度文化的规范功能体现在它为校园内的行为和决策提供了一套标准和规则。这些规范帮助职业院校建立一个有序和高效的教学环境，其中包括教学活动、行政管理、学生评估和师资发展等方面。规范不仅确保了各个部门和个体在执行日常任务时的一致性，也保证了决策的透明度和公正性。例如，通过实施细致的招聘标准和晋升路径，学校能够确保教职工的选拔和晋升过程公平合理，这对维护教职工的积极性和忠诚度至关重要。规范功能还包括确保学校资源的公平分配，如奖学金的发放和学术资源的使用，从而促进学校环境的整体效率提高。

（三）约束功能

制度文化的约束功能是通过设定明确的界限和后果来限制不当行为，确保所有校园成员的行为符合学校的规章制度。这一功能对防止和解决学校内部的纪律问题和不道德行为至关重要。例如，通过实施严格的学术诚信政策和纪律处分规定，学校能够有效遏制作弊和剽窃等行为，保护教育公正和学术严谨的传统。此外，约束功能还涉及对学生和教职工行为的监督，确保他们在校园内外都能维持适当和专业的行为标准。通过明确的后果和纪律程序，制度文化有助于建立一个安全、相互尊重的学习和工作环境。

职业教育的制度文化资源通过这三项功能，不仅塑造了学校的教育环境，还对学生的学习成效和教职工的职业发展产生了深远的影响。这些功能确保了职业院校能够在追求教育卓越的过程中维持高标准的教育质量。

四、职业教育制度文化建设的建议

为了充分发挥制度文化的功能，职业院校需要不断完善制度建设，加强组织机构和队伍建设。制度的建立需要与时俱进，反映教育的最新需求和社会的发展趋势。同时，学校应确保每项制度都能得到有效实施，这需要建立健全的组织机构和培养高素质的管理团队。通过这种全要素共同努力的建设策略，制度文化不仅为教育者和学习者的行为提供规范，还为推动职业教育机构向既定目标迈进提供动力源泉。

（一）建立科学评价体系，进行制度文化的动态更新

为确保职业教育的各项制度得到有效实施，职业院校需要建立一套严密的监督和评价机制。这包括定期的制度执行审核、效果评估以及对执行过程中发现的问题及时纠正。监督机制应涵盖制度执行的全过程和所有层面，从学生服务到教学管理、从财务审计到资源分配。同时，可以考虑引入第三方评估或社会参与的评价机制，增加制度执行的透明度和公信力。通过这种方式，职业教育机构不仅可以确保制度按预期的既定目标发挥效力，还能在执行制度过程中继续优化和调整制度，更好地服务于学校的长远发展和教育目标的实现。

此外，职业院校的制度建设应具备高度的适应性，以便快速响应教育需求的变化和社会发展的新趋势。制度不应是一成不变的，而是需要一个定期评审和更新的机制，确保所有的教育政策和管理策略都能反映当前的

全角度解析：职业教育理论与企业文化建设实践

教育理念和市场需求。例如，随着技术的发展和新职业的出现，教育课程和教学方法需要不断调整和更新，相应的教学和评估制度也应随之更新。学校可以设立一个专门的制度评审委员会，定期收集反馈信息、评估现有制度的效果，并根据评估结果进行调整和优化。这不仅增强了制度的相关性和有效性，还促进了学校整体的教育质量和竞争力的提升。

（二）进行组织结构优化，打造高效制度管理团队

制度的有效执行依赖健全的组织结构和能力强的管理团队。职业院校应优化组织结构，确保每个部门的职能和责任明确，同时，加强对管理人员和教师的专业培训，提升他们的管理能力和教学质量。此外，人力资源政策应支持开放性的招聘和多样性的人才引进，以引入新思想和新技能，增强教育团队的创新能力和适应性。对教职员工的培训不应仅包括教学技能的提升，还应包括领导力提高、冲突解决、效率提升等方面的培训，从而构建一个高效、动态且响应灵敏的教育团队。

（三）强化与企业的合作制度，增强制度文化的职业导向性

职业教育的核心在于培养学生的实际工作能力，与行业和企业的紧密合作是实现这一目标的关键。制度化的校企合作机制应当成为职业教育制度文化的一部分。职业教育相关院校和机构可以通过与企业建立长期稳定的合作关系，开发共同的教育项目，这种合作制度能够使教育内容和企业实际需求紧密对接。通过企业参与课程设计，学校能够及时调整和更新教学内容，使之符合当前行业技术发展和市场需求的变化，从而增强教育的针对性和前瞻性。例如，企业可以提供最新的技术训练、项目案例分析，甚至直接参与教学过程，这不仅提升了学习的实践性，也激发了学生的学习兴趣和职业认同感。

此外，加强与企业的合作制度，实施工学交替模式和实习等可以使学生在真实的工作环境中学习和应用知识，增加教育的针对性和实用性。

这种合作不仅能够提升学生的就业率,还能促进学校教育质量的持续改进和创新。

这种合作机制应被视为职业教育制度文化的核心组成部分,通过制度化的操作,确保其效果的最大化。

(四)发展终身教育和继续教育制度文化

随着经济和技术的快速发展,终身学习已成为职业发展的必要条件。职业院校应建立完善的终身教育和继续教育制度,支持在职人员的持续学习和技能升级。这可以通过提供晚间课程、在线学习平台、短期培训班和认证课程等多种形式来实现。这种制度不仅帮助在职人员适应职业生涯中的变化,也为学校创造了额外的收入来源。

职业教育还要通过制度文化传递并增强学习者终身学习的意识,这主要通过各种制度,创建一种终身学习的文化氛围,这种文化氛围要在学校的政策和日常运作中得到体现和强化。例如,学校可以通过使命、声明、愿景和教育目标明确表示对终身学习的承诺,并将这种承诺融入学校的所有层面,从课程设计到教师发展,再到学生服务,确保每个部分都支持和鼓励学习者的终身学习。学校还可以在评价体系和毕业要求中强调终身学习的重要性。例如,评价体系可以设计成鼓励学生探索新知识领域、发展自主学习能力的方式。通过这样的制度设置,学校能够创设一种文化导向和氛围,让学生被激励去自我驱动地探索学习,并理解终身学习的重要性,从而树立终身学习的价值观。

(五)增强制度文化建设的民主性,鼓励学习者参与和自治

在职业教育中,将学习者纳入制度文化建设的主体是至关重要的。这种做法不仅加强了职业教育的民主性,还直接影响学习者的学习体验和个人发展。通过鼓励学习者参与到职业教育的制度建设中,职业教育

院校和机构能够更好地适应学习者的需求，同时培养学习者的责任感、批判性思维和领导能力。

具体而言，首先，学习者的参与能够确保教育政策、职业教育院校和机构的制度更加公正并且透明。当学习者被允许表达自己的意见并参与决策过程时，他们能够对职业教育院校和机构的各项政策提供直接的反馈信息，帮助教育管理者识别并解决制度中可能忽视的问题。例如，在制定课程安排、评估标准或职业教育院校和机构规则时，学习者的意见可以提供宝贵的视角，确保这些决策更贴近学习者的实际需求和期望。

其次，学习者在制度建设中的参与有助于加强其对社会和职业责任的认识。这种参与不限于职业教育院校和机构内部的事务，也可以扩展到校外的职业实践和社区服务中。通过这种方式，学习者能够了解和履行社会责任，为将来进入更广阔的社会和职场环境做好准备，也能增强学习者对职业教育院校和机构社区的归属感和满意度。

第六章　职业教育与企业文化的对接

第一节　职前：校企文化结合的融合育人

一、校企文化融合育人的内涵

校园文化主要由学校的传统、学风、校风及管理制度等构成,强调博学、创新和个人发展,精神文化是校园文化的核心。企业文化则侧重规范、效率、竞争、成果导向和团队合作,这是因为企业在激烈的市场竞争中必须依赖员工的紧密协作和高度自律来生存和发展,因此,制度文化是企业文化的核心。两种文化分别属于社会文化中不同的类型。"校企文化融合是校园文化和企业文化这两种不同形态、不同特质的文化之间相互吸收、相互渗透、相互结合,最终融为一体的过程。"[①]

---

① 周春光、周蒋浒:《高职教育校企文化融合探析》,载《职教论坛》,2019年,第10期。

全角度解析：职业教育理论与企业文化建设实践

二、校企文化融合育人的必要性与价值

（一）从学生角度来看：便于学生从校园到职场的过渡

学校文化与企业文化在本质上的差异，常常使得学生从学校到职场的过渡面临挑战，特别是在自律性、职业技能和团队协作方面，学生经常难以快速适应。

校企文化的融合育人，旨在通过教育机构与企业的紧密合作，把企业的实际文化育人需求和职场文化引入教学过程中。这种融合使得学校教育不再仅仅停留在理论知识与实践技能的传授上，而是更多地涉及企业文化的学习和熏陶，帮助学生提前明确职业定位，了解不同行业和职位的具体要求。这种清晰的职业方向感是学生自我提升的重要驱动力，使他们在学习期间就能有针对性地增强必要的技能，感受企业文化的氛围，汲取职业精神，缩短毕业后的职业适应期，顺利实现从"学生"到"企业员工"的角色转变，从而提高就业率并加快职业发展速度。整体来看，校企文化的融合不仅有助于解决学生从学校到职场的过渡难题，还能根据企业文化的具体需求优化教育内容和方法，使教育更具市场针对性和实用性。这种教育模式的推广，能极大地促进教育资源与市场需求的有效对接，为社会培养出更多具备较高职业素养的专业人才。

（二）从企业角度来看：提升员工的职业适应性，扩大企业影响面

从企业的角度来看，校企文化融合具有深远的战略意义，不仅能够优化人力资源管理，还能显著提升企业的市场竞争力和社会声誉。

首先，校企文化融合有助于培养和储备具有强烈企业文化认同感的人才。通过与教育机构的合作，企业能够在学生的早期教育阶段就介入，通过实习、讲座、工作坊等形式传递企业的价值观和文化。这种从学生

第六章 职业教育与企业文化的对接

时代开始的文化熏陶,可以使得学生对企业的使命、愿景和运作方式有深入的了解和认同,从而在正式加入企业时,能够更快融入企业文化,缩短适应期,提高工作效率。同时,这种文化认同感的培养有助于企业建立一支忠诚度高、稳定性强的团队,为企业的长远发展奠定坚实的人力资源基础。

其次,校企文化融合进一步扩大了企业文化的影响面并提升了企业品牌价值。企业在校园中的积极参与不仅能够提升其在潜在员工中的吸引力,还能通过学生和学术界的网络传播企业的正面形象。这种形象的传播,尤其在社会责任和创新能力方面的积极展示,可以增强公众对企业的好感和信任,从而在消费者心目中树立积极的品牌形象。此外,企业通过支持教育和研发活动表现出对社会发展的承诺,不仅能吸引更多的消费者和合作伙伴,还能在投资者和其他利益相关者中建立良好的声誉。

(三)从学校角度来看:提升教育质量,增强学校竞争力

首先,文化融合有助于提高人才培养质量。当学校能够直接接触企业的工作环境和文化,它们可以更精准地调整课程内容,使教学更加贴合实际应用。这不仅包括专业技能的培训,也涵盖了必需的软技能,如团队合作、领导力、创新思维等。企业文化的参与,可以确保教育内容不仅符合学术标准,也满足企业职业要求和市场用人需求。这种教育模式使学生在校期间就累积实际工作经验,毕业时具备即战力,显著提升了教育的实用性和有效性。

其次,通过与企业的合作,学校可以借助企业的资源和文化平台,培养一支专兼职"双师型"师资队伍。企业专家和管理人员可以直接参与教学或通过短期课程、讲座、实习指导等形式,将实际工作中的拼搏、开拓等经验和优秀企业文化带入课堂。这不仅丰富了学生的学习体验,也增加了教师的行业知识和教学方法。"双师型"教师能够提供理论与实

践结合的教学，更能激发学生的学习兴趣和职业发展潜力。

最后，文化融合还显著提升了学校的招生和就业质量。当学校展示出能够培养符合行业需求的高质量人才时，其吸引力自然增强，能够吸引更多优秀学生报考。同时，企业与学校的紧密合作意味着学生有更多机会接触潜在雇主和参与实际项目，这些经历在就业市场上极具吸引力。毕业生的高就业率和就业质量反过来又提升了学校的声誉和吸引力，形成了良性循环。

多方面的优势从整体而言提升了学校的综合竞争力。学校能够通过这种文化合作模式，不仅在学术领域保持优势，也在技能培训和职业教育方面占据领先地位。企业的支持和资源共享使学校能够给学生提供更加多样化的学习资源和更广阔的职业路径，从而在众多教育机构中脱颖而出。

三、校企文化融合育人的原则

（一）价值平等原则

价值平等原则强调，在校企文化融合中，以精神文化为核心的学校文化和以制度文化为核心的企业文化应被视为具有同等重要性，不存在任何一方文化价值高于另一方的情况。要认识到这两种文化各有其独特的价值和重要性，它们在培养学生成为社会有用人才的过程中是互补而非替代的。实施这一原则的核心在于确保合作双方在推动学生全面发展的目标上取得平衡，实现真正的合作而非单方面的利用或支配。当双方文化被平等对待时，才更容易促进开放和包容的合作态度形成，防止任何一方在合作中过度追求自身利益而忽视或牺牲学生的利益和发展，使得双方能够在合作中平等地、互相尊重地分享资源，优化合作成果。这种平等以及合作精神也是加深双方的理解和信任，建立持久和有效合作关系的基础。

第六章　职业教育与企业文化的对接

（二）兼容并蓄原则

兼容并蓄原则的核心在于认识到学校文化和企业文化在本质上的不同，通过开放和包容的态度来处理不同的文化价值观，同时寻找能够相互兼容并整合的文化元素。需要注意的是，兼容并蓄不强调对文化差异的简单容忍，而是通过深入交流和互动，寻找双方文化中可以互补和融合的部分，从而创造一个新的、共享的文化环境。这种环境能够促进双方在教育和业务实践中的共同发展，增加合作的深度和广度。

（三）互利共赢原则

职业教育院校文化与企业文化可能存在显著差异：一种是教育文化，另一种是商业驱动的文化。秉承互利共赢原则有助于双方建立起相互尊重和理解的文化桥梁。在文化融合的过程中，互利共赢原则鼓励校企双方在文化建设上共同投入，形成良性互动。例如，企业可以帮助学校在校园内设立实训基地，不仅提供技术支持，还能引入企业文化元素，营造校园文化氛围；学校则可以通过课程和活动的设计，将企业的核心价值观和职业素养融入学生的学习和生活中，使学生更好地适应未来的职场环境，提高自身的教育质量，同时获得基地建设的支持，二者互惠互利，达到共赢。

（四）长效性原则

文化与人文素养的培养是一个长期过程，与技能培养相对较短的周期不同，它往往需要更长的时间才能显现其效果。长效性原则鼓励校企双方建立起长期的合作关系，通过持续的文化交流和共建，逐步促进文化的融合和员工的培养。这种长期的文化互动有助于形成共享的价值观和行为规范，使校企合作不仅停留在表面的资源交换上，还能够在更深层次上实现文化的真正融合。

此外，在文化融合过程中，投入的人力、物力和资金往往在短期内难以看到明显的收益回报，并且校企文化融合是一个复杂的系统工程，过程中可能会遇到许多挑战，如文化冲突、合作模式的调整等。长效性原则提倡校企双方均应着眼于长远利益，认识到这种文化建设的长期价值，强调双方需要有耐心和持久的努力，通过不断的调整和优化合作策略，解决文化融合与合作过程中出现的问题，从而获得长效的利益回馈。

四、校企文化融合育人的策略

（一）加强政府引导和资金支持

在校企文化融合育人的实践中，往往存在"学校热、企业冷"的问题，企业参与的积极性不高，究其原因，企业是以效益、营利为主的机构，企业在校企合作过程中直接利益较弱，因此企业往往缺乏参与共同育人的内驱力。为了有效促进校企文化融合，相关政府部门可以加强顶层设计与规划引导。政府可以制定专门的政策，提供必要的资金支持和税收优惠，鼓励企业与职业院校建立更紧密的文化合作关系。例如，设立专项基金，专门用于支持校企文化融合项目。

除了财政和政策支持，政府相关部门还需要建立一个多方参与的文化共建平台，以促进学校和企业之间的文化信息交流和资源共享。这样的平台不仅可以为企业和职业院校提供一个共同讨论、规划和实施文化合作项目的场所，还可以帮助双方理解彼此的文化特点和需求，筛选更多的合作对象，从而更好地进行文化融合。此外，这个平台还应该定期举办研讨会和工作坊，邀请校企双方的代表共同探讨如何解决合作中遇到的具体问题，提出建议，使得高校和企业在追求文化融合的过程中相互学习、相互启发，更有效地实现校企文化的融合和共同育人。

政府在营造一个积极健康的文化融合环境方面的作用也至关重要。政府应该推广和表彰成功的校企文化合作模式。例如，通过年度评选、发布校企合作优秀案例集、举办表彰大会等形式表彰那些在校企文化融合中表现出色的高校和企业，将它们作为行业典范，经由媒体、研讨会等多种渠道进行广泛宣传，鼓励更多的教育机构和企业学习和借鉴其经验，通过示范效应激发更广泛的参与和创新，也可以对优秀案例进行一定的精神和物质嘉奖，以此来调动高校和企业的积极性。

（二）建立深度交流机制，挖掘文化融合之处

校企文化的融合需要深层次的文化交融，只有经过平等的、深度的对接和交流，才能挖掘出二者在文化、价值观等层面上的共同点，实现双方在文化融合方面的互补与协同发展。

具体而言，第一，建议校企双方建立一个常态化的交流机制，如定期的校企文化交流会议，不仅包括高层管理者，也包括教师和企业员工等各层级人员的参与。这种平等的交流平台可以促使双方在无压力的环境下分享各自的文化特点和需求，增进相互理解，并探讨如何将企业的精神与学校的学术追求有效结合。

第二，可以引入第三方专业机构进行文化融合的评估与指导，第三方机构可以是专业的教育咨询公司或者行业协会，它们可以提供客观的评估报告，指出校企文化合作中的优势与不足，提供改进的建议。这种评估由第三方利益不相关者进行，更加客观、公正，不仅有助于双方实事求是地了解各自文化的独特价值，还能促进双方在具体的合作项目中更好地融合。

第三，可以从具体的文化元素入手，例如，将高校的教学攻坚精神与企业的开拓进取精神结合，创造出一种融合的组织文化。同样，企业的团队合作和高校的集体主义文化也可以进行融合，形成一种强调团队和创新的新型文化模式。学校可以吸收企业的目标导向和效率意识，而企业则可以引入学校的批判性思维和创新教育理念。这种文化融合，使双方可以在保持自身文化特色的同时，吸收对方的优点，实现文化上的

互补。这种文化融合不仅能提高企业的创新能力,也能提升学校的实践教学效果,促进人才的全面发展,最终实现企业与教育的共赢。

第二节 职中:员工职业认同与企业文化认同

一、职业认同与文化认同

(一)职业认同

职业认同是指个体对自己在职业角色中的定位、价值和意义的认知和接受程度。这种认同涉及个体如何看待自己在职业领域中的身份、能力和未来发展,以及这一认知如何影响他的职业行为和职业满意度。它不仅是一个简单的自我感知问题,也是一个深层次的心理状态,涉及个体对职业角色的各种心理和情感的投入。职业认同强调的是个体在职业生涯中所体验到的一种内在的归属感和认同感,这种感觉是通过日常的职业活动、与同事的互动以及在职业生涯中取得的成就等逐渐形成的。

一个健全的职业认同感通常与高职业满意度和积极的工作态度相关联。当个体在职业领域中拥有较强的认同感时,他更有可能展示出较高的工作投入度、职业承诺和对职业目标的追求。相反,职业认同感较低的个体可能会经历职业倦怠、工作动机低落和职业发展的停滞,影响他的职业决策和职业生涯。

(二)文化认同

文化认同是指个体或群体对自身所属文化的价值观、信仰、习俗和行为等特征的共享和认可,包括了语言、饮食、社会行为、艺术、文学和音乐等各方面的认同。这种认同不仅是个体的自我理解,也是群体共有的身份特征的一部分。文化认同的形成是一个动态的过程,它通过与不同文化和群体的互动不断发展和演变。个体在不同的生活阶段,由于接触不同的文化圈和社会群体,他的文化认同会随之调整。例如,一个人可能在童年时期受到家庭文化的强烈影响,而在成年后,通过教育、职业和旅行等经历,可能会逐渐吸收新的文化元素,形成新的文化认同。

(三)企业文化与职业认同、文化认同的关系

企业文化包含了企业的使命、愿景、核心价值观等元素。使命说明了企业存在的目的,愿景代表了企业的长远目标,而核心价值观则是企业在追求发展过程中的行为和决策基准。企业文化不仅是企业制定的一套共享的价值观、信仰、习惯和行为规范,而且是企业内部行为和决策的基础框架。企业文化与职业认同、文化认同之间的关系深刻且相互促进。

从一个方面来看,企业文化为员工提供了一个共同的参照标准,帮助他们在工作中做出符合企业期望的决策和行为,员工对这些企业文化特质的内在接受和认同,对自己职业的认知和接纳,是这种企业文化框架在日常工作中得以实践的关键因素。因此,在一定程度上企业文化也包括了员工的文化认同、职业认同。随着员工在工作实践中不断地参照并践行这些企业文化中的价值观和规范,他们对企业的文化认同、对职业的认同感会逐步加强。

从另一方面来看,员工的职业认同感、文化认同感也对企业文化有着积极的反馈作用。当员工对职业、对企业文化有了强烈的认同感后,他们不仅会在日常工作中主动维护这种文化,还会通过自己的职业行为帮助传承并发展这种文化。这种从下而上的文化认同强化了企业文化的持续性和深入性。

此外,对职业的认同感、文化的认同感还增强了企业内部的凝聚力和稳定性,促进了员工间的紧密合作,并加强了他们对企业的坚定承诺。因此,企业文化和职业认同、文化认同之间形成了一种正向的互动关系,

这种关系对企业的长期发展和高效运营是至关重要的。通过这种双向动态的互动，企业文化不断塑造并被员工的行为和决策所强化，共同推动了企业整体向前发展。

二、员工企业文化认同培养的重要性

员工企业文化认同是指员工对其所在企业的文化、价值观念、经营理念和行为准则的内心接纳。这种认同感源于员工与企业文化之间的契合，它关系到员工的工作满意度、工作归属感、忠诚度以及整体工作效率。

（一）企业文化认同能增强员工的组织承诺，提高企业稳定性

当员工深度认同企业文化时，他们能将这种企业文化自觉进行内化，这是员工展现出较高组织承诺的基础，并且认同感越高，对组织的承诺也越高。组织承诺本身包含几个关键方面：情感承诺、连续性承诺和规范性承诺。情感承诺指员工因情感依恋而留在企业，员工因为与企业文化的深度共鸣而感到自豪和满足，表现为员工不仅对这些内容知晓，还能够在日常工作中体现出这些文化特征，通过具体行动表达对企业文化的支持和维护。这种情感连接是员工愿意为企业付出额外努力的重要动力，能显著提升他们对企业的奉献度。

连续性承诺基于员工对已投入资源的考虑，反映了员工对自己在企业中的角色和职业发展的投资考虑。员工感受到企业为其职业发展提供支持和机会时，他们对未来的投资感知增加，能被激发出更高的工作热情和忠诚心，使他们在面对挑战和困难时更加坚持不懈，同时在团队合作和日常决策中更能体现出协同和支持，从而增强了留在企业的动机，减少了工作更换次数。同时，这也是企业长期稳定性和持续成功的重要保障。

规范性承诺则是基于道德或伦理的义务感。当企业的操作和行为符合员工的价值观时，员工会感到一种道德上的义不容辞的责任，这在企

第六章 职业教育与企业文化的对接

业面临风险或危机、遭遇不确定性和市场变动时显得尤为重要,如果员工认同这种企业文化,那么企业文化会在企业的危难关头维持他们对企业的忠诚。在这些时刻,高度承诺的员工更可能站出来,和企业共渡难关。

企业文化认同通过增强这三种形式的组织承诺,能显著提升员工的整体稳定性,减少人才流失。因此,建立一种能够被员工广泛接纳的企业文化,是任何追求长远发展的企业都应关注的重要方面,企业要通过持续的文化建设投资,保持员工对企业文化高度的参与和承诺,这能激发员工的潜能,增强整个组织的凝聚力和竞争力,帮助企业有效地应对外部挑战,提高企业适应市场变化的能力,从而促进企业的长期稳定和健康发展。

(二)企业文化认同能增强员工的协作创新能力,提高企业竞争力

强烈的企业文化认同对促进员工间的信任和相互理解至关重要,这种信任和理解是提高团队合作效率和质量、提高企业竞争力的基础。

当员工深入理解并认同企业的文化时,他们更倾向于在团队中分享知识、经验和观点,这种开放的交流氛围是跨部门和跨团队有效协作的关键。此外,文化认同还能创造一个促进协同与互助的企业环境。在这样的环境中,员工感到安全和被支持,从而更自信地表达自己的意见或提出创新想法。这种自下而上的创新模式不仅激发新的创意和思路,还加速企业对市场变化的响应,使企业能够迎接新机遇或应对潜在风险。企业内部的信任和理解促使员工在提出不同的观点和解决方案时,可以相互尊重和倾听。这种互动为创新提供了土壤,因为创新常常来源于不同的观点和思维方式的碰撞。当员工相信他们的贡献被珍视,并且他们的创意能得到认真考虑时,他们更有可能持续地投入创新过程。最终,这种文化认同所促进的高度团队协作、一致性和创新性,不仅有助于提高工作效率,确保项目的成功实施,还能提高整个组织的效益,提升整

个组织的凝聚力和竞争力。员工为了团队的共同目标而努力，而不是追求个人的短期利益，这种集体的协作创新努力是企业持续保持竞争力的重要驱动力。

总之，职工的企业文化认同是企业发展的重要基石，它增强了员工的归属感和忠诚度，通过持续和系统的文化建设活动，企业可以有效地促进文化认同的形成，为实现长远发展目标奠定坚实的基础。

三、员工企业文化认同培养的建议

员工企业文化认同并非自然形成，它的形成是一个动态的过程，受到个体的个人经历、教育背景、职业经历和所处职业环境等多种因素的影响。例如，一个人在选择职业路径时可能受到家庭、教育和社会期望的影响，这些因素将进一步影响他的职业认同感。此外，职业认同还可能随着个体在职业生涯中的不同阶段而发生变化，因此在培养员工职业认同中要通过有效的内部沟通、员工培训和激励机制来进行。例如，企业可以通过定期的文化培训、内部分享会、团队建设活动等方式，帮助员工更好地理解和融入企业文化。

（一）定制化的入职培训和持续教育

在实施员工企业文化认同的培养策略中，定制化入职培训非常重要。这种培训策略强调在员工职业生涯的起始阶段，通过精心设计的培训内容和方法，引导员工理解、接受甚至内化企业的核心价值观和行为准则。与传统的、"一刀切"的企业文化灌输培训模式不同，定制化培训更注重个性化和实际情况的适应性。换言之，在企业文化认同培育的过程中，定制化培训尤其不提倡强硬的文化输出，而是提倡进行潜移默化式的文化导入，主要目的是使新员工能够在沉浸式的氛围中，在较短时间内理解和接受企业的核心价值观、经营理念和行为准则。从理论层面来看，许多管理学和组织行为学的理论都支持定制化和渐进式的文化导入方法。

例如，社会学习理论强调通过观察和模仿来学习新的行为模式，在企业文化的培养中，如果能够为新员工提供观察和模仿正面文化行为的机会，将更有助于文化的内化。此外，心理契约理论提到，员工与企业之间不仅是法律意义上的合同关系，也是双方期望和承诺的心理契约关系。

因此，企业应避免进行机械的、单向的传达和推送，更不能采取强制性的文化输出方式，这可能造成员工被动接受甚至抵触，也不能忽视员工的文化背景、个体差异和接受能力。相反，文化导入倡导的是一个渐进式和互动式的过程，应更注重双向交流，允许员工在了解企业文化的过程中，将自己的价值观和经验带入其中，提出自己的看法和建议，在这个过程中企业可以进行互动并进行引导，引导员工逐渐寻找到个人价值观念与企业文化的契合点，从而实现个人与企业文化的共鸣和融合，逐步形成对企业文化的认同感。这种定制化入职培训需要企业根据自身的文化特征和业务需求，进行精心设计，设计出切合实际的培训内容和方法，不仅要传达企业的基本信息，还要深入展示企业的文化特色和精神面貌，展现企业文化的独特魅力。这种方式更能激发员工的主动性和积极性，使文化认同过程自然而然地发生，而不是被强加。

此外，企业文化认同的培育不应该是一次性的，而应是一个持续的过程，包括后续的跟进培训、定期的文化分享会等。这些活动可以帮助新员工持续地加深对企业文化的理解，也是企业了解员工反馈、调整培训策略的重要途径。

（二）领导力的示范和榜样引导作用

企业文化不应仅仅是员工手册上的文字，更应是员工日常工作和决策中的指导原则；领导者作为员工的管理层，不应仅仅是企业政策和文化的制定者，更应是这些政策和文化实践的先行者、践行者。企业的高层管理者和直接上司的言行将直接影响员工对企业文化的看法和态度。通过领导者的日常行为示范，员工可以直观地学习和理解企业所倡导的

核心价值观和行为标准,从而逐渐形成对企业文化的深刻认同。

从理论角度来看,变革领导理论强调领导者是推动组织变革的关键角色。领导者通过激励和榜样的力量,能够有效促进员工接受和拥护新的企业文化。此外,行为模仿理论也指出,个体倾向于模仿那些他们认为具有权威或者值得尊敬的人的行为。在企业环境中,领导者的这种示范作用,特别是正面行为的展示,能够激励员工模仿这些行为,进而内化为自己的行为准则。在企业文化的传递过程中,领导者的每一个决策、每一次交流,甚至每一个微小的日常行为,都在无声地传达着企业的文化和价值观。当领导者能够通过自己的实际行为,如诚信、尊重、团队协作等,体现企业的核心价值观时,这种影响尤为显著。

领导者可以在公开场合讨论企业的核心价值观和使命,不仅是在正式的演讲中,在日常的工作和决策中也应该强调这些价值观的重要性。此外,领导者的行为必须与企业所宣扬的文化完全一致。任何背离企业文化的行为都可能削弱员工的文化认同感。在与文化建设相关的活动中,如员工培训、团队建设活动等,领导者应积极参与,有效地传达企业文化信息和使命,增强其影响力,这不仅能够展示企业对文化的重视,也能够增强培训的说服力。此外,领导者应保持高度的开放性和沟通性,定期与员工进行文化对话,鼓励员工提出对企业文化的看法和建议,讨论企业文化的重要性以及它在实际工作中的应用,通过这种双向交流,不仅能够提升员工的参与感,还能进一步优化和深化企业文化。例如,可以通过举办定期的"文化之声"会议,邀请员工分享他们如何将企业文化应用于解决工作中的具体问题,使企业文化成为员工的自觉行动。

(三)选定文化大使或成立文化委员会

选定文化大使或成立文化委员会是加强和传播企业文化的一种有效策略,企业可以利用内部员工的影响力和榜样作用,来促进文化价值观的内化和实践。文化大使的选定应基于员工对企业文化的理解深度及其在同事中的影响力。这些员工通常是那些能够通过自己的行为和态度展示企业核心价值观的人。他们不但在日常工作中展现出模范行为,而且在解决冲突和促进团队合作方面扮演着积极角色。理想的文化大使应具备良好的沟通技巧、影响力以及对企业文化的深刻理解和热情。文化大使的主要角色是作为企业文化的传播者和实践者,他们的任务包括传播文化价值观、提供反馈建议、解决文化冲突,以及激励和鼓舞其他员工积极参与文化建设。此外,成立一个文化委员会也是推动企业文化发展的一个有效方式。文化委员会通常由多个部门的代表组成,负责组织和监督企业文化活动。这个委员会的职能包括规划和组织文化活动、监测文化适应性、培训和发展,以及沟通和联络。通过文化大使和文化委员会的共同努力,企业可以确保其文化价值观在组织内部得到广泛的认同和有效的实施,从而奠定一个坚实的文化基础,支持企业的长期发展和员工的职业成长。

(四)建立传播网络,加强企业文宣工作

在企业文化认同感的培育中,建立起一个有效的企业文化传播网络也是至关重要的。这个网络通过多种媒介传达企业的核心价值观、愿景、精神和道德等精神层面的要素,确保这些文化元素能够覆盖到企业的每一位员工,潜移默化地影响整个组织的运作和发展。

企业文化传播网络的建立应当包括正式和非正式的渠道。正式网络主要通过组织内部的官方渠道进行文化传播,如企业内部走廊的通信栏、企业电子显示屏、企业内网、邮件系统以及定期的全员会议。这些渠道确保了从企业高层到基层员工的信息流畅传递,使每个员工都能明确地理解企业文化的核心内容和日常应用。

非正式网络则涉及更为灵活和人性化的交流方式,如员工之间的日常对话、团队聚会,以及社交媒体群组等。这些非正式渠道有助于员工在更轻松的环境中交流思想和感受,也促进了跨部门和跨层级之间的文

化交流和理解。通过非正式网络,员工可以分享自己的经验和对企业文化的个人理解,这种从底层到高层,以及横向之间的信息交流,能够极大地增强企业的凝聚力和活力。

为了使传播网络更加高效,企业还可以采用现代信息技术工具,如人工智能、数据分析等。这些工具不仅能够加快信息分析的速度,还能提高员工参与的动力,通过互动和反馈促进文化的深入理解和实际应用。

此外,企业还应定期评估文化传播的效果,通过问卷调查、访谈以及文化实践的案例研究等方式收集反馈信息,不断调整和优化传播策略。通过这种系统的建立和持续的优化,企业文化传播网络能够确保文化价值观在企业中得到有效的维护和传承,从而支持企业的长期发展和提升企业的市场竞争力。

第三节　职后:企业文化与员工职业价值观教育

在员工正式入职之后,企业就可以开展员工职业培训,这时进行职业价值观教育可以融入企业文化内容。

一、职业价值观的定义

职业价值观是个人对职业生涯中价值和意义的理解和追求。它们是人生目标和人生态度在职业选择上的具体体现,反映了一个人对职业的认知、态度以及对职业目标的追求和向往。这种价值观不仅关系到职业的选择,还深刻影响着个人的工作满意度和职业发展。

具体来说,首先,职业价值观可以视为一种价值观在职业领域的具体表达。它包括了个人对何种工作值得做、何种职业生涯值得追求的整体看法。例如,对一些人来说,经济回报可能是职业选择的首要考量;而对另一些人而言,社会服务或创造性工作的满足感可能是更重要的驱动力。

其次，职业价值观也是个人在社会和职场中定位自我和实现自我价值的一种方式。通过职业活动，个人不仅能实现经济上的自给自足，还能通过其职业成就来定义自己的社会身份和地位。因此，职业价值观在个人生活中扮演着核心角色，是职业决策的关键因素。

最后，职业价值观还涉及对工作与个人生活之间平衡的评价。在现代社会，工作与生活平衡已成为许多职业人士考虑的重要方面。人们越来越重视工作以外的生活质量，并在职业选择时考虑到这一点。

二、员工职业价值观的内容

根据不同的划分标准，职业价值观的种类也呈现多样性。美国心理学家洛特克（Milton Rokeach）在《人类价值观的本质》一书中提出了13种价值观，包括成就感、审美追求、挑战、健康、收入与财富等。结合我国学者观点，可以将职业价值观分为12类，每种价值观都反映了职业选择的不同动机和目的。

（一）收入与财富

这一价值观强调工作所带来的经济回报，许多人选择职业的首要因素是薪酬。这种价值观促使个体追求高收入职位，以提高生活质量和社会地位。

（二）兴趣特长

基于个人兴趣和特长选择职业的人，通常能在工作中发挥最大潜能。他们倾向于选择能带来个人满足和快乐的职业，这种价值观支持人们追求自我实现和职业发展的道路。

（三）权力地位

渴望权力和地位的个体倾向于寻求能够提供管理他人机会的职业。

这种价值观驱使人追求领导职位，通过增强决策能力来实现个人的职业目标。

（四）自由独立

追求职业自由的人倾向于选择那些可以自主安排时间和工作方式的职业。这类职业往往与创业或自由职业者身份相关，允许个体按自己的节奏和方式工作。

（五）自我成长

这类价值观强调通过工作经历和持续学习实现个人成长。它能够有效支持员工实现职业发展，强调员工要意识到培训和职业进步的重要价值。

（六）自我实现

与马斯洛需求层次理论中的自我实现需求相似，追求自我实现的职业价值观鼓励个体寻找可以充分利用其才能和能力的职业。

（七）人际关系

这一价值观强调和谐的工作环境和良好的同事关系。它倡导在一个支持和关爱的环境中工作，这对许多人来说是职业满意度的重要因素。

（八）身心健康

职业选择考虑到工作对身心健康的影响。追求这一价值观的人倾向于选择压力较小、工作环境安全舒适的职业。

（九）环境舒适

工作环境的舒适性对很多人的职业选择至关重要。这包括办公环境

第六章 职业教育与企业文化的对接

的物理条件,如光照、温度、噪声等,以及心理层面的工作氛围。

(十) 工作稳定

在变动不居的职场环境中,许多人寻求职业稳定性。稳定的工作可以减少职业不安全感,提供长期的职业规划平台。

(十一) 社会需要

这类价值观强调职业对社会的贡献和意义。从事公共服务或非营利组织工作的人往往受到这种价值观的驱动,他们的工作重点是满足社会需求和帮助他人。

(十二) 追求新意

对那些厌倦单一、重复工作的人来说,追求新意和多样性更加重要。他们寻求的是那些能够提供不断变化和挑战的职业,以避免日常工作的单调性和枯燥感。这种职业价值观支持个体追求创新和变化,使工作和生活更加多彩多姿。

三、企业文化融入员工职业价值观教育的实施建议

(一) 理解和尊重员工的职业价值观

在将企业文化与职业教育有效结合的过程中,深入理解和尊重员工的职业价值观十分重要。这一策略不仅是制订符合员工期望的教育计划的基础,也是确保教育活动成功的关键。

企业可以通过系统的方式来了解员工个人的职业价值观,这可以通过匿名问卷调查、一对一访谈或小组讨论等方式进行。例如,问卷可以包括工作稳定性、收入预期、职业发展机会等方面的问题。通过这些数

据，企业能够捕捉到员工的核心驱动因素和职业目标，从而为制订教育计划提供指导。

了解到员工的职业价值观后，企业应设计符合这些价值观的职业教育内容。如果员工价值观多样，教育计划应当灵活多变，能够满足不同员工的需求。例如，对重视职业稳定的员工，企业可以提供关于职业规划和长期发展的课程；而对重视收入和职位晋升的员工，企业可以开设关于高级技能培训和领导力发展的课程。企业应对员工职业价值观调查结果保密，不能随意泄露。

（二）正确处理企业文化倡导价值与个人职业价值观的不同

在现代职场中，个人职业价值观与企业文化之间的冲突是常见现象，这种冲突可能有多种原因，包括但不限于工作价值观、职业发展目标，以及对工作、生活平衡的看法等。理解并解决这些冲突对确保员工满意度和提升企业文化认同至关重要。

第一，由于企业多为营利组织，所以很多企业文化追求的是效益和奉献，处理好企业效益与个人薪资期望的关系是一个核心问题。薪资通常被视为职业成就的重要标志，也是许多人选择职业的首要因素，但单纯追求金钱可能导致职业发展的短视和潜在的道德风险。因此，企业在提倡效益和成本控制的同时，应当认识到员工对合理薪酬的期望。企业可以通过建立公正、透明的薪酬体系，确保员工的努力得到合理回报，同时鼓励员工参与到公司长期目标和利益中，形成共识和取得共赢。

第二，处理企业标准化、规范化与个人兴趣和特长的关系也十分重要。企业应鼓励员工发挥个人特长，将员工的兴趣和专长与企业需求相结合。例如，通过职业规划和人才发展项目，企业可以帮助员工在其擅长和感兴趣的领域中成长，从而提高工作满意度和效率。这种策略不仅可以增强员工的职业归属感，还可以为企业带来创新和竞争优势。

第三，关于职业价值观的排序与取舍，个人需要清晰地认识到在职业选择中必须进行权衡。企业文化中的集体主义倾向，如强调团队合作和共同目标，可能与个人的独立和自我实现冲突。在这种情况下，个人应当评估自己的职业目标与企业文化是否匹配，寻找可以平衡个人发展和团队贡献的职业路径。

第四，虽然名利是许多人职业动力的一部分，但过度追求名利可能导致个人和企业的价值观失衡。企业和员工都应在追求名利和保持职业道德之间找到平衡点，追求健康和可持续的职业发展。

在职业价值观教育计划中融入企业的核心文化价值观，是确保员工在提升个人技能的同时，更好地理解和接受企业文化的重要方式，不仅能帮助员工树立正确的职业价值观，也能更好地加强企业文化认同。这种方式没有模板可以套用，各企业要在理解和尊重员工的职业价值观的基础上，根据自身企业文化取向和追求进行探索，帮助和引导员工进行职业生涯的规划，并在此过程中融入企业文化，探索出适合自身发展的文化教育模式。

第七章　职业能力导向下的企业文化建设

第一节　企业文化建设的内涵及在职业能力导向下的目标

一、企业文化建设的内涵

企业文化建设是指企业为了塑造独特的企业文化而进行的一系列有目的、有计划的活动。这个过程包括挖掘和提炼出一套符合企业实际情况、有利于企业生存与发展的价值观系统。企业通过多种有效的方法，促使这套价值观系统被全体员工或多数员工认同和接受，从而形成企业的共有价值观。这一价值观最终会逐渐成为员工的心理习惯和企业的共同价值判断标准、行为准则。它体现在全体员工的日常行为和处事原则中，激发员工的主动性、积极性和创造性，增强员工间的沟通与团队合作精神，从而帮助企业实现经济和社会目标。此外，企业文化还通过经营活动与社会大众及目标市场的文化进行互动，使得社会大众和目标市场认同企业的文化、产品和服务。这种认同有助于企业文化与社会大众

第七章 职业能力导向下的企业文化建设

及目标市场文化的和谐共处。

需要注意的是,企业文化与企业文化建设在本质上是两个不同的概念。企业文化是一种客观存在的现象,指的是企业全体成员共同认同的价值观和自觉遵循的行为准则的总和。这种文化通过非正式的规范作用,能够引导和约束员工的行为,凝聚团队精神,并激发员工的积极性,有效地替代正式制度以降低交易成本。企业文化的形成可以是一个自然过程,它在公司日常运作中逐渐形成、总结、固定,从而成为企业固有的一部分。

相比之下,企业文化建设则是一种有意识的、自觉的行为,是企业为了塑造、优化或改进现有企业文化而进行的一系列有目的的活动。企业文化建设通常基于对企业文化功用的深入理解和认识,通过有计划的策略和措施来培育和强化企业所需的文化特质。这不仅包括强化已有的正面文化要素,也可能涉及创造全新的文化元素来适应企业发展的新需求。因此,企业文化建设是一个主动的过程,需要明确的策略和持续的努力,并不是所有企业都会自动进行的。

总体来说,企业文化是企业自然或人为形成的价值观和行为规范的集合,而企业文化建设则是企业基于战略需求,有意识地塑造和维护这些文化属性的过程。

二、职业能力导向下企业文化建设的目标

对职业能力导向下企业文化建设目标的分析可以帮助企业制订更有效的人力资源策略和培训计划。这不仅有助于提升员工的个人职业技能,还能够促进企业文化的深入人心,从而增强企业的内部凝聚力和对外的吸引力。分析这些目标也有助于企业领导层调整和优化组织结构,确保文化建设活动与企业的长远目标和市场定位保持一致。职业能力导向下企业文化建设的目标包括以下几个,如图7-1所示。

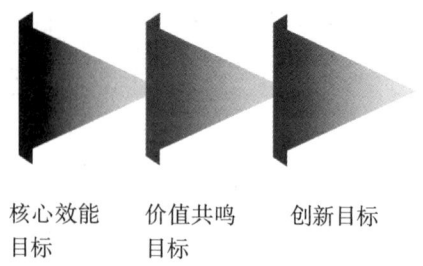

| 核心效能 | 价值共鸣 | 创新目标 |
| 目标 | 目标 | |

图 7-1 职业能力导向下企业文化建设的目标

（一）核心效能目标

核心效能目标是企业文化建设普遍适用，但又基础、关键、核心的目标，有效的企业文化建设是企业成功的关键。这种文化构建的目标不仅应能够提升员工的归属感，吸引和留住认同企业价值观的优秀人才，还应以提高员工的整体满意度和忠诚度，增强企业内部的凝聚力和外部的吸引力等多个层面的内容为目标。

具体而言，首先，企业文化的有效建设要以增强员工对企业的文化认同感为目标，这种认同感是通过共享的价值观和目标来实现的。当员工认为自己的价值观与企业文化相匹配时，他们更可能感到满意并致力实现企业的长期目标。此外，强有力的企业文化能够有效约束不良行为，鼓励积极的工作态度和行为模式，从而降低管理层在监督和纠正过程中的成本和努力，减少内部摩擦。

其次，良好的企业文化建设以提升组织的整体运行效率为目标。在一个明确的文化指导下，员工能够更好地理解职责和期望，这种明确性减少了工作中的误解和冲突，加快了决策和执行的速度。同时，这种文化还促进了创新，因为员工感到被支持和鼓励去探索新的想法和解决方案，这对企业适应快速变化的市场环境至关重要。

再次，在对外吸引力方面，一个积极的企业文化建设不仅能吸引潜在的优秀员工，也能提升客户的信任感和忠诚度。客户和其他利益相关

第七章 职业能力导向下的企业文化建设

者倾向于与那些展示出强烈企业责任感和正面价值观的企业建立合作关系。因此，企业文化在塑造企业公共形象和品牌认知中起到了决定性的作用。

最后，一个健康的企业文化建设目标还包括能够显著提高员工的生活质量，增强他们对自身社会角色的满足感。这不仅影响员工个人的工作生活，也促进企业内部的和谐与协作，形成一个相互尊重和共同成长的工作环境。

总体来说，核心效能目标强调的是通过一套有效的企业文化建设体系来达到既定的基础且核心的目的，同时通过文化的力量降低管理成本，提升效率和竞争力，确保企业文化建设发挥价值，帮助企业在持续发展的道路上保持稳定，在激烈的市场竞争中保持优势。

（二）价值共鸣目标

企业作为社会和经济系统的一部分，其长期的生存和发展依赖内部与外部环境，尤其是外部市场环境的和谐、协调。

从市场调研、产品设计、管理决策到生产和市场营销活动，员工的个人价值观在很大程度上决定了这些活动的执行和效果。因此，企业文化的核心价值观应是全体员工价值观的集中体现，且需要与外部市场及客户的价值观保持一致。因为作为经济体，企业的产品和服务，以及员工的职业价值必须通过市场来实现。而市场的价值观是客户个体价值观的总和，客户价值观不仅影响他们是否认同企业及其产品和服务，而且直接影响他们的购买决策。因此在企业文化建设的过程中，与市场及客户的价值观形成共鸣是企业文化建设最为关键的目标之一。可以说，市场及客户价值观与企业价值观的一致性是塑造企业经营绩效和市场认可的核心因素。

为了实现与客户价值观的共鸣，企业需要通过持续的文化建设活动，确保其价值观不仅内化于员工的行为和决策中，还能够通过企业的对外表现与客户价值观相吸引。这种深层次的目标不仅影响企业的整体目标，也深刻影响每位员工的个人目标和行为。总而言之，企业的成功与否，在很大程度上取决于其能否通过文化建设实现价值观的共鸣，如果企业实体不被市场认可，企业文化则无从谈起。只有通过企业文化建设不断提升员工忠诚度、客户满意度，才能保证企业在竞争激烈的市场中具有可持续的竞争力。

（三）创新目标

"企业家"的核心职能在于驱动创新。对任何企业来说，持续的创新是其持久繁荣的关键。在科技迅速发展、生产方式不断演化以及市场环境与消费者价值观持续变化的背景下，企业面临的挑战是如何不断适应和展望，保持竞争力。因此，企业文化的构建必须围绕创新展开，不仅要促进组织层面的创新，还要营造一种鼓励员工个人创新的文化氛围。

企业文化作为一种非正式规则，其作用不仅在于规范员工行为和预期他人行为以降低管理成本，还在于激发员工追求个人和集体的最大利益，同时确保这种追求不会损害他人利益。一个优秀的企业文化，能在规范员工行为的同时，激发他们的创造力和创新潜能，使企业始终保持活力和进取心。

追求创新不仅是企业持续发展的战略需求，也是员工自我实现的过程。通过创新，员工能够实现自我超越，满足自身的职业发展和个人成就需求。因此，创新不只是企业生存和发展的战略选择，也应成为企业文化建设的最高目标，引导企业及其员工朝着更高层次的追求不断前行。

第二节 职业能力导向下企业文化建设的原则

在快速变化的现代经济环境中，企业文化建设已成为推动组织成功的关键因素之一。特别是在职业能力导向的背景下，构建一种能够促进员工职业发展和提升企业核心竞争力的企业文化显得尤为重要。这种文化不仅需要与企业的商业战略紧密结合,还应当深入每一个工作流程和员工的职业行为中,以确保每位员工的潜力都能得到最大化的发挥。

企业在职业能力导向下应秉承的文化建设原则提供了构建和维护这种文化的框架和指导思想。通过明确企业文化的核心价值观、行为准则和发展目标,企业可以更有效地引导企业文化建设,保持企业文化的活力和竞争力。职业能力导向下企业文化建设的原则包括以下几种,如图7-2所示。

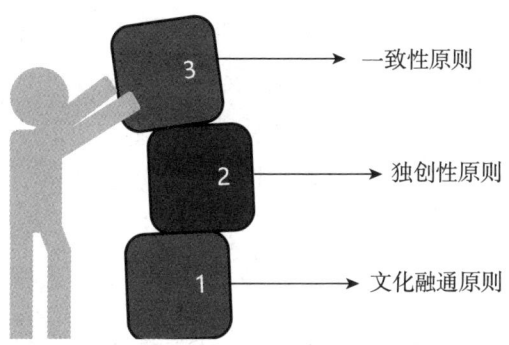

图7-2 职业能力导向下企业文化建设的原则

一、文化融通原则

文化融通原则强调企业文化的建设不应与时代脱节,而应深植于国际、民族、行业以及企业自身的文化之中,吸纳并融合这些文化的精髓,形成具有普遍认同感的企业文化基底。这种文化共性是企业在全球范围内获得公众认可与支持的根本,确保企业文化的广泛接受性和深远影响力。

第一,对时代文化的融入。企业文化不是孤立发展的,它需要与其所处的时代文化紧密相连,反映当代社会的特征和主流价值观,只有这样,才不会被时代文化所抛弃。企业应该积极吸收当前时代的主流价值观,如习近平新时代中国特色社会主义思想,将这些时代精神融入企业文化中，不仅可以提高企业在公众中的认可度，还能够确保企业策略与社会发展趋势保持一致；再如，一个注重环保和可持续性的企业文化，能够在今天的环保时代背景下获得更多的支持和信任。只有与时代同步的企业文化展示了企业的现代感，才能确保企业的战略和操作与时代要求相匹配，从而推动企业持续发展。

第二，对世界文化的吸收。在全球化日益加深的今天，国际贸易往来日益加深，跨境电商风生水起，企业文化不仅是企业内部的精神指南，也是其对外展示的文化名片，帮助企业在全球化的环境中稳固地生根、持续地发展。企业不应局限于国内视野，而应将视野拓展到全球，从世界各地优秀的文化实践中汲取灵感，融合多元文化元素，形成包容性强和具有全球吸引力的企业文化。这种文化视野的扩展不仅有助于企业构建国际化的形象，也能使企业在全球市场中更具竞争力，为企业带来更广泛的发展机会。

第三，对民族文化的尊重。同样不能忽视的是本民族文化的深厚根基。民族文化中蕴含的价值观念、历史传统和艺术形式等都是企业文化建设的宝贵资源。企业文化建设应深植于本国的文化传统之中，尊重国家的历史和文化遗产。通过融合民族文化的元素，企业不仅能够增强内部的凝聚力，也能在全球化的舞台上展示其独特的文化身份。同时，企业文化建设也应保持文化的地域特色，使企业文化具有独特的地方色彩和识别度。

第四，对同行业文化的创新。企业在发展自身的企业文化时，应考虑到同行业中已形成的优秀文化实践，在借鉴同行业优秀文化实践的基础上创新和形成自己独特的企业文化。通过分析同行业成功企业的文化特点，企业不仅可以避免重复建设，还可以在此基础上进行创新和改进。同时，企业应根据自身的实际情况，选择合适的文化元素进行整合和提升，以形成具有竞争力的行业文化特色。这种行业内的文化借鉴与创新可以帮助企业在竞争激烈的市场中保持领先地位。

第七章　职业能力导向下的企业文化建设

第五，对自我文化的发展。企业文化的建设必须立足企业自身的历史和现状，基于企业自身的文化根基和企业的长远发展战略，在保持文化一致性的基础上，不断探索和深化自我文化的独特性。这包括明确企业的核心价值观、使命和愿景，并将这些元素与企业的经营战略、品牌形象和员工行为准则相结合，从而构建一个具有强烈个性和长远影响力的企业文化，使其成为企业可持续发展的核心竞争力。

第六，对职业教育文化的融合与协调。在职业能力导向下的现代企业文化建设中，企业还应当强化与职业教育文化的融合。职业教育文化强调的是实用性、技能培养和终身学习的理念，这些都是现代企业所需的核心能力。通过整合职业教育的文化元素，企业不仅能够提升员工的专业技能和职业素养，还能在企业内部培育一种持续学习和自我提升的氛围。例如，企业可以设立内部培训中心，提供持续的职业技能培训，或与职业学院合作，开展实习和实训项目，这样不仅加强了企业与职业教育机构的联系，也使企业文化更加贴近职业教育的实际需求和发展趋势。通过这种方式，企业文化将更加注重实效和应用，同时能够促进员工的职业成长和企业的持续创新。

二、独创性原则

独创性原则强调企业文化的独特性，使本企业的文化区别于其他企业。这一原则是现代企业文化建设的核心，即关注企业文化的差异化和特色化。在物质产品日趋丰富的今天，捕获消费者的注意力成为企业发展的关键。产品同质化现象普遍后，企业文化的独特性变成了新的竞争力。具有个性的企业文化不仅难以被模仿，也难以在短时间内被超越，更难以被同类企业取代，从而为企业提供了持久的竞争优势。此外，具有独特性的企业文化可以增强员工的归属感和凝聚力，从内部激发企业发展的动力。

要建立一套独创的企业文化，需了解一下从哪些方面入手。企业形

象识别系统（Corporate Identity System, CIS）是企业在树立和传播品牌形象时所采用的一系列策略和视觉设计工具。它通过统一的理念传播、行为标准和视觉表现来构建和维护企业的公共形象。企业形象识别系统的核心在于确保企业在所有接触点上呈现一致且鲜明的企业形象，包括理念、行为和视觉三个方面的识别系统。下面具体探讨这三个方面如何通过独创性原则来强化企业文化的独特性。

（一）企业理念识别系统的独创性

企业的理念识别系统包括企业的核心价值观、经营哲学和发展战略，这些理念构成了企业文化的基石。通过创新这些核心理念，企业能在竞争激烈的市场中展现其独特性。这不仅包括企业如何运营和发展的基本观念，还包括其在市场中的定位、决策风格和公共关系的处理方式。通过确保这些理念具有独特性和前瞻性，企业可以在公众心中树立一个清晰而独特的品牌形象。

（二）企业行为识别系统的独创性

行为识别系统关注的是企业的实际操作和员工行为，这反映了企业的操作模式和内部管理方式。企业可以通过制定独特的人力资源政策、产品开发流程、销售策略和客户服务标准来展示其文化的个性。这种在行为层面的差异化不仅提升了内部效率，还能使外部公众通过观察企业和员工的具体行为来理解和感受企业的文化特质。

（三）企业视觉识别系统的独创性

视觉识别系统是企业文化对外表现的直观部分，涉及企业的标志、标准字体、色彩方案以及广告和包装设计等。这些元素的设计需体现企业文化的独特性，以强烈的视觉效果和情感影响力来吸引和留住公众的注意力。正确的视觉识别策略不仅加强了品牌的市场识别度，还能深化

第七章 职业能力导向下的企业文化建设

公众对企业文化个性的感知。

通过这一整套企业形象识别系统所采用的策略，企业能有效地将独创性原则落到实处，不仅在理念上区别于竞争对手，也在行为和视觉上展示其独一无二的企业文化，为企业在竞争中树立不可替代的品牌形象奠定基础。

三、一致性原则

企业文化是一个庞大、完整的体系，包括了精神文化建设、行为文化建设、制度文化建设、物质文化建设等多个维度。一致性原则强调企业文化在时间和空间维度上的连续性和一致性，注重企业文化要素的普遍应用及其发展的持久性。这一原则认为，企业文化不仅应该在企业的所有操作和行为中体现，还应在不同时间段内保持一致，成为企业发展的持续动力。

（一）时间维度的一致性

企业文化建设不应当断断续续，应当在企业历史的各个阶段中持续存在并将企业文化以稳定的形式传递给每一代的员工。一旦企业文化被确立并被员工所接受，它就应转化为员工的日常行为，持续指导和影响企业的运作。此外，企业文化的建设不应受到企业管理层更迭的影响。每一届的经营者应保持企业文化的连续性和继承性，努力传承并发展前人的文化成果。企业文化的建设是一个长期的、与企业共生的过程，需要企业不断地对其进行维护和更新，确保其适应时代的变迁，永葆活力。

（二）空间维度的一致性

首先，企业文化的一致性应当在企业的所有活动中均能体现出来，无论是生产、销售还是服务环节。企业的每一个环节都应该反映出统一的文化理念，这种一致性是企业整体协调运作的基础，企业的不同环节

全角度解析：职业教育理论与企业文化建设实践

或者不同部门不应该出现不同的企业文化。其次，企业文化的不同要素之间也应保持内在的一致性，确保企业的理念、行为和视觉识别系统相互支持、相互强化。最后，企业文化的建设需要管理层和全体员工共同努力和参与。只有当管理层真正重视并将企业文化内化为自觉行为，全体员工也积极响应和配合时，企业文化才能得到全面和系统的推广与实施。

（三）职业能力发展的一致性

职业能力导向下的企业文化建设还需紧密结合员工职业能力的培养和发展需求。这要求企业文化不应该保持一成不变，而是应该根据不同的时空背景和业务需求对员工职业能力提出的要求进行建设。企业文化应以提升员工职业技能和专业素质为核心，通过各种培训和发展计划来体现。例如，在技术快速发展的当下，企业文化应鼓励和倡导创新能力和终身学习能力这两种职业能力，确保员工能够持续更新技能以适应新的技术和市场条件。同时，企业文化还应支持员工的职业成长和个人发展，通过提供职业规划和发展机会，帮助员工实现长期职业目标。这种以职业能力培养为导向的文化建设，能够增强员工的职业竞争力和企业的整体实力，从而实现企业与员工的共同成长和发展。

通过遵循一致性原则，企业能够确保企业文化在不断变化的市场环境中保持相对稳定和延续，同时促进企业内外部的协调一致，从而形成一个具有持久竞争力的、健康发展的企业文化环境。这种文化不仅是企业成功的关键，也是其在激烈市场竞争中立于不败之地的重要因素。

第三节　职业能力导向下企业文化建设的步骤

企业文化建设是一种涉及企业生产和经营活动的全面过程，不应被视为与日常业务操作分离的活动。企业文化建设过程涉及企业文化和理念有目的的设计、引导、宣传和培训。通过有意识的提炼和设计,企业能够明确文化理念,加深员工对企业文化和理念的理解和认同。

企业文化的具体建设操作有三个基本要求:首先,建设方法应具体且可操作;其次,建设成效需可衡量;最后,参与者应包括全体员工。企业文化建设可分为三个步骤——企业文化盘点、企业文化设计和企业文化实施,如图7-3所示。通过这一系列步骤,企业可以有效地构建并实施企业文化,从而支持其长期的发展。

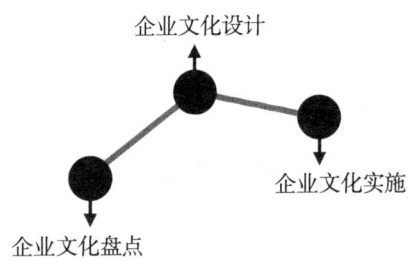

图7-3 职业能力导向下企业文化建设的步骤

一、企业文化盘点

(一) 企业文化盘点的内涵

企业文化的盘点是企业文化建设过程中的第一步,其核心在于深入了解和分析企业现有的文化状况。这一过程旨在全面掌握企业的文化背景和特点,从而为制定更适合本企业的文化体系提供依据。企业文化的盘点主要包括以下几个方面。

1. 现有文化的调查与分析

企业通过收集和分析各种内部文档、员工访谈、问卷调查等方式,深入了解当前的文化表现形式、员工的价值观念、行为习惯以及组织氛围。

2. 企业目标和定位的梳理

特别是对初创企业，重点了解创始人或领导层对企业的愿景、使命和目标定位等的要求，这些元素是企业文化形成的基石，对整个文化体系的建设方向具有决定性影响。

3. 发展中的问题和优势的识别

对已有一定发展历程的企业，盘点过程需要识别在发展过程中出现的文化问题，如员工满意度低下、内部沟通不畅等。同时，也要识别和总结企业在文化建设中的优势和成功经验。

4. 员工共识和差异的分析

了解不同层级、不同部门甚至不同背景员工之间在价值观、工作态度和行为模式上的共识与差异，这有助于企业在后续的文化设计中考虑如何平衡和融合这些差异，增强企业的整体凝聚力。

企业文化的盘点不仅是一个收集信息的过程，也是一个诊断和评估的过程，通过这一过程，企业能够清晰地认识到自身的文化现状和潜在的改进方向。这为后续的文化设计和实施奠定了坚实的基础，确保企业文化建设能够更贴近企业的实际需求，更有效地支撑企业的战略目标和发展计划。

（二）企业文化盘点的方法

在企业文化盘点的过程中，采用合适的调研方法至关重要，如此才能确保收集到的信息全面且具有代表性。企业文化的调研方法通常包括访谈法、问卷法、资料分析法和实地考察法等。这些调研的执行方式可以根据企业的具体规模、生产特点和文化背景灵活选择。对大型企业或具有复杂组织结构的企业，采用自上而下、逐层推进的方法可能更为合适，这种方式可以确保各个层级的特定需求和问题得到关注。相反，对规模较小或组织结构较为简单的企业，可能更适合采用一次性全规模的

第七章 职业能力导向下的企业文化建设

调研方法,这样可以快速有效地收集整个组织的数据和反馈信息。不同的执行方式应依据企业的规模、组织结构以及特定的生产和运营特点来确定。

具体来说,访谈法是一种直接且有效的方式,通过一对一或小组访谈,能够深入了解员工的真实想法和感受。这种方法特别适用于探索员工的个人价值观、职业期望和对企业文化的看法。访谈可以是结构化的,也可以是半结构化或非结构化的,根据需要深入探讨不同的主题。

问卷法适用于快速收集大量数据,特别是在大型企业中。通过设计覆盖广泛的问题,问卷调查可以有效地收集关于员工满意度、企业文化认同度及行为习惯等方面的信息。在线和纸质问卷的使用便于统计和分析,帮助管理层快速把握文化建设的整体状况。

资料分析法则涉及对企业现有文档和记录的系统分析,包括内部通信、会议记录、员工反馈、历史报告等。这种方法帮助管理层理解企业文化的发展历程和当前状况,识别已存在的文化强项和弱点。

实地考察法通过观察员工的日常工作环境和行为表现,获取关于企业文化如何在实际工作中体现的第一手资料。此方法尤其适合评估企业文化的实际影响力及其在员工行为中的具体表现。

为了提高调研的有效性和员工的参与度,企业在进行文化盘点前可以由高层领导召开动员大会,明确调研的目的和重要性。在调研过程中,还可以采取一些辅助措施,如设立专门的员工访谈室、开设建议信箱等。通过这些综合性的方法,企业能够全面评估和了解现有的企业文化状况,从而为后续的文化设计和改进提供坚实的基础。但这一过程的成功依赖全体员工的广泛参与和支持,只有采用员工喜闻乐见的形式才能激发员工的积极性,增强他们的参与意识,让他们献计献策,这样的文化调查和盘点才真实可靠,才有意义和价值,在后期企业文化建设才能顺利得到实施,确保企业文化的持续发展与优化。

例如,在企业文化的调研中,采用匿名问卷是一种常见且有效的方式，这种方法保证了员工真实观点的输出，能够较好地揭示员工对企业文化的认同程度和当前的文化状况。设计问卷时，应确保调查目标明确、问题具有较高的区分度，并且格式便于数据的收集和分析。

为了有效探索员工的价值观，同时避免被调查者直接察觉到调查的具体目的，可以巧妙地设计问题。例如，在分析员工的职业价值取向时，可以设置问题"如果您有机会重新选择职业，您会考虑以下哪些因素"，并列出诸如薪资、住房支持、个人成长机会等多个选项，要求被调查者选择最重视的三个因素。这样的问卷设计和结果分析，可以间接但有效地揭示员工普遍的价值取向，进而为企业文化的进一步塑造提供数据支持。

（三）企业文化盘点的内容

企业文化盘点和调研是企业文化建设的基础性工作，涵盖的内容广泛而深入，旨在全面把握企业的文化现状和发展潜力。这一过程不仅需要有针对性地探索企业的经营管理现状，还需深入了解企业的发展前景、员工满意度、忠诚度以及员工对企业理念的认同程度等多个关键方面，以为未来文化建设提供指导方向。在进行企业文化的盘点和调研时，以下内容通常被包含在内。

1.经营管理现状

经营管理现状包括企业的业务范围、市场定位、核心竞争力、管理风格以及面临的主要挑战和机遇。了解这些信息有助于评估企业文化在支持当前业务活动中的作用和潜在的改进空间。

2.企业发展前景

企业发展前景包括探讨企业的长远规划、愿景和战略目标，评估这些目标与现有文化的契合度，以及文化对实现这些目标的支持程度。

第七章 职业能力导向下的企业文化建设

3.员工满意度和忠诚度

通过问卷调查、访谈等方法，可以了解员工对工作环境、职业发展、薪酬福利、工作条件等方面的满意程度以及他们对企业的忠诚感和归属感。

4.员工对企业理念的认同度

评估员工对企业核心价值观、使命和愿景的理解与认同程度，是衡量企业文化渗透和接受程度的重要指标。

此外，企业内部的各种资料也是重要的信息来源，包括以下几种。①历史资料。如成立背景、重大变革和发展历程等，这些历史资料有助于了解企业文化的形成和演变。②规章制度和重要文件。如员工手册、操作流程和政策指导，这些是反映企业文化的正式表达。③内部报刊和通信。这些通常包含企业的日常活动和员工的故事，反映文化的活跃程度和员工参与度。④人员基本情况和先进个人材料。通过这些资料可以了解员工的基本结构和表现突出的个体，为文化建设中的激励机制提供依据。⑤员工奖惩条例。这反映了企业对行为和表现的具体态度，是文化价值观的实际应用。⑥相关媒体报道。公共媒体上的报道可以提供外部视角，帮助企业理解外部公众对企业文化的看法。

为了系统性地进行盘点和调研，建立一份详细的资料清单并进行全面收集整理是非常必要的。这不仅有助于保证信息的完整性，也便于在后续的分析和评估中快速查找和引用相关资料。

（四）企业文化盘点结果分析

在完成一系列的企业文化调研之后，需要对收集到的数据和信息进行深入分析，以得出有关企业文化现状和未来发展方向的初步结论。这一分析过程不仅关系到企业文化建设的质量和效果，而且对企业的整体运营和战略规划有着重要影响。以下是在进行企业文化分析时需要重点考虑的几个方面。

1. 企业经营特点分析

需要详细分析企业的经营特点，包括分析企业在市场中的位置、竞争状况以及生产经营的特殊性。这一分析有助于了解企业的核心竞争力和业务模式，从而确保企业文化建设能够支持和加强这些竞争优势。

2. 企业管理水平和特色分析

深入研究企业的管理水平和管理特色，包括对企业内部运行机制的考察、对管理思路的评估、对核心管理链的梳理，以及对现有管理理念的审视。特别需要关注的是管理中存在的主要弊端，这些问题往往是影响企业文化深度和广度的关键因素。

3. 企业文化建设现状分析

企业文化分析还应重点考察领导层和员工对企业文化的重视程度。企业文化的生命力在很大程度上取决于这两个群体的认同感和参与度。评估他们对企业文化建设的态度和行动，可以判断企业文化的影响力和渗透力。

4. 企业文化各方面内容的逐项分析

需要对企业文化的具体内容进行细致的分析，包括企业的核心理念、企业风俗、员工的行为规范等。这一部分的分析将揭示企业文化的具体表现形式和实际效果，帮助识别存在的差距和不足。

对上述4个方面的综合分析，不仅可以全面了解当前企业文化的状况和员工的基本素质，还能深入把握企业战略与企业文化之间的内在联系。此外，这一分析还将揭示企业在文化建设中急需解决的问题和可能面临的发展障碍，从而为未来企业文化的优化设计和战略调整奠定坚实的基础。这种全面而深入的分析是制定有效的企业文化战略的前提，也是企业持续成功和竞争力提升的关键。

第七章 职业能力导向下的企业文化建设

二、企业文化设计

（一）企业文化设计的内涵

企业文化的设计不仅是制定一些规章制度，也是在塑造一种可以引导员工行为、反映企业特质和提升组织凝聚力的综合体系。它包括了企业形象识别系统体系的全部内容，涵盖了理念识别系统、行为识别系统和视觉识别系统。理念识别系统涵盖企业的宗旨、目标和核心价值观，是企业文化传达的核心内容。行为识别系统指导员工的日常行为和对外交往，确保每一次行为都符合企业的文化理念。视觉识别系统包括企业的标志、标准字体、色彩等视觉元素，这些元素的统一性和连贯性是构建企业公众形象的关键。由此进行归纳和总结，企业文化设计包含的3个方面内容，如图7-4所示。

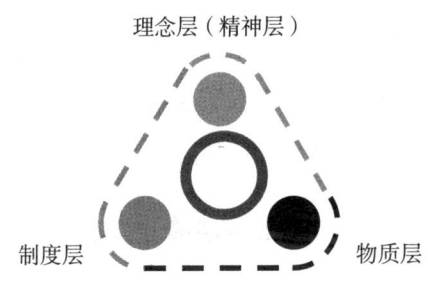

图7-4　企业文化设计包含的3个方面内容

1. 理念层（精神层）

这是企业文化的核心，包括企业的使命、愿景、核心价值观等。理念层的内容是企业文化的灵魂，指导着企业的长远发展和日常操作。使命和愿景明确了企业的发展方向和最终目标，而核心价值观则是影响员工决策和行为的基本准则。例如，诚信、创新、责任感等价值观能够在员工中奠定一种共同的思想基础，使全体员工朝着相同的目标努力。

2. 制度层

制度层包括企业的组织结构、管理制度、操作流程等，是实现理念层设定目标的具体执行机制。这一层的设计必须与理念层相匹配，确保所有的规章制度和流程都能够体现企业的核心价值观和促进战略目标的实现。明确的制度安排，可以规范员工的行为，优化管理效率，提升组织运作的透明度和公正性。

3. 物质层

物质层指的是企业文化在物理形态上的表现，包括办公环境的布局、员工的着装规范、企业标志和色彩等。物质层直接影响着员工及外部人士对企业的第一印象和企业形象的塑造。一个与企业理念和制度相协调的物质环境不仅能提升员工的归属感和工作效率，也能向外界传递企业的专业性和品牌价值。

总之，企业文化的设计是一个全面而深入的过程，它需要从理念、制度和物质3个层面形成一个既有内涵又有形象的文化体系。这样的文化不仅能够从内部激励员工，提升工作效率和满意度，还能在外部市场中树立企业的独特品牌，增强竞争力。

（二）企业文化设计中的理念层设计

在企业文化的理念层设计中，企业理念体系的构建无疑是最为关键且复杂的环节。这一体系不仅决定了企业文化的核心内容和整体效果，而且其设计和实施的成功与否直接影响企业的发展方向和内部凝聚力。从整体来看，企业理念体系涵盖了企业愿景、企业使命、核心价值观、企业哲学、经营理念、管理模式、企业精神、企业道德和企业作风等多个方面，每一部分都承载着企业的核心思想和行为指南。

1. 企业愿景（理想）

企业愿景是企业追求的最高目标，它描述了企业希望达到的未来状态，是企业全体成员共同努力的方向。企业愿景应具有前瞻性和激励性，能够激发员工的工作热情和创造力。

2. 企业使命（宗旨）

企业使命明确了企业的存在意义和核心职责，是企业的基本行为准则。它回答了企业为何存在于社会中以及如何通过其业务活动对社会做出贡献。

3. 核心价值观（信念）

核心价值观是企业文化的基石，它定义了企业的行为标准和决策依据。这些价值观在企业的日常运营中起到指导作用，帮助员工在面对选择时能够做出符合企业文化的决策。

4. 企业哲学

这是对企业内部动力和对外环境的深刻思考，涉及企业对业务、市场、竞争和社会责任的理解和态度。

5. 经营理念

经营理念涵盖了企业在市场运作中的基本策略和原则，是企业在竞争激烈的市场中保持稳定发展的指导思想。

6. 管理模式

管理模式是企业在管理实践中形成的独特方式，包括领导风格、决策流程等，反映了企业如何高效地运用资源和管理人力。

7. 企业精神

企业精神是对全体员工的共同精神风貌和行为态度的概括和要求，如团队合作、创新、奉献等。

8. 企业道德

企业道德是对员工的行为进行道德评价的标准，强调诚信、公正和责任感。

9. 企业作风（工作作风）

企业作风指企业在处理内外事务中展现出的常态和方式，如实事求是、快速反应等。

在明确了理念层设计体系之后，理念设计的第一步就是确立企业的基本定位和长远目标。这包括对企业的愿景、使命和核心价值观进行明确，这些元素反映了企业为何存在，其未来的发展方向以及其核心的经营理念。这一阶段需要企业高层与关键利益相关者的密切合作，对企业历史进行深入的研究，对企业的发展脉络有清晰的追踪和研判，通过分析企业的历史，现状以及员工、客户和其他利益相关者的需求和期望，可以获得宝贵的意见，这些意见将指导理念层的具体内容。外部环境分析，如市场趋势、行业标准和竞争对手的做法，也应纳入考虑范围，确保理念与企业的业务战略和市场定位相一致。核心价值观是企业文化的基石，它指导员工的行为并塑造企业的品牌形象。在设计这些价值观理念时，应确保它们既有实际意义，又能激励人心，鼓舞士气和精神，同时易于理解和执行。行为准则应明确界定，与核心价值观相一致，具体指导员工的日常行为和决策。

此外，理念设计不应只是模仿，而应体现企业的独特性。将企业的特定优势和传统元素融入理念设计。同时，理念中应包含创新元素，使企业文化的设计在传承中创新优化。需要注意的是，理念设计是一个动态的过程，需要多次讨论和反馈才能完善，并非一蹴而就，能毕其功于一役。在设计过程中，应不断征询内部、外部利益相关者的意见，秉承精益求精的态度，确保理念广泛的可接受性和实际可行性，还应通过反复的修正和调整，使理念更加精练和高效。敲定了理念设计后，需要通过清晰和有力的语言将其表达出来，文字与文字或词组与词组的排列组合还要考虑押韵或者对仗，讲究语言的韵律美，朗朗上口，这样才有利于企业文化的传播，有利于通过语言的气势提升员工的士气和效率，增强企业在市场竞争中的优势。

第七章 职业能力导向下的企业文化建设

(三) 企业文化设计中的制度层设计

在企业文化设计中,制度层的构建至关重要,因为它直接关系到企业理念的实际落地和每日运作的有序性。企业文化制度层设计不仅包括基本的工作制度、责任制度等,还包括企业独特的风尚和员工行为规范,这些都是传达和强化企业理念的重要手段。

1. 企业基本制度设计

企业制度是保障企业运行效率和秩序的基础,它包括工作制度、责任制度以及一些特殊制度。工作制度和责任制度确保了企业内部运营的标准化和规范化,明确了员工的工作职责、工作时间以及相应的工作流程,有助于形成高效的工作环境。特殊制度则反映了企业的独特管理风格和文化特色,比如"五必访"制度,即在员工结婚、生子、生病、退休、去世等关键时间节点进行探望或慰问。这种人性化的管理措施不仅体现了企业对员工的关怀,还增强了员工的归属感和忠诚度。

2. 企业风尚设计

在企业文化设计中,企业风尚的设计是体现企业独特文化特征和增强内部凝聚力的重要方面。企业风尚通常包括长期形成的习惯行为、典礼、节日活动和其他各类团队活动,这些都是企业日常生活的一部分,有助于塑造企业的独特性和增强员工的归属感。

企业风尚的设计应当充分考虑企业的历史背景、行业特性和员工的多样性。这些风尚不仅是日常工作的一部分,还能够在不同的层面上反映企业的核心价值观和经营理念。例如,企业可以设立特定的庆典日,如创立纪念日、员工感谢日等,通过这些特定的日子来纪念企业的重大事件或表彰员工的贡献。这样的活动不仅增强了员工之间的联系,也提升了员工对企业文化的认同感。此外,企业还可以通过定期的团队建设活动来强化团队合作精神和提升员工间的相互理解。这类活动可以是团队竞技、户外拓展或者是晚宴聚会等,旨在通过轻松的社交环境加深员

工之间的友谊和合作。

企业风尚的设计还应考虑到包容性,确保各种背景的员工都能感到被尊重和包容。例如,考虑到员工可能来自不同的文化背景,企业可以在设计节日和活动时融入多元文化元素,从而让每个员工都能找到共鸣。

采用这样的方式设计企业风尚,不仅能够传达和强化企业理念,还能营造一种正面、积极和具有支持性的工作氛围。这样的企业风尚设计有助于提升员工的工作热情和忠诚度,从而推动企业向更加和谐与成功的方向发展。

3. 员工行为规范设计

员工行为规范是企业制度设计的重要组成部分,主要涉及员工的仪表仪容、社交礼仪、岗位纪律、工作程序和素质修养等方面。这些规范直接影响企业的外部形象和内部环境,好的行为规范应当简洁、易于记忆、操作性强且高度相关,使员工能够容易理解和遵循。这些具体的行为规范,可以确保员工在日常工作中展现出与企业文化相符的专业态度和行为。

总之,企业制度层的设计是企业文化传达和实施的关键,不仅要创建一套规则或指导方针,还要构建一个能够全面体现企业理念、提升员工行为标准并增强企业独特性的系统。通过这样的设计,企业不仅能够提高运营效率,还能在员工心中种下归属和认同的种子,促进企业的长期发展和成功。

(四)企业文化设计中的物质层设计

企业物质文化是指组织创造的物质层面的文化现象,通过具体、看得见或可触摸的物质形态展示出来,是组织文化在物质层面上的表现,包括企业的生产设施、办公环境、广告、产品、服务和生活环境以及其他文化设施等。这一层面的文化是相对容易看见和改变的,不仅反映了企业的经营成果和工作方式,也形成和反映组织文化精神层和价值追求,是制度层的基础,是企业核心价值观的直观外在体现。物质层设计应该注意以下几点。

1. 产品和服务设计

企业生产的产品和提供的服务是物质文化的核心内容。设计时应确保产品和服务不仅符合市场需求,还能够体现企业的价值观和理念。例如,通过环保材料的使用和可持续的生产方法,展示企业对环保的承诺。

2. 工作和生活环境

企业应创造一个既能提升效率又能反映企业文化的工作环境,这包括办公室布局、建筑风格、内部装饰等。生活环境的设计,如员工休息区和娱乐设施,也应考虑员工的福利和幸福感,从而提升员工的归属感和满意度。

3. 视觉识别系统

视觉识别系统包括企业标志、标准字体、色彩方案等。这些都是构成企业视觉形象的关键元素,可直接与公众互动,不仅体现了企业的视觉身份,也是企业理念、精神与价值观的重要传递媒介,这些元素合起来形成了企业在公众心目中的形象,是公众认知中企业形象的直接体现。因此视觉识别系统的设计需要简洁明了,易于公众识别和记忆,有效传达企业理念。尤其是企业标志的设计,企业标志是品牌身份的核心,是企业文化的视觉载体,相当于一个人的代表符号,它承载着企业的历史和文化,融入企业的核心理念和精神,反映企业的定位和愿景,能够快速传达企业的核心价值和理念。标志设计应简洁明了,具备独特性和易记性,通过色彩、形状和图案等元素的有机结合,创造出具有强烈视觉冲击和深刻象征意义的图形,易于识别,以避免品牌形象被同质化的文化稀释,同时能够激发相关联想,增强品牌辨识度。

4.文化活动和传播

企业可通过组织文化活动和利用各种传播媒介,如企业网站、社交媒体、广告等,来传播企业文化。这些活动和传播策略应与企业的物质文化相协调,增强内部员工与外部公众对企业文化的感知和参与。

企业文化的物质层设计还有其他具体细节,如公司宣传手册、网站等,此处不再一一进行展开。总之,只有认真进行研判,精心设计出科学、符合市场的企业物质文化,才可以增强企业的内部凝聚力和员工的工作动力,塑造出独特且具有吸引力的品牌个性,在市场中树立独特的企业形象,吸引客户和合作伙伴,从而在竞争激烈的市场环境中获得优势。

三、企业文化实施

(一)企业文化实施的内涵

企业文化的实施阶段是企业文化运行和管理中不可或缺的一部分,是一个涉及理念形成、塑造、传播到落地的全面过程,关键在于确保企业文化不仅被广泛宣传,还被有效执行和内化。

在这一阶段,企业将既定的文化内容,包括企业文化理念、价值观和行为规范,通过一系列的措施和保障,转化为员工具体日常行为和组织操作流程,确保企业文化在组织内部生根发芽。这不仅涉及行为的改变,也关乎组织氛围和员工心态的转变。因此,实施阶段的管理和引导至关重要,有效的管理和引导有助于提升员工的文化认同感,使企业文化深入人心并影响组织的每一个层面,从而加强企业的凝聚力和竞争力。无效的管理和引导可能导致文化实施流于形式,员工对企业文化的理解和接受容易陷入表面化,缺乏深度,这不仅降低了文化实施的效果,也可能导致员工行为与企业文化之间的矛盾,影响企业的凝聚力和员工的稳定性,从而影响企业的整体运行效率和市场形象。

第七章 职业能力导向下的企业文化建设

此外,企业文化的实施阶段不仅是传递企业文化的阶段,还是一个反馈和检测企业文化设计效果的重要时期。通过这一阶段的活动和反馈机制,企业可以评估文化理念是否易于被员工所理解和接受,也能检测文化理念在实际工作中的应用效果。这些反馈信息对调整和完善企业文化至关重要,帮助企业领导层对文化策略进行必要的修正,确保文化实施的持续有效,以及企业战略目标的实现。

(二)企业文化实施的内容

企业文化实施的内容包括理念传达和行为指导。理念传达指确保企业文化中的核心理念和价值观能够被所有员工理解并接受,保证每位员工都能够准确把握企业文化的精髓。行为指导包括制定与文化相符的工作指南和行为准则,以及通过榜样的力量,即领导者和关键员工的示范行为,来引导员工的日常行为,将文化理念转化为具体的行为标准。同时,企业文化实施还需要一定的制度支持,通过制定和调整组织的政策和程序来支持文化的实施。这可能涉及人力资源管理、质量控制、客户服务等多个方面,确保这些政策和程序能够反映并强化企业的文化价值。此外,实施过程还需要进行环境创设,创造一个与企业文化相协调的物理和心理环境。这包括办公环境的布局、企业的视觉标识系统以及营造一个开放、包容的工作氛围。企业文化的实施是一个动态的过程,需要根据组织发展的需要和外部环境的变化不断进行调整和优化。这要求企业定期评估文化实施的效果,并根据反馈信息进行必要的调整。

(三)企业文化实施的方法

企业文化的实施不是一蹴而就的过程,也不是简单地制定一些规则和口号就能自动落实的。相反,它是一个需要精心策划和执行的系统工程,需要采取切实有效的方法进行落实,使企业文化真正根植于企业的日常运营中,并发挥其应有的作用。企业文化实施的方法如图 7-5 所示。

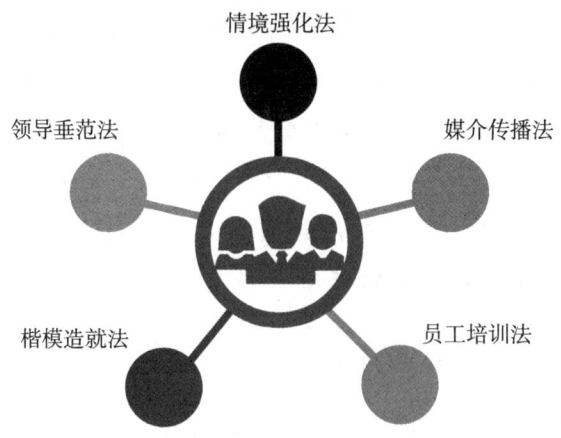

图7-5 企业文化实施的方法

1. 领导垂范法

领导垂范法强调企业领导者在文化传播和塑造中的关键作用。这种方法认为,领导者的行为和态度直接影响着整个组织的文化氛围和员工的行为模式。因此,企业的领导者不仅要在公开场合积极宣扬企业的核心价值观和文化理念,还要在日常工作中身体力行,通过自己的实际行动来示范和强化这些价值观,成为文化的模范执行者。这不仅包括遵守企业的行为规范,还包括在决策和行为上展示企业所倡导的诚信、责任感、创新和协作等价值观。

此外,领导垂范法还涉及领导者如何通过象征性的行为来加强文化理念的传播。这可能包括在特定的公司活动中发表讲话,表彰那些体现企业文化的优秀员工,或是在公司内部分享成功的案例,这些都是强化企业文化的有效方式。通过这样的行为,领导者不仅传达了企业文化的内容,还展示了这些文化价值在实际工作中的应用,可以显著提升员工对企业文化的接受度和参与度,增强员工对企业文化的认同感和归属感,从而塑造一个更加积极和协调的工作环境,增强企业的内部凝聚力和整体竞争力。

第七章 职业能力导向下的企业文化建设

2. 楷模造就法

楷模造就法是通过树立和推广内部楷模或英雄人物来激励和引导员工，使企业文化得到有效贯彻和体现。这种方法以社会心理学为依据，即人们普遍存在的成就欲望可以通过模仿行为表现出来。在企业环境中，楷模或英雄人物的行为和成就可以成为其他员工学习和效仿的对象，从而加深企业文化的影响。

在实施楷模造就法时，企业要挑选那些能够体现和传达企业核心价值观和理念的员工作为楷模。这些人物通常具备杰出的成就、积极的工作态度和强烈的企业精神。他们的行为和成就被用作展示企业理念的实例，通过公司内部的各种渠道如员工大会、内部新闻稿、培训材料等进行广泛传播，这种广泛的传播不仅能提升楷模本身的影响力，也使所有员工都能具体看到企业文化在实际工作中的应用。

此外，企业通过持续的培训和项目实施，可以不断培养潜在的楷模，为他们提供展示自身价值和能力的平台。这种培养过程包括提供必要的资源、指导和机会，以确保这些潜在楷模能够在将来继续推广企业文化。同时，可以通过对这些楷模的正面反馈以及物质或精神上的奖励，进一步激励员工积极参与到企业文化的实践中。

3. 员工培训法

员工培训法是一种重要的企业文化实施方法，旨在通过系统的教育和培训活动，帮助员工深入理解并内化企业文化。在实施新的企业文化时，员工可能因为惯性思维或传统观念的影响而不易接受新的文化理念。因此，采用比较系统的员工培训法不仅可以帮助员工克服这些障碍，还能促进他们从内心真正认同和支持企业文化。

这一过程通常需要企业文化领导小组或专门的企业文化部门来统筹实施。这包括与人力资源部门等相关部门协作，制订详细的培训计划，将企业文化的核心价值观和理念纳入新员工培训、在岗培训以及各种专题培训中。这样的全员培训不仅是传授知识,也是一种文化的沟通和交流,通过不同的培训方法激发员工的参与感和归属感。

培训的方法多种多样,可以包括但不限于讲授法、视听技术、讨论法、案例研讨、角色扮演、自学、互动小组以及网络培训等。这些方法各有侧重,能够适应不同员工的学习习惯和培训需求。

4. 媒介传播法

媒介传播法是指利用对内和对外的媒介传播渠道对企业文化进行传播。

其中,对内传播主要通过正式网络和非正式网络进行。正式网络包括企业自创的各种刊物、报纸、闭路电视、企业广播以及宣传栏和内部局域网等,这些渠道能够确保所有员工都能系统地接收到企业文化的相关信息。非正式网络则包括非正式团体内的交流和企业内的非正式信息传播,这些非正式的交流方式有助于企业文化在员工中的自然传播。此外,企业文化手册(或称员工手册)也是一个重要的对内传播工具,它为员工提供了一个随时可参考的企业文化指南。

对外传播则通过更广泛的媒介进行,包括电视、广播、网络、交通工具、建筑物、户外广告和楼宇广告等。通过这些渠道,企业可以将文化价值观传递给更广泛的公众和潜在客户。在使用这些媒介时,企业通常需要支付广告费用来购买广告时段或空间,确保其信息能够有效传达。此外,企业应根据不同媒介的特点和目标受众来策划内容,使传播效果最大化。

有效的媒介传播还需要企业进行积极的公关活动,与媒体保持良好的合作关系,这有助于企业文化新闻事件的主动报道。企业可以通过精心策划的事件或新闻稿吸引媒体的注意,从而无须高昂的成本就能达到广泛传播的效果。此外,企业也应该注意媒介传播的内容要丰富多样、形式多变,以激发员工和公众的兴趣和参与度,从而加深企业内部和外

第七章 职业能力导向下的企业文化建设

部人员对企业文化的理解和认同。通过这样的策略,企业能够有效地将文化价值观内化于员工,并扩散至整个社会,形成强大的品牌影响力和竞争优势。

5. 情境强化法

情境强化法是指通过精心设计的情境来加深员工对企业文化理念的理解和内化。这种方法利用具体的场景和故事化的内容,使抽象的文化理念变得直观、易懂,并能够深刻地影响员工的思考和行为。

情境强化法的核心在于创造一个能够触动员工情感和认知的环境。通过这种环境设置,员工可以直接体验到企业文化的实际意义和应用,从而更容易地接受和吸收这些理念。情境强化法也可通过故事化的方式来实现。故事是传递信息的强大工具,能够使复杂的理念变得生动和有趣。企业可以利用寓言故事来阐释道德和理念,使用真实的案例来展示企业理念在实际工作中的应用,或者讲述企业内部的成功故事来激励员工。这些故事不仅有助于员工更好地理解企业文化,还能激发他们的情感共鸣,增强他们对企业的忠诚和归属感。但是这种方法需要巧妙的构思和设计,而且最好设置专门的负责人员进行,企业通常需要投入相对较高的资源,包括时间、财力以及人力资源。对资源有限的小企业或初创公司,可能需要寻找成本更低、操作更简便的文化实施策略。不过,对那些资源充足、愿意投资于长期文化建设的大企业,情境强化法无疑是一个值得考虑的选择。每个企业都应根据自身的实际情况和需求,量力而行,选择最合适的方法来实施企业文化,使企业文化的实施成为一种推动企业向前发展的动力。

(四)企业文化实施的保障措施

企业文化的有效实施需要综合考虑主观和客观条件,形成一个支持和实行企业文化理念的环境。

在主观条件方面，企业文化的推广依赖领导层的强烈支持和示范，他们的权威性、影响力和个人魅力直接影响企业文化实施的效果。此外，员工的积极参与也是不可或缺的。企业应建立专门的部门来组织文化相关活动，为员工提供学习和体验企业文化的机会。这种自上而下的广泛参与有助于将文化理念深入人心，确保每个员工都能理解、接受，并将这些文化理念转化为自己的行为准则。

在客观条件方面，企业文化必须与市场环境、行业特点和企业自身特色相符合。随着企业经营环境的变化和企业战略的调整，企业文化也可能需要进行相应的调整。特别是在跨国经营时，企业还需要进行跨文化管理，确保文化在不同文化背景下的有效传播和实施。

综合考虑主客观条件，可以从以下几个层面入手进行保障机制的建立，如图7-6所示。

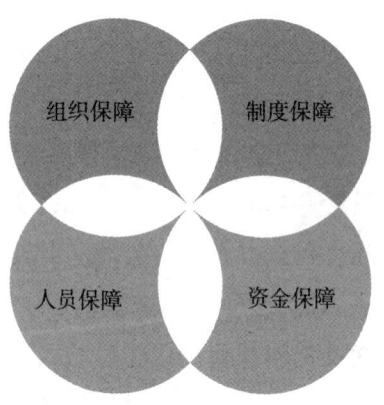

图7-6 企业文化实施的保障措施

1. 组织保障

企业文化实施的组织保障是确保企业文化成功传播和扎根的关键。这种保障通常通过组建或者成立专门的机构和团队等组织专门负责企业文化的推广、监督和评估工作。

第一，建立一个以高层领导为首的企业文化领导小组是推动企业文化实施的组织基础和核心。这个领导小组常被称作企业文化建设委员会，

第七章 职业能力导向下的企业文化建设

不仅包括公司的高层管理者,也应该包括来自不同层级和部门的代表以及外部的企业文化咨询专家。这样的多元化组合有助于从不同角度审视和推广企业文化,确保企业文化实施活动得到全方位的支持和贯彻。

领导小组的主要职责包括以下内容:确立企业文化的宗旨,向全体员工宣传企业文化的重要性;制定和调整企业文化的建设原则和目标;精确定位企业文化的发展方向,适应内外部环境的变化;规划和监督企业文化的具体实施步骤及时间表;建立一个有效的管理体制和运行机制,解决实施过程中可能遇到的问题。

第二,为了细化企业文化实施的职能,需要在领导小组指导下建立一个专职的工作机构,如"企业文化部"或"企业文化中心"。这个机构由对企业文化有深入理解并且热心于文化建设的员工组成,负责日常的文化推广活动、培训、事件组织和内部沟通等。此外,这个机构也要承担监测和评估企业文化实施效果的责任,确保文化活动与企业的长远目标相符合。

通过这种双层组织结构的设置——领导小组与执行机构的合作,企业可以确保文化建设活动得到有效推广。这种结构不仅有助于提高员工对企业文化的认同感,还能促进企业文化在不同业务和运营层面的融合和应用,最终推动企业的持续发展并提高企业的市场竞争力。

2.人员保障

企业文化的实施不仅要依赖高层领导的支持和倡导,还需要员工的参与,动员自上而下贯通的全员体系参与进来。如果没有员工的参与,企业文化实施过程也成了无的放矢。

在各部门和团队中设立文化推广大使是动员基层有效参与企业文化建设的一种方法,可以挑选在同事中有影响力、对企业文化充满热情、能够推动同事参与活动的员工担任此职位,作为文化倡议的本地联络点,帮助调整并推广与特定组织群体相关的活动。此外,各团队或部门层面的互动工作坊也非常有效,相对来说,这种部门间的互动工作坊活动的氛围会更加活跃，员工与同级别人员交流会感到更加舒适，也更利于成员畅所欲言，讨论企业文化价值在日常工作场景中的实际应用。同时，这种方式也鼓励了同事间的相互学习和带动，能获得更高的参与度。除了这些正式的形式，企业也应鼓励员工参与非正式的培训会议或基于他们推行公司文化的经验进行讨论。

3.资金保障

为了确保企业文化的有效实施和持续推动，设立专项资金也是重要的保障机制。这种专项资金应由负责企业文化建设的小组、部门监管使用，并根据企业的实际情况来确定具体的资金规模。保障资金的分配和使用可以涵盖多个方面，包括宣传费用、教育培训费用、文娱活动费用、企业文化设施建设费用以及部门建设费用等。

宣传费用用于增强企业文化的可见度和影响力，涵盖了企业形象设计、公关活动、公益广告、新闻发布会以及各种文化宣传资料的印刷与制作等费用。有效的宣传活动可以增强外界对企业文化的认知和认同。

教育培训费用主要用于员工的文化培训和发展，包括购买培训教材、邀请专家开展讲座以及组织外出学习等。这些活动有助于员工更好地理解企业文化，提高他们的文化素养和实践能力。

文娱活动费用用于组织各种文化建设活动，如演讲比赛、讲故事比赛、晚会、研讨会等。这些活动不仅增强了员工的参与感，还有助于加深员工对企业文化的理解。

企业文化设施建设费用用于包括企业文化展览室、产品展示厅、阅览室等文化设施的建设和维护。这些设施是企业文化物质化的表现，有助于营造浓厚的企业文化氛围。

部门建设费用用于相关部门的人员配备和办公设备购买等，这是确保企业文化部门正常运作和高效执行各项文化活动的基础。

通过这样综合性的资金支持，企业可以更加系统和有序地推进文化

第七章 职业能力导向下的企业文化建设

建设工作,确保企业文化在日常经营中的深入推广和长远发展。此外,企业还需定期评估这些资金的使用效果,确保每一笔投入都能有效地推动企业文化的持续进步和优化。

4.制度保障

在企业文化实施中,构建制度保障并非依赖硬性的、严格的规章制度,而是着重于营造一个开放和自由的工作环境,这对促进企业文化的内化及活跃至关重要。

制度保障应该以强化企业文化的理念为基础,通过制度上的规定,鼓励开放的沟通和自由的表达,而不仅是形式上的制度、简单的命令和控制。企业需要建立开放的沟通渠道,让所有员工都能够自由地表达意见和想法。这包括定期的团队会议、匿名反馈系统以及非正式的交流环境,开放的沟通有助于员工感到自己的声音被听到且重视,从而增强他们对企业文化的认同感和归属感。企业应当提供平台和机会,让员工在实际工作中体验和实践企业文化。这可以通过组织各种与企业文化相关的活动,如团队建设、社区服务日等,让员工在参与中深刻理解企业文化的价值。通过这些活动,员工不仅能够学习到如何在日常工作中应用企业文化,还能够加深对企业文化深层价值的理解和认同。此外,企业还应当建立有效的激励机制,确保企业文化的实施能够得到正向的加强。这包括为表现出色的团队和个人提供认可和精神奖励,让员工可以自由表达对企业文化实施的看法和建议。通过这种方式,企业可以不断优化文化实施策略,使之更加贴合员工的实际需要和企业的长远发展。

第八章 职业能力导向下企业文化建设评价

第一节 职业能力导向下企业文化建设评价的意义

在当今竞争激烈的商业环境中，企业文化已成为推动企业持续发展的关键因素。企业文化不仅塑造了企业的品牌形象，还影响了员工的行为模式和企业的整体业务运行。因此，有效地进行企业文化建设成为提高企业内部凝聚力和市场竞争力的重要战略。然而，仅仅制定出色的文化宣言并不足以保证文化的深入人心和功能发挥，企业还需要通过科学的评价机制来监控和调整文化实施的效果。这样的评价不仅能帮助企业识别和解决文化建设中的难题，也是确保文化建设目标实现的关键步骤。职业能力导向下企业文化建设评价的意义如图 8-1 所示。

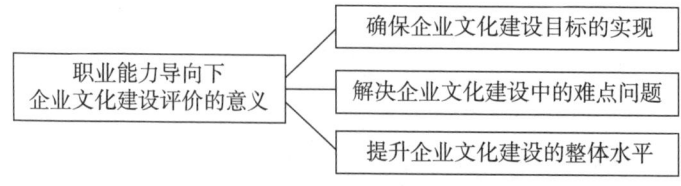

图 8-1 职业能力导向下企业文化建设评价的意义

第八章 职业能力导向下企业文化建设评价

一、确保企业文化建设目标的实现

企业文化建设的评价对确保文化建设目标的实现具有决定性的作用。

首先,企业文化建设的评价能够帮助管理层确认企业文化的推广活动和实施措施是否与企业的长期目标和短期目标保持一致。评价体系的有效实时监控与定期评估,可以及时了解到文化建设的进展情况,帮助管理层识别文化建设中的优势和不足。例如,通过评价体系了解文化理念在员工中的渗透程度,检测文化活动的参与度以及员工对企业文化的认同感等数据,这些阶段性的评价数据为企业文化的评价结果提供了宝贵的信息,使得管理层能够有针对性地采取改进措施,调整策略,及时拨正企业文化建设的方向,从而更好地推动企业文化向预定的方向发展,实现最终目标。

其次,当企业进行文化建设评价时,通常会涉及员工的意见和反馈信息。这不仅有助于管理层获得一手的文化建设反馈信息,还能让员工感觉到他们的意见被重视。例如,采用员工问卷调查、访谈以及行为观察等手段,可以收集到关于企业文化建设的直接反馈信息,这种参与的形式感会增强他们对企业文化的认同感,是文化成功落地实施的重要因素,能确保企业文化建设目标的最终实现。

二、解决企业文化建设中的难点问题

企业文化建设是一个涉及组织各层面和所有员工的复杂而持续的过程。在这个过程中,没有一个科学的评价体系,企业将很难准确地测量文化建设的具体效果,进而无法有效地进行必要的调整和优化。此外,在企业文化建设的过程中,企业往往会遇到一系列挑战,如价值观的不明确、文化理念与实际操作的脱节等。这些问题若不及时解决,可能会阻碍企业文化的深入发展和有效实施。因此,建立一个科学高效的企业文化建设评价体系显得尤为重要。这种评价机制能够帮助企业更准确地

了解文化建设的当前状态和效果,及时发现并解决存在的问题。

第一,评价可以帮助管理层加深对企业文化重要性的理解。通过定期的评价活动,如员工满意度调查、文化适应性评估,管理者可以获得关于企业文化实施效果的直接反馈信息,从而更深入地理解文化建设的成果与不足。这种理解促使管理层更加重视文化建设,从策略层面为文化深化提供支持。

第二,评价机制有助于实时监控文化建设过程。通过收集和分析员工对企业文化的感知和反馈信息,企业可以实时监测文化政策的执行情况和员工的文化适应度。这种监控不仅帮助企业及时调整文化建设策略,还能有效避免文化理念在实施过程中的偏离。

第三,评价体系还能促进企业文化建设活动的有效实施。评价结果提供了企业文化建设中哪些措施有效、哪些措施需要改进的具体数据,帮助企业优化资源配置,确保文化建设活动能够有针对性地解决实际问题。例如,如果评价发现某部门员工对企业价值观认同度低,企业便可以有针对性地增强该部门的文化培训和交流,提升员工的价值观认同感。

可以看到,企业文化建设评价是推动企业文化深入实施的关键工具。它不仅解决了企业在文化建设中遇到的难题,还通过提供数据支持和反馈机制,确保了文化建设不断优化和改善,为企业持续发展奠定了坚实的文化基础。

三、提升企业文化建设的整体水平

企业文化建设评价是提升企业文化整体水平的关键工具,它能将企业文化建设转变为一个可持续改进的系统性工程。这种评价机制不仅涵盖了从文化诊断、规划设计、体系实施到调整反馈的全过程,还能为企业文化的每个阶段提供关键的数据支持和实时反馈信息,确保文化建设的全流程活动能持续有效地进行。

第八章 职业能力导向下企业文化建设评价

文化诊断分析评价是企业文化建设评价的起点。通过对现有企业文化状态的深入分析，企业能够准确地识别文化强项和弱点。这种诊断评价通常涉及广泛的员工调查、管理层访谈以及对企业历史文化事件的回顾。这一阶段的评价结果有助于企业明确文化建设的改进方向和重点。进入文化规划设计阶段，企业根据诊断结果制定具体的文化建设目标和实施策略。评价在这一阶段的作用是确保文化建设计划的可行性和适应性，对设计的每一部分进行可行性测试和评估，以改进规划中可能存在的不足。

当企业进入文化体系的建设阶段，持续的评价机制则显得尤为重要。通过对建设过程中的各项活动和成果进行持续监控和评估，企业能够及时发现建设中的问题，调整策略以应对不断变化的内外部环境。例如，通过定期的员工文化感知调查和文化活动参与度统计，企业可以评估文化措施的有效性和员工的文化接纳度。

在文化建设的调整和反馈阶段，评价发挥着闭环反馈的作用。企业通过收集广泛的内外部反馈信息，分析文化建设的长期影响和即时效果，不断优化和调整文化策略。这不仅有助于企业修正偏离的文化实施路径，也能够通过反馈信息鼓励员工持续参与文化建设过程。

综合这些评价过程，企业可以建立起一个良性循环的文化建设和管理体系，不断地通过评价来优化文化策略，提升企业的文化竞争力和整体管理水平。这种系统性的评价机制确保了企业文化建设不是孤立的项目，而是一个与企业战略紧密结合、能够自我完善和发展的动态系统，从而促进企业文化的整体建设与发展。

从以上3个方面可以看出企业文化建设评价对实现企业文化建设的重要性，它不仅帮助企业监控和评估文化建设的效果，还为企业提供了调整和优化文化策略的依据，确保企业文化建设能够适应内外部环境的变化，持续推动企业文化建设向前发展，对企业文化建设意义重大。

第二节 职业能力导向下企业文化建设评价的原则

一、全面性原则

在企业文化建设评价中,全面性原则强调评价过程能够覆盖企业文化的所有关键方面,从而提供一个准确且具有全局的视角。这个原则的核心在于确保企业文化的各个组成部分——价值观的传播、员工的接受程度、行为表现以及文化对业务战略的支持,都得到充分评估。全面性原则的贯彻实施,有助于揭示文化建设的效果,指出其中的不足,从而为文化的持续优化提供数据支持和策略指导。评价除了要涵盖一些关键内容和环节,还要注意以下几个方面。

第一,全面性原则要求企业评价不仅要关注文化传播的广度,即文化理念是否被广泛传达给每一位员工,还要关注深度,即这些理念是否被员工深刻理解并转化为具体的行为实践。例如,企业是否能通过日常交流、培训和内部活动等方式,有效传播其核心价值观,并观察这些价值观如何影响员工的决策和行为模式。

第二,全面性原则强调不同层级、不同部门乃至不同地区的文化建设情况都应纳入评价范围。企业文化在总部得到良好建设,但在分支机构的建设情况可能大相径庭。因此,评价需要具体到每一个建设单元,确保企业文化在全组织范围内的一致性和有效性。

第三,全面性原则还要求企业关注文化建设对员工职业发展的影响。这包括企业文化是否为员工提供了成长和发展的机会,如领导力培训、职业规划辅导等,以及这些文化元素如何帮助员工提升其在职场上的竞争力。

二、透明性原则

透明性原则在企业文化建设评价中扮演着至关重要的角色。它要求

第八章　职业能力导向下企业文化建设评价

评价过程及其结果对所有利益相关者，特别是企业内部的员工，都应是开放和可访问的。透明性不仅能增强评价的可信度，还能提高员工的参与感和对文化建设成果的共识，确保了企业文化建设的每个步骤都为员工所知，并且评价的标准、过程和结果都清晰公开，这样做有助于营造一个信任的氛围，从而加强文化的内在影响力和持久性。

第一，透明性原则意味着企业必须公开文化建设的目标和策略。这种做法不仅有助于员工理解企业的长期方向和即时行动，还能让他们看到自己在这一过程中的位置和作用。当员工明白他们的行为如何与公司的文化和目标相符合时，他们更有可能积极参与并支持这些文化倡议。

第二，透明性原则要求企业在进行文化评价时，公开评价的方法、工具和时间表。这种信息的公开使员工能够理解评价的具体方式和原因，减少误解和不信任感。例如，如果员工知道通过哪些指标和方法来衡量他们的文化表现，他们更能够在日常工作中有意识地支持这些标准。

第三，透明性原则还涉及对评价结果的公开讨论。企业应该不仅在高层之间分享评价结果，还在全员会议中讨论这些发现，甚至可能包括策略调整的建议。这种做法不仅增强了员工的归属感，也鼓励他们提出自己的见解，从而进一步优化企业文化。

第四，透明性原则还要求企业在文化建设过程中遇到需处理的问题和面对挑战时保持开放态度。当问题被公开并且以建设性方式解决时，这可以成为加强文化和团队凝聚力的契机。这种开放的问题处理方式不仅可以快速有效地解决问题，还可以作为一个强化企业核心价值和行为标准的机会。

从整体来看，透明性原则通过确保评价过程的开放和公正可以增强企业文化建设的整体效果，促进员工的积极参与，加深企业文化在组织中的根植程度。这不仅有助于文化的持续发展，还有助于强化企业的内部凝聚力和外部形象。

三、可操作原则

可操作原则在企业文化建设评价中非常关键,因为它确保了评价活动不但在理论上合理,而且能够在现实操作中有效执行。这一原则的核心在于将理论转化为具体的实践步骤,提供清晰、具体的指导,以便所有相关人员能够理解、参与并有效实施文化评价。

首先,可操作原则要求评价过程和工具必须简洁明了,易于理解和应用。这意味着在设计评价方法时,应避免过于复杂或需要专门知识才能理解的技术,而应选择那些可以被员工广泛接受和使用的方法。例如,简单的问卷调查、直接的行为观察列表或用户友好的电子反馈系统都是推动评价活动易于操作的良好实践。

其次,可操作原则强调为评价过程提供充分的资源和支持。这包括必要的时间、财政预算、技术工具以及人力资源,确保评价活动能够顺利进行,不因资源不足而中断或质量下降。在资源配置时,企业还需考虑到各部门和团队的具体需求,以便他们能够有效地参与到文化评价中。

再次,可操作原则还要求明确评价的责任和流程。这意味着每一个评价活动都应明确谁是负责人、具体的执行步骤是什么,以及如何处理评价结果。明确的责任分配和流程指导有助于提高评价活动的效率和效果,减少可能的混淆和误解。

最后,可操作原则还要求考虑评价结果的应用。可操作原则不仅关注评价活动本身的执行,还关注如何将评价结果转化为实际的行动计划。这需要确保评价结果能够被清晰地解读,并且相关决策者可以基于这些数据做出具体的文化改进措施。因此,评价报告应提供具体、实际的建议,而不仅是抽象的数据分析。

遵循可操作原则可以确保企业文化建设评价不只是一个理论上的构想,而是一个实际可行、能够带来具体改进的活动。这种实践性的强调有助于确保文化建设的努力能够转化为明显的组织改变,从而有效地推

第八章 职业能力导向下企业文化建设评价

动企业文化建设目标的实现。

四、动态性原则

动态性原则是企业文化建设评价中应该遵循的一项关键原则，它强调评价活动应随着企业内外部环境的变化而适时调整，确保文化建设评价始终与企业的实际一致。这一原则要求认识到企业文化不是一成不变的，而是需要根据组织发展的阶段、市场条件、技术进步以及员工需求的变化进行动态调整，因此评价体系也要随之进行更新。

具体而言，第一，动态性原则意味着企业文化的评价指标和方法需要具备适应性，能够反映出时代和行业发展的最新趋势。随着企业环境和业务目标的变化，原有的文化元素可能需要更新，以支持新的战略方向或应对新的市场挑战。例如，一个迅速成长的创业公司可能需要从强调创新和灵活性的文化，逐渐过渡到更多强调规范和效率的文化，以适应其规模扩大后的运营需要。

第二，动态性原则强调企业在文化评价过程中的动态适应性。评价的形式要涵盖定期的阶段性和总结性评价，在文化建设的任何阶段，一旦识别到企业文化建设的问题，企业可以即刻启动即时评价。这种灵活的评价机制允许企业利用实时反馈来调整和优化其文化策略。通过这一过程，企业能够迅速识别并解决在文化建设中出现的问题，调整不符合当前组织需求的文化实践，进而保持企业文化的活力和相关性。这种动态的评价方式不但反映了文化建设的实时状态，而且促进了企业对文化变革的快速响应，确保文化策略与企业发展战略持续保持一致。

第三，动态性原则也强调了预测未来变化的重要性。企业应该不仅对当前的文化状况进行评价，还要预见未来可能出现的变革需求，为文化的长远发展做好准备。这可能涉及探索新的领导风格、引入新的工作方式，或者增强企业在全球化背景下的多元文化适应性。

第四，实施动态性原则还要求企业文化评价具有连续性。这不是一次性的项目，而是一个持续的过程。随着企业发展不断地进行调整和改进，连续的评价能够帮助企业构建一个持久且自我提高的文化环境，不断适应并引领变化。

通过这种动态的评价过程，企业能够确保企业文化始终符合内外部环境的要求，增强其适应性和竞争力，最终实现持续的组织成长和成功。

第三节　职业能力导向下企业文化建设评价的体系构成

企业文化建设的评价是一个审视企业文化建设全角度、全流程的评价体系，这种全面和系统的评价机制覆盖文化建设的每一个环节、每一个要素，不仅要实现对文化建设活动的全方位把控，检测企业监控和评估文化实施的实际效果，还要保证企业文化建设目标的最终实现。

一、企业文化建设成效的评价

企业文化建设的目标是增强企业内部凝聚力，促进企业持续发展，而对企业文化建设成效的评价就是衡量企业文化建设是否正确实施，是否达到了预期效果。这种成效的评价可以从以下几个维度着手。

（一）是否提升了企业内部凝聚力

企业文化建设是否增强了内部凝聚力，可以从员工的团队合作精神、工作满意度和忠诚度来评估。一个成功的文化建设项目应能够促进员工之间的相互信任和协作，通过组织活动、有效沟通和共享价值观来实现。此外，增强凝聚力不仅能提高工作效率，还有助于形成积极的工作环境，形成员工黏性。因此，员工的留存率和参与度也是衡量内部凝聚力是否增强的关键指标。

第八章 职业能力导向下企业文化建设评价

（二）是否支持企业战略目标的实现

企业文化应当支持并推动企业战略目标的实现。有效的文化建设能够确保所有员工都明白并致力于共同的业务目标和愿景。评价此目标的达成，应考察员工如何将企业文化与其日常工作决策相结合，以及这种文化如何帮助企业应对市场变化、促进创新，并在竞争激烈的市场中保持领先。业绩的提升、市场份额的增加以及客户满意度的提高都是评价的关键指标。

（三）是否增强了企业的社会责任感

一个成熟的企业文化应促进企业和员工对社会责任的认识和承担。这包括环保措施、社会公益活动以及对公平交易的承诺。评价这一方面的成效，需要观察企业在社会责任方面的具体行动和项目执行情况，以及这些活动如何改善企业的公众形象和社会评价。此外，企业文化如何影响员工的个人价值观和行为也是评价的一部分。

（四）是否促进了企业持续学习和创新

企业文化应激励员工持续学习和创新，使企业能适应快速变化的市场。评价文化建设成效时，应考察企业在推动员工持续教育、技能提升以及新产品开发等方面的表现。有效的文化建设还应鼓励员工在工作中尝试新方法和技术，并持续改进。

（五）是否强化了客户导向和服务意识

优秀的企业文化应强化客户导向和高质量服务的理念。评价企业文化建设的成效，需要考察企业文化如何帮助员工更好地理解和满足客户需求、提升服务客户的水平。客户满意度的调查结果、客户留存率以及市场反馈信息都是重要的评价指标，表明了企业文化在实际业务活动中的影响力和实效性。

（六）是否促进了员工职业能力发展

企业文化对员工职业能力的发展起到了至关重要的作用。一个健康的企业文化不仅提倡终身学习的理念，还提供必要的资源和支持，使员工能够不断提升自己的专业技能和综合能力。评价这一维度的成效，可以从以下几个方面进行。

（1）专业技能提升。企业是否定期组织培训、研讨会或提供在线学习资源，帮助员工掌握最新的行业知识和技术。此外，通过提供职业发展路径和晋升机会，企业可以激励员工追求更高的职业目标。

（2）综合能力发展。除了专业技能，企业文化应鼓励员工发展如领导力、团队协作、创新思维和解决问题的能力。这些能力对员工的个人成长和企业的整体竞争力都至关重要。

（3）员工成就感和职业满意度。评价文化建设的成效也需观察员工的成就感和职业满意度。员工感觉自己的能力得到发展和认可，将直接影响其工作投入和忠诚度。

（4）绩效和贡献。员工能力的提升最终应反映在其工作绩效上。企业可以通过绩效评估系统来监管员工在职业技能和综合能力提升后的工作表现和对企业的具体贡献。通过这些指标，企业可以全面评价企业文化建设是否有效地促进了员工的职业能力发展，从而实现员工与企业共同成长的目标。

二、企业文化建设内容的评价

企业文化建设的评价是一个多维度、多层次的过程，它不仅包括对企业文化整体效果的评价，还涉及对文化建设各个层面的具体分析。企业文化建设内容通常可以分为理念文化、制度文化、行为文化和物质文化4个层次，针对每个层次的评价都是理解和优化企业文化的关键。

第八章 职业能力导向下企业文化建设评价

（一）理念文化建设评价

理念文化建设评价包含3个方面的内容，即理念的科学性、功能性、系统性。其中，企业文化理念的科学性评价，即这些理念是否有坚实的理论和实践基础，以及它们是否科学合理。这包括理念的现实适应性和前瞻性，是否能有效指导企业的实际操作和发展。理念的功能性评价，即这些文化理念是否有较强的针对性，能否解决企业面临的具体问题，以及它们在推动企业发展中的实际效用。理念的系统性评价，即审视理念体系的完整性和系统性，检查是否存在内容上的缺失或重复，确保理念体系的连贯和一致。

（二）制度文化建设评价

制度文化建设评价关注的是制度对理念的承接程度以及与理念的一致性和协调性。这涉及企业的所有基础制度，如产权制度、组织结构、人力资源、财务和生产管理等，主要评判企业各项制度是否能够有效地支持和体现企业的文化理念。

（三）行为文化建设评价

行为文化建设评价重点关注企业中的法人和个人行为如何体现文化理念。这不仅包括高层的决策行为、投资和广告行为，也包括普通员工在岗位上的行为和公共行为，评价的核心是行为与理念、制度的一致性。

（四）物质文化建设评价

物质文化建设包括企业的物理环境和有形资产，如办公区域、设备、产品造型和包装等。物质文化建设评价侧重于这些物质元素如何反映企业的文化理念，是否为员工提供了符合企业文化的工作和生活环境。

通过这种分层次、全面性的评价，企业能够确保每个层次的文化内容都能有效地服务于整体文化建设的目标,及时识别和修正那些与企业文化发展战略不符的文化内容。这种系统的评价方法不仅帮助企业持续改进和优化文化建设策略,也为企业创造了一个坚实的文化基础,促进了企业文化的可持续发展。

三、企业文化建设要素的评价

企业文化的建设不只是涉及抽象的价值观和理念的塑造,更重要的是这些文化元素如何被具体化、实践化,并体现在企业的各个运作层面上。因此,全要素评价非常具有必要性。全要素评价通过综合考量员工的接受度、领导层的推广力度、制度的支持性以及保障机制的充实性,为企业提供了一个多角度、多层次的评估视角。这种评价方式可以帮助企业确定文化实施中的薄弱环节,如领导层是否真正做到了以身作则、员工是否真正理解并接受了企业文化、制度是否真正支持文化的落地生根,以及保障机制是否足以维持文化的持续发展等层面。通过这一全面的要素评价体系,企业能够确保企业文化建设不仅停留在理念层面,还真正转化为推动企业持续成长和提升竞争力的实际行动。几个关键的企业文化建设要素评价如下:

(一) 对员工的评价

重点应关注员工如何接受和实践企业文化,主要评价指标包括员工对文化的适应性、参与度以及员工对企业文化的反馈信息和改进建议。这些指标有助于了解员工在日常工作中如何将企业文化理念转化为实际行动,并提供对文化建设效果的直接反馈信息。

(二) 对领导层的评价

考察领导是否能作为企业文化的传播者和实践者,通过自己的行为示范和决策来推广企业文化。评价指标涵盖了领导的表率作用、文化推

第八章　职业能力导向下企业文化建设评价

广能力、决策的一致性和决策与文化价值的契合度，以及领导对员工的影响和激励程度。领导层的行为和态度在很大程度上决定了文化建设的方向和效果。

（三）对企业文化建设队伍的评价

企业文化建设队伍的素质直接影响企业文化建设的成效。因此，评价需要涵盖对文化建设队伍的专业水平、工作制度和资源投入的考察。这包括评价队伍成员的专业能力、培训机会的提供情况以及工作环境的支持程度。

（四）对组织保障建设的评价

对组织保障建设的评价应重点关注企业文化建设的组织架构和支持系统。这包括评估企业是否建立了专门的企业文化领导机构、企业文化主管部门的职责分配是否明确，以及企业文化建设规划的制定与执行情况。此外，对企业文化建设经费的投入和管理也是评价的重要内容，这包括经费是否足额保障及其是否被高效合理地使用。

（五）对活动载体建设的评价

对活动载体建设的评价应着重考察企业如何通过各种活动载体传播和深化企业文化。这包括员工培训、专题教育的质量和影响，以及企业文化主题活动的组织和参与度。同时，对活动载体建设的评价还需要关注企业如何利用媒体（如报刊、电视、网络）有效传播企业文化，以及专项文化和子文化建设的成效。

（六）对考核评价与激励工作建设的评价

对考核评价与激励工作建设的评价应关注企业如何通过考核评比和

奖励机制来激励员工接受和实践企业文化。评价的重点是奖励机制的设计是否合理、是否能有效激发员工的积极性，以及企业文化建设评优表彰活动的组织实施情况和对员工行为的实际影响。

（七）对保障机制的评价

对保障机制的评价涉及企业为文化建设投入的资源、建立的持续发展机制、监督评估体系以及对问题的响应和调整能力。这些评价指标反映了企业在确保文化长期有效性和适应性方面的努力程度。通过这些机制，企业能够持续优化文化建设策略，应对内外部环境的变化，确保文化建设的成效与企业发展需求同步。

参考文献

[1] 程美，欧阳波仪．职业教育智慧教学 [M]．北京：北京理工大学出版社，2021．

[2] 崔岩．高等职业教育改革发展研究 [M]．北京：北京理工大学出版社，2022．

[3] 黄春荣．职业教育扶贫研究与实践 [M]．北京：北京理工大学出版社，2020．

[4] 汤晓军．中国高等职业教育国际化研究 [M]．苏州：苏州大学出版社，2021．

[5] 李家祥，颜绍梅．云南职业教育现代化研究 [M]．昆明：云南大学出版社，2021．

[6] 吕红．中国职业教育国际化策略研究 [M]．重庆：重庆大学出版社，2021．

[7] 杜方敏，陈慧．中国高等职业教育"走出去"的探索与实践 [M]．北京：经济日报出版社，2022．

[8] 周建松．高等职业教育高质量发展研究 [M]．杭州：浙江大学出版社，2020．

[9] 何谐．我国高等职业教育学位制度构建研究 [M]．重庆：重庆大学出版社，2021．

[10] 秦凤梅．职业教育产教融合质量评价探索 [M]．重庆：重庆大学出版社，2021．

[11] 张铮，刘法虎，陈慧．新时代职业教育专业群开发研究与实践 [M]．武汉：华中科技大学出版社，2021．

[12] 徐晔. 中等职业教育功能定位研究 [M]. 北京：北京理工大学出版社，2021.

[13] 韦林，黎华，刘柳，等. 基于职业能力的高职院校教学标准开发与应用 [M]. 北京：北京理工大学出版社，2022.

[14] 杨春平，黄蘋. 职业教育课程思政类型特色论 [M]. 重庆：重庆大学出版社，2023.

[15] 刘建林，朱晓渭. 陕西高等职业教育改革创新实践研究 [M]. 北京：北京理工大学出版社，2020.

[16] 韦国忠，韦伟松. 欠发达地区职业教育文化自信研究 [M]. 北京：北京理工大学出版社，2020.

[17] 张骏. 大数据时代职业教育教师数据智慧发展研究 [M]. 北京：旅游教育出版社，2020.

[18] 卢俊林. 新时代背景下西部地区职业教育的研究与探索 [M]. 北京：北京理工大学出版社，2020.

[19] 张健. 职业教育集团化办学研究 [M]. 苏州：苏州大学出版社，2018.

[20] 曹书民，张丽花，田华. 企业文化 [M]. 北京：北京理工大学出版社，2021.

[21] 贺继明，蒋家胜. 高职校园文化建设的探索与实践 [M]. 成都：电子科技大学出版社，2009.

[22] 杨少龙. 企业文化与企业安全教程 [M]. 北京：北京理工大学出版社，2017.

[23] 叶陈刚. 公司伦理与企业文化 [M]. 上海：复旦大学出版社，2007.

[24] 岳晨光. 企业文化本源探究 [M]. 北京：企业管理出版社，2023.

[25] 王吉鹏. 企业文化建设 [M]. 北京：中国人民大学出版社，2022.

[26] 王振洪. 高职院校管理文化及其创新策略研究 [M]. 杭州：浙江大学出版社，2017.

[27] 朱发仁. 高职院校"企业化"校园文化研究 [M]. 成都：电子科技大学出版社，2007.

[28] 金晶. 高职院校学生职业素质培养与训练 [M]. 北京：北京理工大学出版社，2015.

[29] 阎世平. 制度视野中的企业文化 [M]. 北京：中国时代经济出版社，2003.

[30] 曹月娟，胡勇武. 走向文化之路：新传播视域下的企业文化传播和企业形象构建 [M]. 上海：上海交通大学出版社，2017.

[31] 丁孝智. 企业文化的多维审视 [M]. 北京：新华出版社，2016.

[32] 段磊，刘金笛. 企业文化建设与运营 [M]. 北京：企业管理出版社，2021.

[33] 陈元芳，张捷，刘大利. 企业文化简明教程 [M]. 武汉：华中科技大学出版社，2013.

[34] 杨进发，顾旭明. 高职企业文化教程 [M]. 成都：电子科技大学出版社，2011.

[35] 王秀珍，程省文. 企业文化 [M]. 哈尔滨：北方文艺出版社，1991.

[36] 张德，潘文君. 企业文化 [M]. 北京：清华大学出版社，2007.

[37] 任志宏. 企业文化 [M]. 北京：经济科学出版社，2006.

[38] 胡春森，董倩文. 企业文化 [M]. 武汉：华中科技大学出版社，2018.

[39] 宋灵. 新时代高职院校"德技并修、产教融合"人才培养模式探究 [J]. 大众文艺，2024（8）：154—156.

[40] 高天明. 如何发挥企业在职业教育集团中的功能和作用 [J]. 现代企业，2024（3）：164—166.

[41] 丁丽华. 校企协同育人理念下中职校企文化融合模式研究的困境与对策 [J]. 中国多媒体与网络教学学报（中旬刊），2024（3）：200—204.

[42] 周震宇，赵小平，袁胜，等. 校企合作背景下高职校园体育文化与企业文化互融价值研究 [J]. 通化师范学院学报，2024，45（2）：118—126.

[43] 金伟丰. 校企文化融合视域下高职院校应用型人才培养体系的构建 [J]. 四川劳动保障，2023（12）：96—97.

[44] 颜彦. 新《职业教育法》之人文精神内涵对学生职业素养提升的启示 [J]. 工业技术与职业教育，2023，21（5）：46—50.

[45] 杨颖，杨永娜. 企业文化有效融入高职设计类专业的影响因素及对策建议 [J]. 中外企业文化，2023（9）：112—114.

[46] 马吉宏. 现代学徒制背景下校企文化融合育人模式研究：基于杜威职业教育思想的视角[J]. 中外企业文化，2023（8）：190—192.

[47] 廖红光，肖艳娟，刘再德，等. 基于"教育型"企业认证的校企合作模式研究[J]. 湖南工业职业技术学院学报，2023，23（4）：81—84，125.

[48] 姜华斌. 职业教育产教融合历史演进特点及推进策略[J]. 大视野，2023（4）：3—8.

[49] 于娜. 职业教育校企合作存在的问题与对策研究[J]. 中国教育技术装备，2023（15）：153—156.

[50] 肖文冲，赵燕，敖静萍. 职教文化与企业文化融合的路径研究[J]. 卫生职业教育，2023，41（16）：5—8.

[51] 王加昌. 高职院校文化建设与文化育人的机制创新：以校企合作办学为视角[J]. 华东科技，2023（7）：145—148.

[52] 徐春. 职业技能提升与职业精神培养融合的策略研究[J]. 职业，2023（10）：50—53.

[53] 严丽娜. 企业视域下高职学生职业素养现状与评析[J]. 广东职业技术教育与研究，2023（5）：109—116.

[54] 孙华明. 职业学校文化育人途径探析[J]. 现代职业教育，2023（14）：177—180.

[55] 杨颖，何伟光. 企业文化融入高职设计类专业教材的策略研究[J]. 教育教学论坛，2023（14）：57—60.

[56] 张兴科. 产教融合背景下企业文化融入职业院校校园文化研究[J]. 教育教学论坛，2023（8）：185—188.

[57] 孙祯宇. 英国现代学徒制对我国职业教育发展的启示[J]. 淮北职业技术学院学报，2023，22（1）：73—76.

[58] 张金东. 新《职业教育法》视角下的现代学徒制探索[J]. 化工管理，2023（5）：14—17.

[59] 郝巧梅. 企业文化融入职业教育课程体系的研究与实践：以鄂尔多斯职业

学院为例[J].中国教育技术装备,2023(3):53—55,59.

[60] 李冬,王昆欣,褚贝,等.旅游职业教育产教融合的文化认同与路径选择研究[J].旅游论坛,2023,16(1):132—139.

[61] 王凯.产教融合背景下高职院校与企业体育文化融合发展研究[J].当代体育科技,2023,13(3):181—184.

[62] 王智聪,赵伟.社会学习理论视域下高等职业教育人才适应性培养路径[J].职业教育,2023,22(3):39—44.

[63] 张楠.文化自信视域下基于同心圆模型的高职院校文化建设与传播[J].文化创新比较研究,2023,7(2):149—153.

[64] 苟彦梅,强德霞,周健.校园品牌文化建设与文化育人改革研究:以甘肃林业职业技术学院为例[J].文化创新比较研究,2023,7(1):143—146.

[65] 陈勇.职业教育集团实体化运行的内在诉求、组织愿景和路径优化[J].实验技术与管理,2022,39(12):205—210.

[66] 孙雅平,杜军,张晶晶,等.沧州市职业教育和产业深度融合问题探析[J].科技经济市场,2022(12):146—148.

[67] 赵向犁.基于校企深度合作的高职校园文化建设路径研究[J].公关世界,2022(21):124—125.

[68] 高淑敏.A大学全日制教育硕士研究生教学能力培养研究[D].南昌:江西科技师范大学,2023.

[69] 李雪.日本本科层次职业教育研究:以日本专门职业大学为例[D].南昌:江西科技师范大学,2023.

[70] 刘涵滨.新发展阶段我国职业教育现代化的行动路径研究[D].南昌:江西科技师范大学,2023.

[71] 李扬.牡丹江市政府推进中等职业教育发展研究[D].大连:大连海事大学,2023.

[72] 高惠琴.职业技术教育学硕士研究生专业认同的现状及影响因素研究[D].南昌:江西科技师范大学,2023.

[73] 鲁鑫. 职业院校"双师型"师资队伍建设中存在的问题与对策：以即墨区职业中专为例 [D]. 青岛：青岛大学，2023.

[74] 丁关东.《职业教育法》颁布以来我国职教政策变迁的机理研究 [D]. 武汉：武汉科技大学，2023.

[75] 张语韵. 马克思恩格斯教育思想及其当代启示 [D]. 上海：上海师范大学，2023.

[76] 薛玉荷. 蔡元培教育思想对中学历史教学实践的策略研究 [D]. 上海：上海师范大学，2023.

[77] 黄婉秋. 英格兰职业教育督导制度研究 [D]. 上海：上海师范大学，2023.